ABA
# TAJEMNICA
# MEDYCEUSZY

W sprzedaży tego autora
EKWINOKCJUM

# Michael White

# Tajemnica Medyceuszy

Przełożył
Paweł Korombel

DOM WYDAWNICZY REBIS
Poznań 2008

Tytuł oryginału
*The Medici Secret*

Copyright © Michael White 2008
*All rights reserved*

Michael White has asserted his right under the
Copyright, Designs and Patents Act 1988 to be
identified as he author of this work

Copyright © for the Polish edition by REBIS Publishing House Ltd.,
Poznań 2008

Redaktor
Małgorzata Chwałek

Projekt i opracowanie graficzne okładki
Zbigniew Mielnik

Fotografia na okładce
© Bettmann/CORBIS

Wydanie I

ISBN 978-83-7510-083-9

Dom Wydawniczy REBIS Sp. z o.o.
ul. Żmigrodzka 41/49, 60-171 Poznań
tel. 061-867-47-08, 061-867-81-40; fax 061-867-37-74
e-mail: rebis@rebis.com.pl
www.rebis.com.pl

*dla Carole*

# ROZDZIAŁ 1

Florencja, 4 listopada 1966 roku

Gdy za kwadrans szósta łomot okiennic, tłukących o ścianę sypialni, wyrwał ze snu Maria Sporaniego, strażnik kaplicy Medyceuszy pomyślał, że to koniec świata. Natychmiast otrzeźwiał i przez głowę przeleciały mu słowa z *Apokalipsy świętego Jana*: „A Wąż za Niewiastą wypuścił z gardzieli wodę jak rzekę, żeby ją rzeka uniosła".
Przez chwilę miał wrażenie, iż wcale się nie ocknął i jest w szponach sennego koszmaru, ale okiennice tak gwałtownie się złożyły, że roztrzaskały szyby. Lśniące sztylety odłamków zasypały pokój. Nawałnica z taką mocą siekła dom, że struchlały Mario wyobraził sobie, iż stary kamień zaraz skruszeje i cała budowla runie. To nie mógł być sen.
Szybko wyskoczył z łóżka, wyciągając żonę, Sophię. Przeraźliwy krzyk ich maleńkiego synka był głośniejszy niż wycie burzy. Przebiegli korytarzem do dziecinnego pokoiku. Matka porwała niemowlę z łóżeczka, nadaremnie próbując je utulić.
– Sophia, zabierz Leona w głąb domu. Okiennice zamknij na klucz. Przyniosę ci latarkę i kołdrę. Potem muszę biec do kaplicy.
– Ale Mario, nie powinieneś wychodzić przy tej pogodzie!
– Muszę. Tylko Bóg wie, jakie szkody burza wyrządziła do tej pory. Mogła zalać kryptę, a trupy...

Urwał i pobiegł do drzwi. Niebawem wrócił z butelką dla dziecka, latarką, połówką chleba i kołdrą z małżeńskiego łóżka. Ucałował żonę i synka. Odwrócił się, wybiegł z pokoju i zamknąwszy szczelnie drzwi, popędził korytarzem, potem w dół wąskiej drewnianej klatki schodowej, tak mrocznej, że ledwo widział stopnie, i sienią do głównych drzwi.

Kiedy odsunął zasuwę i wiatr wdarł się do sieni, miotane zawieruchą drzwi niemal go ścięły z nóg. Nie mógł ich zamknąć, więc zostawił przyszpilone do bocznej ściany. Pochylił głowę, zrobił dwa ostrożne kroki i wyszedł za próg, na stopnie przed domem. Na dworze panowała kompletna czerń. Najwyraźniej nastąpiła awaria prądu, a chmury zasłoniły księżyc.

Kiedy Mario rozglądał się wzdłuż fasady domu, ogromna błyskawica rozjaśniła niebo. Cała ulica była rwącym, głębokim do kolan, błotnistym potokiem. Cuchnęło kanalizacją. Mario dojrzał sunące wzdłuż via Ginori koło rowerowe. Wirując, zmierzało w kierunku piazza San Lorenzo. Wziął głęboki oddech i zmusił się do wejścia do wody.

Lodowaty chłód ściął mu kolejny oddech. Nie widział podłoża, oślizły chodnik przy każdym kroku uciekał spod nóg. Brodził w wodzie, chwytając się zlanych deszczem murów, szczelin w zaprawie między cegłami i kamieniami. Zwarta pokrywa chmur pękła na moment i przebiły się promienie księżyca, rzucając wątłe, upiorne światło. Mario rozpoznał kontury via Ginori i mury kościoła San Lorenzo.

Próbował przyspieszyć kroku, ale na próżno. Walczył z prądem, zdobywając centymetr po centymetrze. Kleił się do ścian, gdy huraganowy wiatr przepędzał obok konary, opony, puste kartony lub kosze na śmieci i ciskał nimi o mur lub werandę domu, wzbijając fontannę rzadkiego mułu.

Zanim Mario dotarł do skrzyżowania via Ginori i via

dei Pucci, opadł z sił i pokrył się błotem. Lodowate zimno paliło mu policzki, stracił czucie w palcach u nóg. Zwykle ruchliwa ulica była wymarła. Wszechobecny, gęsty, brązowawy strumień walił środkiem jezdni, z mocą uderzając w wiekowe frontony domów. Z dala doleciał huk i zgrzyt miażdżonego metalu, potem przeraźliwy krzyk. Otępiały Mario bezmyślnie ogarnął wzrokiem bezmiar zniszczenia. Kolejny piorun rozdarł niebo i ulewa przeszła w grad, odbijający się od dachów i twarzy Maria.

Przedarł się na drugą stronę ulicznej arterii, uciekając przed lodowymi kulkami w cień bazyliki. Tu jednak prąd okazał się jeszcze potężniejszy i Mario, stawiając mu opór, musiał wytężyć wszystkie siły. Był już blisko drzwi kaplicy, ale wir cisnął w niego kolejnym konarem. Kawał drewna nagle zamajaczył mu przed oczami. Mario uchylił się, ale nie zdążył. Dostał potężne uderzenie w twarz i padł na wznak w rwący nurt.

Gęsta od mułu woda obróciła go, wciągnęła pod powierzchnię. Coś twardego uderzyło go w żebra; wyczuł pod nogami śliską powierzchnię i rozpaczliwie starał się ustać. Kiedy niemal się mu to udało, stracił równowagę i znów zapadł się pod wodę, łykając muł. Splunął z obrzydzeniem i ogarnięty nagłym przerażeniem, tłukł na oślep rękami, szukając czegoś, czego mógłby się uchwycić. Jakimś cudem złapał się metalowego pierścienia w murze bazyliki. Z wysiłkiem wydarł się śmierci, podciągnął w górę, plując i łapiąc otwartymi ustami powietrze. W gardle dławił go obrzydliwy smak.

Był prawie u wejścia do kaplicy i łapiąc się ściany, zdołał się podciągnąć dalej. Klejąc się do muru, obszedł róg i wreszcie zobaczył wejście do kaplicy. Drzwi nie było. Woda wyrwała je z zawiasów i wpadała kaskadami do środka.

Mario poczuł świeży napływ determinacji. Brodząc z prądem, minął próg, zszedł po kilku stopniach i znalazł się w kaplicy. Tu woda obmywała mu łydki i sięgała coraz wyżej. Pędziła w dół schodów brązowoszara, pełna odpadków. Przy wejściu wisiała skrzynka z latarką i siekierą. Mario rozbił szkło i zabrał latarkę.

Niemal poślizgnął się na kamiennej posadzce, ale przeszedł dalej. Huk wpadającej wody wzmagały echa pod niskim sklepionym sufitem. Pod ścianami stały posągi pięćdziesięciu zmarłych przed wiekami Medyceuszy. Ciała spoczywały w krypcie, w prostych kamiennych trumnach. Posągi wyrastały wysoko nad posadzkę, ale poziom wody rósł i niebawem miała dosięgnąć ozdobnych skrzyń, a potem samych posągów. Ale Sporani nie przejmował się ich losem. Do kaplicy przygnał go lęk o mieszkańców krypty. Lada chwila woda mogła się tam przebić i porwać nieboszczyków. Musiał zrobić wszystko, by temu zapobiec.

Rozgarniając wodę, przedarł się do ołtarza. Stał w głębi kaplicy, kilka stopni wyżej. Dwa wielkie kamienne anioły strzegły kamiennej platformy. Jeszcze dalej majaczyło wejście do rodzinnego grobowca rodziny Medyceuszy.

Mario czym prędzej przedostał się przez lodowatą wodę do ołtarza. Właz krypty był zaskakująco lekki i łatwo ustąpił. Pokazała się drabina. Rozjaśniając mroki latarką, dostrzegł niknące w pustce szczeble. Woda go wyprzedziła i chlupotała w dole, na kamiennej podłodze. Pośpiesznie wszedł do dziury i zamknął właz. Nie był idealnie dopasowany i woda wciąż spływała w dół, zalewając kryptę.

Mario niebawem znalazł się na dole. Światło latarki obiegło wiekowe mury i rząd wielkich kamiennych nisz, alkow wiecznego snu. Powietrze przenikały wonie zgnilizny, pleśni i rozkładu, ale był z nimi obznajomiony, już mu nie przeszkadzały. Wtem rozległo się złowróżbne skrzypnięcie. Mario wykręcił się na pięcie i ujrzał, jak potężny kamienny sześcian wypada ze ściany i wali się na podłogę. Za nim lunęła woda.

Mężczyzna mało nie upadł, podcięty strumieniem.

Pierwotny lęk dodał mu sił i Mario wdrapał się na kamienną półkę, którą miał bezpośrednio za plecami. Przed sobą miał wejście do jednej z nisz i brzeg całunu, wystrzępiony, zszarzały. Rozległ się kolejny huk i wypadł drugi fragment muru. Języki bryzgów sięgnęły wysoko, omiatając ściany. Latarka wypadła ze zgrabiałej ręki Sporaniego i znalazła się w wodzie. Na jego oczach zapadała się coraz głębiej, aż nagle zgasła. Zapadła całkowita ciemność. Głos w jego głowie wrzeszczał: „Trzeba być idiotą, żeby tu włazić! Co takiego chciałeś osiągnąć? Zaraz umrzesz. Dołączysz do tych wszystkich umarłych, którzy cię otaczają".

Ale panika minęła i jej miejsce zajęła determinacja. Był w kompletnej ciemności, znał jednak drogę do wyjścia. Opuścił się w dół i poczuł lodowatą wodę. Opływała mu uda i już lizała półki, na których od wieków spoczywały ciała umarłych. Pokonując drętwienie nóg i zawroty głowy, wrócił do miejsca, w którym, jak wiedział, stała drabina. Próbował wymacać zwiastuny bezpieczeństwa, metalowe szczeble, ale ciągle pozostawały poza jego zasięgiem. Parł dalej, wyciągając ręce i walcząc z rwącą wodą, która nieprzerwanie wpływała wielką wyrwą w murze.

Znowu szarpnęła nim rozpacz, ale w tej samej chwili wyczuł czubkami palców metal, drabinę. Złapał się bocznych prętów i wszedł na pierwszy szczebel.

Kiedy postawił stopę na drugim, poczuł wstrząs. Drabina oderwała się od ściany. Położył się na niej, przywarł korpusem do szczebli, tak że znów przypadła do kamiennych bloków. Nad sobą miał skrawek światła, przenikający szczelinami obrzeża włazu. Brudna woda spadała mu na głowę, spływała po plecach, ale chociaż była zimna jak lód, serce waliło mu w piersiach. Wspiął się na kolejny szczebel. Drabina znów zadygotała. Pokonał dalsze sześć szczebli i wiedział, że jest na odległość wyciągniętej ręki od wejścia.

Wtedy dostrzegł coś na wodzie. Podskakiwało pół metra dalej. Miało rurowaty kształt, około dwudziestu pięciu centymetrów długości.

Mario odwrócił się ostrożnie, aby nie wzbudzić dodatkowych fal, które odepchnęłyby ów przedmiot. Wyprostował rękę, wymacał i z najwyższym wysiłkiem uchwycił dziwną rurkę. Wsunął znalezisko za pasek spodni i resztką sił wdrapał się po drabinie. W tym momencie bolce wysunęły się z otworów w ścianie. Wymacał krawędzie włazu i niemal z nadludzkim wysiłkiem się ich uchwycił. Woda zalewała mu twarz, utrudniając oddychanie. Popędzany zwierzęcym lękiem podciągnął się jeszcze wyżej. Zapierając się nogami o nierówną kamienną ścianę, odrzucił właz, wyczołgał na zewnątrz i ciężko dysząc, legł na płycie ołtarza.

# ROZDZIAŁ 2

Florencja, obecnie

Edie Granger ustawiła swojego czerwonego fiata na prywatnym parkingu przy Cappella dei Medici i szybkim krokiem przeszła po kocich łbach do wejścia. Miała sto siedemdziesiąt pięć centymetrów wzrostu w skarpetkach, dzięki codziennym godzinnym ćwiczeniom była w świetnej formie i – co niezwykłe jak na angielskiego pracownika naukowego płci żeńskiej – ubierała się z ekscentryczną elegancją. Zachwycało to jej włoskich przyjaciół, którzy tak po prawdzie uśmiechali się, nazywając ją sobowtórem Liv Tyler, ale w duchu uważali, że w tym spostrzeżeniu jest więcej prawdy niż kpiny.

Ostentacyjnie, jak codziennie przez ostatni miesiąc, zignorowała zakapturzonych ludzi w wytartych brązowych habitach, maszerujących w kółko przed drzwiami kaplicy i dźwigających transparenty. Protestujący byli członkami dziwnej grupy o nazwie Boży Robotnicy. Dowodzeni przez fanatycznego dominikanina, brata Baggia, sprzeciwiali się wszelkim naukowym badaniom prowadzonym w kaplicy Medyceuszy. Edie od dawna traktowała ich jak pozbawiony znaczenia element scenerii.

Machnęła przepustką, mijając umieszczoną tuż za drzwiami budkę biletera, zbiegła schodami, pokonując po dwa stopnie, i szybkim krokiem weszła do ogólnodostępnej części kaplicy, gdzie każdego dnia mrowili się turyści, sylabizując inskrypcje na postumentach rzeźb sławnej rodziny.

Głębszą część kaplicy odgrodzono, a baldachim z kremowej szorstkiej bawełny zasłaniał wejście do wąskich schodków opadających do krypty, gdzie spoczywały trumny ze zmarłymi. Wkroczywszy do strefy badań, Edie minęła dwa stoły sekcyjne i przeszła do pierwszej z dwóch pracowni, które urządzono z lewej strony krypty – niskiego pomieszczenia o wymiarach dziesięć na sześć metrów. Było ciasno i gorąco, chociaż pracowały potężne przenośne klimatyzatory. Przy ścianach stały urządzenia rentgenowskie, spektrometry i analizatory DNA. Naprzeciwko pracowni wydzielono stanowisko robocze Carlina Mackenziego, w którym próżniowe pojemniki z ludzkimi kośćmi tworzyły dziwaczne zestawienia z parą podrasowanych komputerów.

Ledwo Edie usiadła przy swoim stole i zaczęła przeglądać wyniki spektrometrycznego badania promieniami podczerwonymi, wszedł Mackenzie w towarzystwie dwóch wygarniturowanych mężczyzn. Poznał ich wcześniej; niższy nazywał się Umberto Nero i był wicekanclerzem Uniwersytetu Pizańskiego, drugi, młodszy, był dobrze znanym miejscowym politykiem. Francesco della Pinoro plasował się wysoko na liście kandydatów na urząd burmistrza.

– Hej, Edie – przywitał się Mackenzie. Profesor był niskim, grubiutkim mężczyzną dobiegającym siedemdziesiątki. Nosił okulary à la John Lennon i miał szopę cienkich siwych włosów oraz łagodną przystojną twarz, która przysparzała mu popularności wśród pracujących dla stacji telewizyjnych dokumentalistów. – Panowie, oto moja siostrzenica, doktor Edie Granger.

Della Pinoro uścisnął jej dłoń, Nero jedynie skinął głową. On i Edie mieli okazję często się spotykać i nie zapałali do siebie sympatią.

– Edie, czy mogłabyś poświęcić chwilę naszym gościom? Ich samochód lada moment ma tu być. Mogłabyś ich trochę oprowadzić?

– Oczywiście. – Edie zdołała wstrzyknąć nieco entuzjazmu w swój głos.

– Wyśmienicie. Panowie, dziękuję wam za cenne komentarze i niebawem się odezwę. – Mackenzie uścisnął dłoń obu panom i szybko się wycofał.

– Tędy. – Edie z powrotem przeprowadziła mężczyzn do głównej części krypty i długiego metalowego stołu, opisując po drodze, jak ciała balsamowano, a następnie jak przechowywano w krypcie. Obeszła stół i spojrzała na gości. Między nią a nimi spoczywały liczące czterysta siedemdziesiąt lat zwłoki.

Odgarniając z czoła lok kruczoczarnych włosów, zmierzyła mężczyzn spojrzeniem ciemnych jak węgiel oczu, skrzyżowała ręce na piersiach i wyprostowała się, wyrastając nad nich obu.

– Oto Ippolito Medyceusz, nieślubny syn Giuliana Medyceusza, księcia Nemours – wyrecytowała. – Przez blisko połowę milenium jego śmierć owiana była tajemnicą. Niektórzy spekulowali, że ten młody człowiek... miał zaledwie dwadzieścia cztery lata, gdy umarł... został zamordowany przez kuzyna, Alessandra, którego z kolei wykończył inny przyjacielsko nastawiony krewny, Lorenzino Medyceusz. Nie było jednak na to dowodów. Aż do tej chwili. Właśnie zakończyliśmy pracę nad tymi szczątkami i znaleźliśmy wyraźne dowody świadczące, że Ippolita otruto.

Nero oderwał wzrok od leżącej na stole mumii. Edie zauważyła, że zbladł. Szybko wyprowadziła mężczyzn do mniejszego pomieszczenia, poza główną część krypty. Tam stęchła woń ziemi i starego płótna nie była tak wyraźna. Przy stole roboczym siedział naukowiec, patrząc w okular dużego mikroskopu.

– Tu jest samo serce naszej operacji – powiedziała Edie. – W tym pomieszczeniu i tam, gdzie obecnie mamy drugą pracownię, za ścianą, kiedyś spoczywało kilkanaście trumien, ale większość uległa poważnemu zniszczeniu podczas powodzi tysiąc dziewięćset sześćdziesiątego szóstego roku. Były to ciała mniej ważnych członków rodziny Medyceuszy. Pochowano je powtórnie w innej części kaplicy. Obecnie jest tu główne laboratorium, w którym analizujemy materiał pobrany z mumii w krypcie.

– Skąd ta pewność, że tamten człowiek został zamordowany? – spytał Pinoro. Przez ostatnie kilka minut całe jego zainteresowanie było skupione na górnym rozcięciu roboczego kitla Edie. – Przecież wszelkie dowody musiały zaginąć przed wiekami.

– Dobre pytanie – przyznała Edie, czując ulgę, że może zademonstrować swoją wiedzę. – Głównym celem naszej pracy tutaj jest ustalenie z absolutną pewnością przyczyn śmierci prominentnych członków rodziny Medyceuszy. Tamte ciała mogą się wydać pozbawionymi życia skorupami – dodała, wskazując za siebie – ale przekazują nam nieprawdopodobną ilość informacji, które do tej pory były ukryte.

– Takich jak…?

– Często musimy rekonstruować scenariusz śmierci, dysponując wyłącznie szczątkami szkieletu. Zwykle to wszystko, co pozostaje po pięciuset latach. Lecz nawet rozpadające się kości mogą nam niezwykle dużo powiedzieć. Powszechne w tamtych czasach choroby, takie jak syfilis i ospa, pozostawiły znaczące ślady w tkance kostnej. Możemy je zbadać, stosując analizę immunohistochemiczną, wykorzystującą markery, służące znalezieniu odpowiednich substancji. Badamy też struktury widoczne w polu mikroskopu elektronowego. – Edie wydawało się, że Pinoro niewiele rozumie, mówiła jednak dalej: – Zdołaliśmy przeprowadzić szczegółową analizę tego szkieletu, która wykazała bardzo wysoki poziom substancji chemicznych zwanych salicylanami.

– A to dowodzi, że...?

– No cóż, Alessandrowi się upiekło, gdyż Ippolito na łożu śmierci miał normalne objawy malarii: gorączkę, dreszcze, straszliwe migreny i ostre bóle brzucha. Ale zatrucie sokiem z jagody golterii rozesłanej powoduje niemal identyczne efekty, a sok z tej właśnie rośliny zawiera salicylan metylu. – Pinoro już otwierał usta, gotów coś powiedzieć, gdy ruch za jego plecami zwrócił uwagę Edie. – Oho, przynoszą naszą ostatnią kość niezgody.

– Jaką kość? – spytał Nero, gdy kobieta ruszyła do drzwi.

– To chyba Kosma Medyceusz, zwany Starszym – odparła, prowadząc mężczyzn do kolejnego stołu sekcyjnego. Leżące na nim szczątki były zwrócone głową do głowy Ippolita.

Stał tam Mackenzie i jego pasierb, Jack Cartwright, ekspert od analizy genetycznej.

– Chyba? – Mackenzie spojrzał ze zdziwieniem na Edie.

– Mamy sprzeczne opinie co do tego ciała – wytłumaczyła gościom. – Mój wuj jest pewien, że to Kosma, ja jeszcze nie jestem przekonana.

Jack Cartwright, wysoki barczysty mężczyzna, przedstawił się gościom. Dopiero co przyjechał z Uniwersytetu Florenckiego, gdzie spędził przedpołudnie.

– A jaka jest pańska opinia w tej sprawie, doktorze Cartwright? – spytał wicekanclerz, odwracając wzrok od trupa.

Zapytany miał odpowiedzieć, gdy pojawiła się przejęta młoda kobieta.

– Przepraszam, że przeszkadzam – rzekła. – Przyjechał samochód po naszych gości.

Wicekanclerz nie ukrywał ulgi i zanim della Pinoro zdążył cokolwiek powiedzieć, podszedł do szefa zespołu.

– Jestem bardzo wdzięczny za poświęcony nam czas – powiedział. – ...I dziękuję, doktor Granger, za prezentację.

Edie po chwili wróciła, odprowadziwszy gości do limuzyny. Mackenzie i Cartwright badali ciało na stole. Starszy naukowiec, patrząc przez lupę, szczypcami zdejmował płachtę znakomicie zachowanej jedwabnej tuniki. Dwa tygodnie analizowano za pomocą przenośnego aparatu rentgenowskiego pobrany z ciała materiał, próbki tkanek i kości. Ale zaledwie tego przedpołudnia ustalono, iż należy wyjąć zwłoki z niszy, w której spoczywały, i zbadać je dokładniej. Leżały w towarzystwie innego ciała. Mackenzie uważał, że są to szczątki Contessiny, żony Kosmy I, zmarłej w tysiąc czterysta siedemdziesiątym trzecim roku.

– Wolałbym, żebyś nie prała naszych brudów przy innych – mruknął Mackenzie, nie podnosząc wzroku.

– Nie widzę, jak mogłoby zaszkodzić przyznanie się do tego, że naukowcy mają różne zdania – odparła Edie, biorąc z tacki narzędziowej szczypce.

– A ja widzę. Nie ufam tym typom. Zawsze szukają jakiegoś sposobu, żeby nam obciąć fundusze.

– Myślę, że bardziej zależy im na tym, żeby pozbyć się nas stąd jak najszybciej.

– Całkiem możliwe, ale ten Pinoro to zdradliwa żmija.

– Dlatego zwaliłeś mi go na głowę? – odparła ostro Edie.

Wuj spiorunował ją spojrzeniem. Edie uciekła wzrokiem i szybko zmieniła temat.

– Niesłychany splot tego jedwabnego kaftana.

– Istotnie. Spójrz na to. – Mackenzie wręczył Cartwrightowi lupę. Trup był obleczony w kremową jedwabną koszulę i aksamitny kaftan, który niegdyś miał barwę nadzwyczaj żywej, pięknej purpury. Guziki były z pełnego złota. – To potwierdza moją teorię, czyż nie? – mruknął.

– Można się spodziewać – Edie wzruszyła ramionami – że Kosmę pochowano w najwykwintniejszych szatach, ale to samo równie dobrze odnosi się do każdego wybitnego członka tej rodziny.

– Niewykluczone. Masz jakieś wyniki badań DNA tych próbek, Jack?

– Nadal nad nimi ślęczymy. – Cartwright oddał lupę Mackenziemu. – Nie spodziewałem się, że napotkamy takie trudności.

Mackenzie westchnął, uważnie odsunął rozpadający się kaftan i odsłonił brązową skórę mumii. Wyglądała jak zrobiona z papier-mâché.

– No, przecież dlatego wyciągnęliśmy biedaczynę – powiedział.

Kosma I Medyceusz był jednym z najważniejszych członków rodziny Medyceuszy, człowiekiem, który więcej niż ktokolwiek inny zrobił dla swej familii, zapewniając jej chwalebną pozycję w historii. Urodzony w tysiąc trzysta osiemdziesiątym dziewiątym roku we Florencji, przez pokolenie de facto był jej władcą. Zainicjował włoskie Odrodzenie i przysporzył rodzinie fortuny, którą współcześnie można by wycenić na miliardy euro. Po śmierci w tysiąc czterysta sześćdziesiątym czwartym roku został uhonorowany oficjalnym tytułem *Pater Patriae*, ojca ojczyzny.

Mackenzie przeciągnął skalpelem wzdłuż wyschniętego torsu, rozpoczynając cięcie kołnierzowe. Ostrze bez trudu przebiło skórę. Balsamiści wykonali znakomitą robotę. Wiekowy trup był w zupełnie innym stanie niż ciało Ippolita, które chociaż pochowane znacznie później, skurczyło się w zwątlały szkielet. Ale pod sztywną skórą była pustawa jama. Organy wewnętrzne zmniejszyły się, wyschnięte jak skóra zmarłego.

Mackenzie pobrał próbki każdego organu i włożył je do indywidualnie oznaczonych probówek, które następnie zakorkował. Edie ostrożnie ustawiła je na umieszczonym z boku stołu stojaku. Sięgając głębiej, profesor pobrał niewielkie próbki z mostka i żebra i przeniósł je do kolejnych probówek.

Pochylił się i uważnie przyjrzał pustej jamie brzusznej.

– Zastanawiające – stwierdził po chwili. – Wygląda na to, że przy kręgosłupie leży coś dziwnego. Nie widzę wyraźnie. Spójrz, Edie.

Siostrzenica przesunęła nad zwłoki umieszczone na statywie szkło powiększające i obejrzała przez nie okolice szczątków serca.

– Coś widzę. Jest chyba czarne. Wydaje mi się, że tkwi głęboko w skórze pleców. To z pewnością nie jest fragment ciała.

– Pomóżcie mi go odwrócić na bok – polecił Mackenzie.

Edie i Cartwright ostrożnie odwrócili trupa, unosząc go pół metra nad blatem stołu. Ważył tyle co nic.

– Jeszcze troszeczkę – polecił Mackenzie, wciskając głowę i barki pod wiekową mumię. Z chirurgiczną precyzją naciął skórę wzdłuż kręgosłupa, wprowadzając ostrze na ułamek centymetra, by nie uszkodzić kręgów. Prostując się, uniósł do światła metalowe szczypce. Był w nich cienki, czarny, gładki prostopadłościan.

Carlin Mackenzie był sam w krypcie kaplicy Medyceuszy. Cyfrowy zegar na stole roboczym wskazywał dziewiątą wieczór, ale uczony nie czuł zmęczenia ani najmniejszej ochoty, by zamknąć komputer i przejść krótki odcinek do swego mieszkania przy via Cavour.

To był niezwykły dzień, może najniezwyklejszy w jego życiu, a z pewnością najdonioślejszy w czterdziestopięcioletniej karierze paleopatologa. Przeznaczenie artefaktu, który odkryli w ciele Kosmy Medyceusza, pozostawało całkowitą tajemnicą; ale już samo jego istnienie przedstawiało niezwykłą zagadkę. Od chwili pochówku nikt i nic poza siłami natury, powodzią tysiąc dziewięćset sześćdziesiątego szóstego roku, nie zakłóciło spoczynku tych ciał. A jednak w wyschniętej tkance skórnej zmarłego ponad pięćset lat temu człowieka spoczywał dziwny regularny przedmiot.

Teraz leżał na płytce Petriego, laboratoryjnym szkiełku, obok komputera Mackenziego. Sam uczony, Edie i Jack Cartwright zbadali go uważnie, nie podejmując niepotrzebnego ryzyka. Był całkowicie czarny – kawałek przypominającego granit kamienia o wymiarach 39 na 19 milimetrów, gruby na kilka milimetrów. Wystarczyło jedno zdjęcie rentgenowskie, by ustalić, że jest pełny, jednolicie gęsty i całkowicie gładki. Wstrzymali się od wszelkich badań środkami chemicznymi, gdyż nie mieli pewności, czy tego rodzaju testy nie uszkodzą kamienia. Używając mikroskopu o potężnym powiększeniu, dowiedzieli się, że to wyjątkowo czysty granit, anortyt, mający budowę krystaliczną, mieszanka skalenia, kwarcu i potasu.

Mackenzie przystąpił do spisywania notatek. Wyliczył już znane cechy: chemiczną strukturę obiektu, masę, gęstość, wymiary. Odłożył pióro i uniósł do światła kamienny prostopadłościan, trzymając go w rozstawionych palcach. Zauważył zaskoczony, że coś się zmieniło. Na gładkiej powierzchni wyrastały teraz delikatne zielone linie. Na jego oczach zmieniały się i łączyły. Wziął lupę i przyjrzał się bliżej. To było doprawdy niebywałe. U krańca prostokątnej powierzchni formował się subtelny rysunek. Poniżej wyrosły litery, a zupełnie w dole, w dwóch trzecich odległości od krawędzi – kilka linii.

– Zdumiewające – szepnął bezwiednie.

Przez chwilę nie wiedział, co robić. W końcu porwał słuchawkę telefonu i szybko wybrał numer. Odpowiedziała automatyczna sekretarka. Z pamięci wybrał kolejny numer. Znowu włączyła się sekretarka i Mackenzie bez wahania zaczął opisywać, co dostrzegł na powierzchni kamiennej tabliczki.

Miał właśnie przekazać ostatnie uwagi, gdy usłyszał

pisk. Był to znak, że wyczerpała się pamięć urządzenia. Odłożył słuchawkę i wbił oczy w mur. To, co ujrzał, wprawiło go w stan najwyższego podniecenia, ale również przestrachu. Nigdy nie był przesądny. Lecz chociaż wyszkolono go na człowieka nauki, czuł, jak budzą się w nim najgłębsze lęki. To było tylko ostatnie z całego szeregu dziwnych wydarzeń i zbiegów okoliczności, o których nikomu nie wspomniał. Czy zostawiając tę wiadomość, zrobił wystarczająco wiele? A może zrobił zbyt wiele? Czy naraził innych na straszliwe niebezpieczeństwo?

Z drugiego pomieszczenia dobiegł go słaby hałas. Spojrzał na plastikowy ekran dzielący jego dziuplę od reszty krypty. Cisza.

Odłożył tabliczkę na płytkę Petriego i lupę. W tej samej chwili poraził go nagły, piorunujący ból szyi. Raczej wyczuł, niż dostrzegł, że ktoś się nad nim pochyla. Poderwał do szyi ręce i poczuł chłodną stal garoty. Napastnik z niewiarygodną siłą skracał linkę.

Oczy wychodziły Mackenziemu z orbit. Charcząc, próbował się wyrwać i wbić palce między szyję a garotę, ale na próżno. Głowę przeorał mu straszliwy ból, pole widzenia uległo zmąceniu. Napastnik coraz mocniej zaciskał linkę, która wcinała się w szyję ofiary. Mackenzie przez ulotną chwilę miał wrażenie, że zaraz się uwolni, ale człowiek za jego plecami był od niego znacznie silniejszy. Zwieracz uczonego puścił i starzec się wypróżnił; z fotela rozszedł się smród. Rozległ się cichy, ledwo słyszalny trzask. Tchawica Mackenziego została przecięta i objęła go ciemność.

# ROZDZIAŁ 3

Wenecja, obecnie

Jeff Martin odsunął kołnierz kaszmirowego swetra z szyi i przejechał dłonią po podbródku, czując jednodniowy zarost. Kiedy szykował się do wyjścia, było zbyt późno na golenie i spojrzawszy po drodze w duże korytarzowe lustro, pomyślał, że wygląda na zmęczonego. Miał plamy na skórze, a przydługie jasnokasztanowe włosy były matowe i tłuste. Próbował się uspokoić, wmawiając sobie, że jego żywo patrzące niebieskie oczy lśnią dawnym blaskiem, ale... cóż, bywało, że prezentował się lepiej.

Teraz, rozglądając się po Harry's Bar, nie po raz pierwszy naszła go ta sama refleksja, która przebiegła przez głowę Ernestowi Hemingwayowi, gdy ponad pół wieku temu rozglądał się po tym lokalu. „U Harry'ego znajdziesz wszystko, co możliwe... może poza szczęściem". Knajpa w ogóle się nie zmieniła. Ani tamta atmosfera, pomyślał. Wysokie do połowy ścian boazerie miały ten sam kremowy odcień jak wtedy, gdy w tysiąc dziewięćset trzydziestym pierwszym otwarto lokal. Kelnerzy, przystojni i eleganccy, nosili identyczne stroje: czarne spodnie, białe muszki i sztywne, wykrochmalone białe kurtki. Menu było bardzo podobne, układ pomieszczenia się nie zmienił, a ustawienie stołów i krzeseł było identyczne, jak wymarzył sobie założyciel, Giuseppe Cipriani. Nazwał on bar imieniem przyjaciela, Harry'ego Pickeringa, który wyłożył dwieście funtów potrzebnych na otwarcie lokalu. I Harry's Bar wciąż tchnął dawną łagodną melancholią.

– Jeszcze jednego?

Pytanie wyrwało Jeffa z zamyślenia. Spojrzał na przyjaciela, wicehrabiego Roberta Armatovaniego, i skinął głową.

– Czemu nie?

Dawno się nie widzieli. Roberto, światowej sławy muzykolog, miał serię wykładów w Ameryce. Tego wieczoru wpierw zjedli w restauracji na piętrze upiornie drogą kolację. Teraz byli nieco przejedzeni, ale przyjemnie rozluźnieni. Przy ich stoliku wyrósł kelner i nie zastanawiając się wiele, zamówili kolejne dwa Bellini, koktajl z jednej trzeciej świeżego soku brzoskwiniowego i dwóch trzecich prosecco, białego musującego wina z regionu Veneto.

– A więc – zagaił Roberto. – Jak Rose aklimatyzuje się w Wenecji?

– Och, świetnie. Przechodzi trudny wiek, ale całkiem przywiązała się do kochanej Marii. Co za ulga.

Rose, jedyne dziecko z nieszczęsnego małżeństwa Jeffa, była najwspanialszym dziełem jego życia. Żałował, że nie widuje jej częściej, ale Imogen, matka dziewczynki i kobieta, którą poślubił trzynaście lat temu i z którą rozwiódł się przed dwoma laty, przysparzanie mu bólu i cierpienia najwyraźniej potraktowała jako punkt honoru. To była pierwsza wizyta Rose w jego adoptowanej ojczyźnie, a od zakończenia związku widział ją tylko parę razy. Mieszkała z matką w dużym, lodowato oficjalnym domiszczu w Gloucestershire, odziedziczonym po śmierci rodziców przez Imogen. Jeff ze smutkiem zdał sobie sprawę, że jego czternastoletnie dziecko jest niemal młodą kobietą i że niebawem na zawsze utraci swoją małą córeczkę.

Pociągnął łyczek orzeźwiającego koktajlu. Odstawiając kieliszek, zerknął na Roberta, który czuł się zupełnie swojsko w tym znajomym od dzieciństwa otoczeniu. Był w swoim odwiecznym mundurku: czarnych dżinsach, czarnej koszulce polo i czarnej skórze. Siwiejące włosy strzygł krótko, a szczupła twarz, niemal czarne oczy i sterczące kości policzkowe ujmowały mu wieku, tak że wcale nie wyglądał na swoje czterdzieści cztery lata.

Poznali się pięć lat temu. Roberto był autorytetem w muzyce dawnej, szczególnie jeśli chodziło o Palestrinę, szesnastowiecznego maestro, faworyta papieża Juliusza III. Ale jego wiedza i umiejętności obejmowały znacznie szersze spektrum. Był wyjątkowym renesansowym umysłem; znakomitym skrzypkiem, autorem stosu popularnych książek traktujących o rozmaitych gałęziach wiedzy tajemnej i, co najbardziej przekonało do niego Jeffa, ekspertem od historii Wenecji. Jeff dwukrotnie prowadził wraz z nim wykopaliska i pomógł mu zebrać dokumentację do ostatniej książki, opisującej założenie Wenecji w piątym wieku.

W wypadku Roberta wszelkie przedsięwzięcia były formą wyrafinowanego hobby, ponieważ był spadkobiercą jednej z największych i najstarszych rodzin Włoch. Familia Armatovanich potrafiła wykazać swoje pochodzenie do trzynastego wieku i wydała kilku dożów, kardynałów, wielu dowódców wojskowych i lokalnych arystokratów. Roberto był najmłodszym z czwórki braci i jedynym, który pozostał w Wenecji po śmierci rodziców. Mieszkał w *palazzo*, jednym z kilku, których nie przebudowano na wystawne apartamentowce lub hotele.

– Więc w końcu opowiesz mi o swojej wyprawie, Roberto? Przez cały wieczór czekam, żebyś coś o niej wspomniał.

– Och, Boże. Szczerze mówiąc, tak się cieszę, że jestem w domu, że nie chce mi się o niej myśleć. – Jego angielszczyzna była jak wyniesiona z najlepszych uniwersytetów Albionu. – Ale była... jak by to powiedzieć...? Dość oryginalna. Wydaje mi się, że nie bardzo wiedzieli, co mają o mnie myśleć. W ich mniemaniu wykładowca z Europy powinien nosić wełnianą marynarkę w kratkę i palić fajkę.

Roześmieli się.
– No, a jak tournée? Przypuszczam, że padli na twarz.
– Oczywiście. Mają kilku znakomitych młodych muzyków. Ale co z tobą, Jeff? Wyglądasz na wyczerpanego.
– Och, bzdura.
– Coś jest nie tak?
– Roberto, czuję się świetnie. Więcej, jestem zadowolony, jak dawno mi się nie zdarzyło.
– Zadowolony? Wyjątkowo obrzydliwe słowo. Nic nie znaczy, literalnie nic. Mieści się idealnie pośrodku między udręką i ekstazą. Burżujskie stawianie sprawy, przyjacielu.
Jeff wzruszył ramionami i opróżnił szklankę.
– Niech będzie w takim razie... spełniony. Czuję się spełniony. Tak lepiej?
– Lepiej.
– Wiesz dobrze, jak bardzo byłem załamany, kiedy się tu pojawiłem, ale teraz mam to już za sobą.
– I nie tęsknisz za starym życiem?
– Imogeną?
– Nie, nie za tą suką. Za swoją pełną blasku karierą, młodego, cudownego i niezwykłego historyka.
– Nie.
– Jakoś ci nie wierzę.
– No, niech będzie, tęsknię. Czasem łapię się na tym, że zadaję sobie pytanie, co bym teraz robił, gdyby sprawy ułożyły się inaczej. Jednak mimo wszystko się staram i nie poddaję przeciwnościom losu, chociaż w Cambridge jestem *persona non grata*. A poza tym jest to, co robię z tobą.

Jeff zamówił następną kolejkę. Nie był całkiem szczery z przyjacielem. Uwielbiał Wenecję i czerpał prawdziwą radość ze współpracy z Robertem. Był jednak pewien problem: Armatovani miał czarodziejską umiejętność żonglowania dziesięcioma przedsięwzięciami naraz. Ostatnia wyprawa do Stanów przerwała ich badania i Jeff wiedział, że Roberto po powrocie natychmiast rzuci się w wir kilku nowych zajęć. Poza tym musiał przyznać w duchu, że brakuje mu tej satysfakcji, jaką dawała przynależność do szanowanego grona, wybitnego naukowego środowiska tworzącego świat Trinity College w Cambridge.

Zdobycie pozycji światowego autorytetu w dziedzinie historii średniowiecznej stało się legendarnym osiągnięciem i na uniwersytecie uważano go za prawdziwe cudowne dziecko. Jeszcze przed egzaminem dyplomowym napisał przełomową rozprawę poświęconą antysemityzmowi w dziesięciowiecznej Francji, opublikowaną w czołowym akademickim czasopiśmie „Journal of European History". Potem otrzymał wyróżnienie za pracę magisterską, złożoną w należącym do Uniwersytetu Londyńskiego King's College.

W Cambridge dostał się pod skrzydła sławnego i wpływowego uczonego Normana Honeywella-Scotta. Jeff nie czuł wstydu, przyznając, że przez jakiś czas korzystał z jego protekcji, ale po trzech latach zajęć na katedrze historii poróżnili się i przestali do siebie odzywać. Honeywell-Scott przeniósł się na Sorbonę, gdzie jego gwiazda naukowca nabrała jeszcze większego blasku. Tego samego lata Jeff poznał i zakochał się w Imogen Parkhurst, jedynej córce ministra partii konserwatywnej, sir Maxwella Parkhursta, którego przodkowie dorobili się fortuny, finansując wojny napoleońskie.

Ojciec Imogen nigdy nie przepadał za zięciem (matka umarła dziewięć lat wcześniej) i Jeff zdawał sobie sprawę, że mimo całej swojej błyskotliwej inteligencji i sukcesów naukowych plasuje się w zupełnie innej lidze niż Imogen. Przyszedł na świat w małym mieszkanku nad warsztatem elektrycznym ojca w Wickford, w hrabstwie Essex. Intelektualne osiągnięcia tylko częściowo mogły wyrównać marne pochodzenie. Imogen gorąco zaprzeczała, jakoby jej uczucia wobec niego były ukrytą formą buntu przeciwko rodzicom, ale to oczywiście bzdura. Chociaż wieść, że Imogen ma romans z przyjacielem rodziny, Caspianem Knightleyem, dalekim kuzynem nieżyjącej Diany *de domo* Spencer, była dla Jeffa niczym grom z jasnego nieba.

Od tej chwili drogi Jeffa i Imogen zaczęły się rozchodzić. Dwa miesiące po separacji pary sir Maxwell zginął w katastrofie śmigłowca i Imogen odziedziczyła rodzinne miliony. Jeff rzucił się w wir pracy i pokładał wielkie nadzieje w telewizyjnym serialu o Karolu Wielkim, w którym zaproponowano mu pracę scenarzysty i prezentera. Pilot kompletnie nie wypalił i Jeff niemal z dnia na dzień został wykopany z serialu. Porażka, pierwsza w jego karierze, mocno go zabolała. Zaczął pić i ulegając wpływom znajomych z mediów, na krótko stał się kokainistą. Niebawem jego pozycja w świecie akademickim uległa zachwianiu. Po kilku miesiącach i zakończeniu sprawy rozwodowej posłuchał rady swojego dziekana i wybrał się na przedłużony „urlop" do Włoch.

Pod pewnymi względami miał szczęście. Podczas związku z Imogen nawiązał kilka przydatnych znajomości, które z czasem przekształciły się w prawdziwe przyjaźnie. Tak było w wypadku Marka Thorntona, jednego z najlepszych adwokatów od spraw rozwodowych w Wielkiej Brytanii. Thornton nigdy nie przepadał za Parkhurstami i raczej nie należał do wielbicieli Imogen. Wprost wyłaził ze skóry, by zapewnić Jeffowi korzystne orzeczenie sądu rozwodowego, i syn elektryka z Wickford ustawił się na całe życie. Miał mieszkanie w Mayfair, eleganckiej dzielnicy Londynu, luksusowy apartament przy Piazza San Marco w Wenecji i kilka milionów w banku. Ale czuł, że z radością poświęciłby te dobra, gdyby mógł zmienić przeszłość i przebywać więcej z Rose.

– Czy przy barze jest jakaś interesująca panienka? – nagle spytał Roberto.

– Czemu?

– Wydajesz się niepomiernie zaciekawiony czymś lub kimś, kto tam przebywa.

– Przepraszam, myślałem o Rose – skłamał.

– Rozkwitła, bez wątpienia. Nie mogłem uwierzyć własnym oczom, kiedy po ciebie przyszedłem. I radzi sobie z tą tępą Marią? To naprawdę coś.

Jeff się roześmiał.

– Nigdy nie polubisz mojej gosposi, co?

– Nie – odparł Roberto. – Ta kobieta nie może znieść mojego widoku.

– Nonsens. – Jeff spojrzał na zegarek. Minęła jedenasta. – Wybacz, że ze mnie taki dziadek leśny, ale muszę wracać. Tę kolejkę ja stawiam.

Na dworze panował mroźny chłód i obłoczki oddechów wisiały w powietrzu. Była wigilia karnawału; świeża lutowa noc, ulubiona pora Jeffa w Wenecji. Podnieśli kołnierze i przeszli Calle Vallaresso, mijając modne butiki. Skierowali się ku San Moise. Rozstali się na skrzyżowaniu, umówiwszy na niedzielny lunch przy Palazzo Gritti. Jeff wbił ręce w kieszenie kurtki i ruszył w kierunku południowym, ku San Marco.

Panował spokój. Większość turystów była już w łóżkach, a murzyńscy sprzedawcy chowali podróbki torebek od Vuittona i roleksy za pięć dolarów. Przeciął zachodnią stronę placu i szybko pokonał krótki pasaż. Jego mieszkanie było na najwyższym piętrze po północnej stronie. Skręcił na prawo i przeszedł wąską uliczką za domem. Ciszę przerywał tylko łagodny chlupot fal kanału, który płynął po jego lewej ręce. Dotarłszy do drzwi, wymacał w kieszeni klucz. Właśnie wsuwał go w zamek, gdy usłyszał ciche kaszlnięcie. Szybko się odwrócił. W cieniach stał mężczyzna w czarnym płaszczu i kapeluszu. Na krótką chwilę światło z okna w domu Jeffa odbiło się od dziwnego, lśniącego przedmiotu w dłoni mężczyzny, rozpraszając otaczającą go ciemność.

– Przepraszam. Nie chciałem pana wystraszyć – zagaił nieznajomy, wychodząc z mroku. Był niski, twarz miał pobrużdżoną i zmęczoną. Jego płaszcz był wytarty, kapelusz staromodny, filcowy. Długie siwe włosy opadały mu do ramion. Podszedłszy do Jeffa, ciężko się wsparł na drewnianej lasce o wypolerowanej metalowej rączce. – Nazywam się Mario Sporani – dodał. – Pan mnie nie zna, ale mam pewne informacje, które, jak sądzę, uzna pan za ciekawe. Czy mógłbym nadużyć pańskiej gościnności? Jest nieco chłodno.

– Jakiego rodzaju informacje? – spytał Jeff, mierząc go podejrzliwym spojrzeniem.

– Z dziedziny historii.

– Historii?

– Zechce mi pan wybaczyć. Dziś wieczór przyjechałem z Florencji. Kiedyś byłem strażnikiem kaplicy Medyceuszy. Jest bardzo ważna sprawa, którą koniecznie muszę z panem omówić.

Wręczył Jeffowi postrzępioną biało-czarną fotografię. Był na niej dużo młodszy Mario Sporani trzymający czarny, mniej więcej dwudziestopięciocentymetrowy cylinder. Na końcu cylindra widniał herb, który Jeff zdołał rozpoznać: pięć kulek i skrzyżowane klucze, znak Medyceuszy.

– Jestem jednym z garstki, która widziała ten przedmiot w ciągu pięciuset lat – ciągnął dalej Sporani. – Jednak teraz zniknął z powierzchni ziemi.

Salon Jeffa był imponujący; duża, nowocześnie urządzona przestrzeń. Polerowana stal, ciemne drewno, łagodny krem i białe włókna. Ściana naprzeciwko wejścia była podzielona ogromnymi oknami, wychodzącymi na San Marco, Campanilę i San Giorgio Maggiore. Po prawej stronie salonu była kuchnia, po lewej ciemny, prowadzący do sypialni korytarz.

Mario Sporani stał w drzwiach, oceniając w milczeniu apartament, i oczy zalśniły mu uznaniem.

– Piękny – rzekł tylko.

Jeff gestem zaprosił go do zajęcia miejsca. Była cisza. Rose i Maria zapewne spały.

Gospodarz udał się do kuchni i zaczął robić kawę. Nie spuszczał oka ze Sporaniego, który rozejrzawszy się z widocznym zachwytem, wstał, by ocenić obrazy i dzieła sztuki na szklanych półkach.

– Na pierwszy rzut oka powiedziałbym, że to *Leżący akt* Modiglianiego, ale coś mi nie pasuje.

Jeff z uznaniem przyjrzał się starcowi i wyjaśnił:

– To bardzo wczesne dzieło z jego czasów w weneckim Istituto per le Belle Arti. Mniej więcej z tego okresu, gdy po raz pierwszy wpadł w nałóg palenia haszyszu. Następnego roku przeprowadził się do Paryża i przerobił temat.

Sporani powoli pokręcił głową.

– Fascynujący.

Jeff postawił tackę na stalowym stoliczku między dwiema kanapami przy oknie.

– No dobra – rzekł, podając Sporaniemu filiżankę. – To o co chodzi?

– Naturalnie jest pan sceptycznie nastawiony, panie Martin. Ja też bym tak zareagował czterdzieści lat temu. – Pociągnął łyk kawy. – Jak powiedziałem, byłem strażnikiem kaplicy Medyceuszy, dopóki nie przeszedłem na emeryturę kilka lat temu. Opiekowałem się kaplicą, gdy straszliwa powódź w listopadzie tysiąc dziewięćset sześćdziesiątego szóstego roku nawiedziła Florencję i zniszczyła masę arcydzieł.

Jeff przyglądał mu się bez słowa. Oceniał Sporaniego na siedemdziesiąt lat, ale mężczyzna wyglądał na znacznie starszego.

– Tej nocy, której Arno wystąpiła z brzegów i wielkimi strumieniami zalała naszą dzielnicę, mimo burzy udało mi się dotrzeć do kaplicy – ciągnął gość. – Moje najgorsze obawy się sprawdziły. Krypta została zalana i groziło niebezpieczeństwo, że woda porwie trumny Medyceuszy. Byłem młody i impulsywny. Nie myślałem o własnej skórze. Szybko zszedłem do krypty i mało nie utonąłem. Cudem się uratowałem. Niewiele mogłem zrobić, by uchronić kryptę, ale chociaż woda dokonała niezmiernych zniszczeń, szczęśliwie najgorsze nas ominęło i do wieczora powódź w dzielnicy zaczęła opadać. Kiedy rozpaczliwie usiłowałem uciec z krypty, przypadkiem znalazłem dziwny przedmiot, hebanowy cylinder. Widząc herb, od razu wiedziałem, że kiedyś należał do Medyceuszy, ale nie miałem zielonego pojęcia, co to jest. Jak powiedziałem, byłem młody. Powinienem oddać cylinder władzom, ale nie mogłem, przynajmniej nie od razu. – Przerwał na chwilę i pociągnął kolejny łyk kawy. – Złamałem pieczęć. W środku znalazłem płachty papieru pokryte drobnym odręcznym pismem. Sporządzono je w obcym języku. Z czasem doszedłem do wniosku, że to pewnie greka, ale oczywiście ni w ząb nie rozumiałem.

– Nie myślał pan o przetłumaczeniu tekstu? – spytał Jeff.

– No, myślałem. Więcej, wspomniałem o moim odkryciu kilku znajomym. To pewnie był błąd. Trzeba było trzymać gębę na kłódkę.

Jeff zrobił zdziwioną minę.

– Widzi pan, rzecz w tym, że nikt nie mógł mi pomóc. Nawet ci, którzy trochę znali obce języki, nie potrafili przetłumaczyć nic poza paroma słowami to tu, to tam. Ale wytropiłem pewną podstawową rzecz. Na ostatniej stronie był podpis wielkiego patrona i przywódcy Florencji. Podpis Kosmy Medyceusza. Chociaż, jak mówiłem, nie rozumiałem ani słowa tego dokumentu, najwyraźniej był to jakiś diariusz lub dziennik, ponieważ tekst dzielił się na datowane fragmenty. Zwróciłem na to uwagę. Później spostrzegłem, że daty biegną od tysiąc czterysta dziesiątego roku.

– To skłoniło pana do oddania tego znaleziska?

– Trzeba było tak zrobić – powtórzył Sporani i odstawił pustą filiżankę. – I zrobiłbym. Nie jestem złodziejem.

– Zrobiłby pan?

– Nocą, dwa dni po tym, jak znalazłem te pisma, rozległo się walenie do drzwi mojego domu. Żona i dziecko spali w głębi. Poszedłem zobaczyć, kto się dobija. Wepchnięto mnie z powrotem na korytarz, przystawiono pistolet do głowy. To byli dwaj mężczyźni. Jeden chyba Anglik, drugi Włoch. Mówił głównie ten drugi. Chociaż żaden z nich wiele nie powiedział. Chcieli dokument Medyceusza.

– Skąd się o nim dowiedzieli?

– Nie jestem pewien. Ale nie powinienem nikomu mówić o moim odkryciu. Oddałem go, oczywiście. Kiedy tamten Włoch zobaczył, że pieczęć złamano, byłem pewien, że zaraz mnie zabije. Musiałem szybko coś wymyślić. Powiedziałem im, że była w tym stanie, kiedy to znalazłem.

– I uwierzyli panu?

– Nie wiem. Myślę, że człowiek z bronią bardzo chciał jej użyć, ale Anglik go powstrzymał. Powiedział coś, czego nigdy nie zapomnę: „Rozwalę łeb twojemu małemu, jak piśniesz o tym choć słówko".

Z dworu doleciało odległe buczenie rogu mgłowego.

– Więc czemu zjawił się pan u mnie?

Sporani patrzył w okna, jak pogrążony we śnie. Wyrwany z głębokiego zamyślenia odwrócił znużony wzrok ku Jeffowi.

– Och, oni już nie mają nade mną władzy, panie Martin. Mój malec wyrósł na wspaniałego młodego mężczyznę, ale pięć lat temu zginął w wypadku motocyklowym w Bolonii. A żona, Sophia, odeszła w zeszłym miesiącu. Rak piersi.

– Współczuję panu.
– Och, nie trzeba. Mieliśmy szczęśliwe życie, wszyscy troje.
Jeff dolał gościowi i sobie kawy.
– Więc czemu przyjechał pan do mnie?
– Potrzebuję pańskiej pomocy. Oczywiście wie pan o Medici Project, o zespole naukowców badających szczątki w kaplicy?
– Tak.
– Jestem przekonany, że ci ludzie są w straszliwym niebezpieczeństwie.
– W związku z czym pan tak myśli?
– W związku z tym, co właśnie panu opowiedziałem.
– Ale to było ponad czterdzieści lat temu...
– Kiedy po raz pierwszy usłyszałem o Medici Project, wyraziłem swój głośny sprzeciw. Powiedziałem władzom uniwersytetu w Pizie, który finansuje zespół badawczy, że moim zdaniem jakaś osoba lub grupa osób nie chce, żeby zakłócano tym zmarłym spokój. Nikt nie chciał mnie słuchać.
– Rozumiem ich sceptycyzm – przyznał Jeff.
– Jasne. Wzięli mnie za wariata. A ja nie miałem żadnego dowodu, który by ich przekonał, że jest inaczej.
– Ale rozmawiał pan z samymi naukowcami?
– Dlatego przyjechałem do pana. Nie wyobrażam sobie, by profesor Mackenzie zgodził się ze mną spotkać. Już mają po uszy protestujących, takich ludzi jak ojciec Baggio. Słyszał pan o nim?
Jeff skinął głową.
Sporani spojrzał nań przenikliwie.
– Chodzi o pańską starą znajomą, Edie Granger. Dowie się pan od niej, że profesor Mackenzie to arogancki człowiek. Ale trzeba go przekonać, żeby się zastanowił, czy powinien nadal prowadzić swoje badania w kaplicy.
Jeff i Edie znali się od wieków. Więcej, Edie była jego

najbliższą i najstarszą przyjaciółką. Kiedy się poznali, była osiemnastolatką, która kręciła się w środowiskach Gotów* i zarazem zaliczała z wyróżnieniem egzaminy z chemii, anatomopatologii, zanim uzyskała magisterium z paleopatologii, dziedziny nauki zajmującej się chorobami sprzed wieków. Znajomi żartowali, że przejmuje rodzinny interes; jej rodzice byli archeologami. Chociaż od tamtej pory ich ścieżki rozeszły się w bardzo różnych kierunkach, utrzymywali ścisły kontakt.

– Zetknąłem się z profesorem Mackenziem zaledwie kilka razy. Znam go głównie ze słyszenia.

– O, tak, to światowej sławy paleopatolog, powszechnie znana postać. „Times" nazwał go tropicielem mumii. Chyba jest zbyt ważną personą, żebym mógł z nim porozmawiać. Dlatego przyjechałem do pana. Jest pan jedynym człowiekiem, który może ich przekonać, że grozi im niebezpieczeństwo.

Jeff utkwił wzrok w Sporanim, powoli kręcąc głową.

– Przykro mi, że muszę pana pozbawić złudzeń, ale kompletnie się pan myli. Nie mogę nic zrobić w tej sprawie. Poza tym nie jestem całkiem przekonany, że pańskie obawy są usprawiedliwione.

– Nie?

– Hmm, nie. Wierzę w to, co mi pan opowiedział, ale to było dawno temu. Może ci dwaj ludzie, którzy wdarli się do pańskiego domu, byli zwykłymi złodziejami i wiedzieli, jak zmusić pana do milczenia.

– Może – rzekł Sporani, wbijając wzrok w Jeffa. – Ale rok temu, zanim moja Sophia zmarła, i niebawem po tym, jak ogłoszono plany ekshumacji, dostałem to.

Wręczył Jeffowi kopertę. Ten wyjął z niej kartkę papieru i przeczytał krótką wiadomość: „Zatrzymaj swoich

---

\* Subkultura lubująca się w opartych na horrorach strojach, makijażach i piercingu (przypisy tłumacza).

znajomych. Nie ruszajcie trumien Medyceuszy. Twój syn jest martwy, ale żona wciąż żyje".

Jeffowi nie udało się zmrużyć oka przez większą część nocy i był już ubrany, zanim wstał świt. Parzył mocną kawę, gdy zjawiła się Rose. Ziewała, a jej blond włosy były w kompletnym nieładzie.

– Witaj w świecie żywych! – powiedział z szerokim uśmiechem.

Skrzywiła się i przetarła powieki.

– Zawsze tak wcześnie wstajesz, tato?

– Tylko kiedy wychodzę na całonocny clubbing.

Rose przez chwilę wyglądała na zdumioną, ale zaraz zrozumiała, że ojciec żartuje. Uśmiechnęła się i wyglądała tak rozbrajająco jak jej matka. Jeff to zauważył, ale odepchnął bolesne wspomnienia. Z korytarza dobiegały odgłosy włączonego przez Marię odkurzacza. Wystawiła głowę zza drzwi i przywitała się przed rozpoczęciem pracy.

– Najbardziej uwielbiam to miasto, kiedy na ulicach nie ma nikogo, Rose – powiedział Jeff, pociągając wielki łyk kawy. – Psychiatra mógłby z tego wyciągnąć alarmujące wnioski, ale taka jest prawda. – Włożył kurtkę pilotkę. – Wypij kawę, wsadziłem croissanty do piekarnika.

– Dokąd idziesz?

– Obowiązki wzywają.

W marmurowym holu Jeff machnął ręką ziewającemu stróżowi i wyszedł na tyły domu. Skręcając za róg, mało się nie potknął o leżącego w cieniu człowieka. Ten stęknął i usiadł z zaskakującą szybkością.

– Ach, mój przyjaciel Jeffrey. – Miał chrapliwy głos z wyraźnym obcym akcentem.

– Witaj, Dino. Zjawiasz się poza rozkładem.

Dino przetarł powieki.

– Zmieniam grafik. Budzę czujność turystów – wyjaśnił z krzywym uśmiechem.

Dino żył na ulicach Wenecji równie długo jak Jeff w apartamencie przy San Marco. W ponurych czasach, zaraz po przybyciu na stałe do Wenecji i pożegnaniu starego życia w Anglii, Jeff zaprzyjaźnił się z żebrakiem, stawiając mu od czasu do czasu kanapkę i kawę. Podczas tych kontaktów Dino odsłonił mu fragmenty swojej biografii. Uciekł z Kosowa po tym, jak zamordowano jego żonę i córkę. Gołymi dłońmi wykopał groby i ruszył na Zachód bogaty tylko w to, co miał na grzbiecie. Przed wojną był nauczycielem matematyki w Prištinie. Teraz żył z tych kilku euro, które bogaci amerykańscy turyści rzucali mu od czasu do czasu.

Dino, żebrając, trzymał się rozkładu. Raz w tygodniu pojawiał się na San Marco, w inne dni nawiedzał pozostałe atrakcje turystyczne miasta. Jeff zawsze dawał mu kilka euro lub zabierał go na kawę. Łączyła ich jakaś przedziwna więź; obaj byli uchodźcami, ludźmi ukrywającymi się za zasłoną normalnego życia. Dino był głęboko religijny i całym sercem wierzył, że jego czas na ziemi jest krótki i zobaczy rodzinę w lepszym świecie. Jeff, zagorzały ateista, miał własne zdanie na ten temat, ale rozumiał, że sama obecność przyjaciela jest mu wielką pomocą, stale mu uświadamia, że Rose żyje szczęśliwa i bez trosk.

– Proszę, Dino – powiedział, wręczając kilka sztywnych, świeżych banknotów. – Kup sobie coś do zjedzenia. Muszę iść. Pogadamy następnym razem, dobra?

Dino wziął pieniądze i uścisnął dłoń Jeffa.

– Niech cię Bóg błogosławi – powiedział z uśmiechem.

Oranżowe światło rozkładało się po wschodniej stronie nieba i długie cienie kładły na *piazza*, kiedy Jeff przecinał San Marco. Od Torre dell'Orologio podążył krętym szlakiem wzdłuż Calle Larga, po czym skręcił w lewo, w Calle Specchieri. Okolica była pusta, sklepy zamknięte. Jeff bez trudności potrafił sobie wyobrazić, że cała ludzkość uległa eksterminacji i jest ostatnim osobnikiem gatunku, który samotnie pokonuje te milczące pasaże. Ale niebawem przeciął Rio di San Zulian, gdzie minął kobietę z pieskiem na smyczy. W jaskrawo pomalowanych ustach ściskała długą czarną cygarniczkę, której nie wyjęła, gdy strofowała zwierzę za marudzenie pod latarnią. Papierosowy popiół opadł na kocie łby. Za nią wlokły się dwie kobiety w średnim wieku o zniszczonej cerze i zmęczonych oczach. Nie licząc jaskrawych, nasuniętych głęboko na czoło chustek, były wyjątkowo ponuro ubrane.

Zanim dotarł do Ponte di Rialto, wyszło słońce, zamieniając wody Canal Grande w paletę pasteli. Pod mostem przepłynęło vaporetto, jak codziennie upchane po burty wcześnie płynącymi podróżnymi. Sam most był niemal pusty; zza okratowanych szyb kramów wyglądały T-shirty z gondolami i tanie karnawałowe maski.

Jeff przystanął na chwilę. Smakował ten widok tysiąc razy, ale zawsze ulegał głębokiemu wzruszeniu. Dawno temu uznał, że Wenecja to jego, jak to lubił nazywać, „uczuciowy wzmacniacz". Jeśli był szczęśliwy, pogłębiała jego radość, jeśli był w depresji, tym bardziej cierpiał. Tak czy inaczej Wenecja zawsze była dla niego i jego byłej żony wyjątkowym miejscem. Przyjechali do niej zaraz po ślubie. W przypływie optymizmu i wykorzystując giełdową hossę, kupili apartament przy San Marco. Ale to właśnie również tutaj dowiedział się o niewierności Imogen.

Wcześniej zostawili Rose z nianką w Londynie i przylecieli na dwudniowy pobyt. Zaraz po przybyciu poszli na kolację do Danieli. To był typowo ekstrawagancki wyskok, ale w tamtym czasie Jeff rozkoszował się bogatym życiem, do którego już zdążył się przyzwyczaić. Wracając Riva degli Schiavoni, wpadli do piano baru w hotelu Monaco i Imogen powiedziała mu, że spotyka się z kimś innym. Następnego dnia przed południem odleciała do Anglii, ale on wolał jakiś czas pozostać. Potrzebował czasu na zastanowienie, na przyswojenie tego, czego się dowiedział.

Dla porzuconego i samotnego mężczyzny Wenecja stała się miastem zjaw i momentami czuł, że traci kontakt z rzeczywistością. Leżał w łóżku w ich apartamencie, przeszukując umysł i duszę, wypatrując poczynionych błędów.

Oczywiście użalał się nad sobą, ale przede wszystkim martwił o Rose i był wściekły na Imogen za to, że rozbiła ich rodzinę. Wpadł w gniew, który przepełnił go stoickim fatalizmem i czymś, co zaskoczyło jego samego – bezwzględnością. Powróciwszy do Anglii, natychmiast wystąpił o rozwód i zamroził wszelkie uczucia, które niegdyś żywił wobec perfidnej żony.

Czasem zadawał sobie pytanie, czy było dobrym pomysłem wracać do miasta, w którym jego świat się rozpadł. Ale zbyt ukochał to miejsce, by się go wyrzec. Nie mógł winić Wenecji za to, co mu zrobiła żona. W pierwszym okresie po rozwodzie spędzał noce na długich spacerach po pustym labiryncie Wenecji, słuchając na iPodzie Samuela Barbera oraz Toma Waitsa i zastanawiając się, czy jeszcze kiedykolwiek będzie szczęśliwy.

Pomogła mu się zebrać jego najbliższa przyjaciółka, Edie. Wzięła urlop i towarzyszyła mu w Wenecji. Zmusiła go do wychodzenia do restauracji, ciągnęła go za język i przekonała, że łatwe rozwiązanie w postaci alkoholu – wówczas już tego pociągał – nie jest żadnym rozwiązaniem. Więź między nimi jeszcze bardziej się umocniła. Jeff wiedział, że Edie nie przepada za Imogen. Nigdy nie powiedziała słowa przeciwko jego byłej żonie, ale znał Edie tak dobrze, że czasem porozumiewali się prawie telepatycznie. Imogen niewątpliwie była zazdrosna o ich związek, ale bezpodstawnie. Edie była jego najdroższym przyjacielem kimś bliskim jak siostra; Imogen była jego żoną i kochał ją – wtedy.

Wspomnienia Edie przypomniały mu poprzednią noc i dziwną postać Sporaniego. Mężczyzna był pewien, że Jeff mógłby w jakiś sposób przekonać Edie, a ta wpłynąć na Carlina Mackenziego, i szczerze wierzył, iż pracujący w kaplicy Medyceuszy zespół jest w prawdziwym niebezpieczeństwie. Wyszedł niebawem po pokazaniu dziwnego listu. Jeff proponował mu nocleg, ale przybysz odmówił. Jeff złożył więc tylko niezbyt szczerą obietnicę, że może zadzwoni do Edie, wpierw jednak musi się z tą myślą przespać. Sporani miał pozostać w Wenecji na kilka dni i ustalili, że się spotkają na kawie. Teraz Jeff nie wiedział, co myśleć. Uważał te wszystkie rewelacje za jakiś nonsens, chociaż gdy myślał o Edie, nie potrafił otrząsnąć się z niepokoju. Tylko religijni szaleńcy wierzyli, że ekshumacja Medyceuszy jest czymś nie w porządku. Sporani musiał mieć nierówno po sufitem, fantasta. Może utrata bliskich pozbawiła go zdrowego rozsądku.

Schodząc północną stroną Rialto, skręcił na Mercato del Pesce, targ rybny. Uwielbiał to miejsce, uwielbiał nawet ostrą woń ryb, sprawianych przez mężczyzn w białych strojach roboczych i ciężkich gumowych butach. Na straganach leżały rzędem ośmiornice jak rozdęte mózgi; kraby przebierały w powietrzu szczypcami, próbując dotrzeć do jakiegoś już na zawsze nieosiągalnego miejsca; postemplowane tuńczyki, tak wielkie, że wystarczyłyby na obiad dla trzydziestu rodzin, czekały na porcjujący nóż rybaka. Za rybami stały rzędy stołów z owocami i warzywami, a obok kramy kwietne, szaleństwo barw i odcieni.

Jeff uwielbiał gotować i Mercato del Pesce było jego ulubionym miejscem zakupów świeżych produktów. Straganiarze witali go głośno po imieniu i żartowali. W ciągu roku nauczyli Anglika mnóstwa kolokwializmów i pieprznych zwrotów.

Nie spieszył się, krążąc między kramami; wybierał najlepsze, jakie dało się znaleźć, uwielbiane przez Rose filety z pstrąga. Potem cukinie, bakłażany, pieczarki i twarde świeże ziemniaki. Kwadrans po wejściu na targ miał już wszystko, dwie pełne reklamówki, z których wieczorem zamierzał wyczarować pyszną kolację.

Kiedy opuszczał targ, dzień rozkwitł. Zaroiło się od ludzi, a zmienne do tej pory światło przybrało wyrazistą barwę. Przyszedł na czas na kawę, może nawet aperitif.

Postawiwszy reklamówki przy stoliku, Jeff zawołał kelnera i złożył zamówienie. Wtedy zwrócił uwagę na odbiornik telewizyjny, stojący w głębi, wysoko na drewnianej półce. Dźwięk był ściszony i nadawano wiadomości. Wizerunek rozsadzonego czołgu i twarze przed momentem zabitych żołnierzy. Spiker w studio niemal bezgłośnie wymawiał słowa przed zmianą obrazu. Kelner przyniósł kawę i dwa biszkopciki na podstawce filiżanki. Jeff powrócił wzrokiem do ekranu. U dołu pojawił się kolorowy pasek i na nim napis: „Kaplica Medyceuszy, Florencja". Wyżej obraz słabo oświetlonego pomieszczenia. Jeff szybko rozpoznał wnętrze krypty. Obraz się rozpłynął, zastąpiony ujęciem twarzy profesora Carlina Mackenziego.

Jeff poczuł nagły spazm w dole brzucha. Już miał zawołać do kelnera, by wyregulował głośność, ale na ekranie pojawiła się już Downing Street, siedziba premiera Wielkiej Brytanii. Jeff sięgnął do kieszeni i wyjął telefon komórkowy. Automatycznie naciskając klawisze, wybrał numer internetowych wiadomości BBC. Wcisnął kolejny klawisz, wybrał „Najświeższe wiadomości" i przejrzał krótki raport. Dopiero gdy skończył czytać ostatnią linijkę, zdał sobie sprawę, że ręce mu się trzęsą.

# ROZDZIAŁ 4

Florencja, 4 maja 1410 roku

Kosma Medyceusz z uwagą przyglądał się swojemu odbiciu w małym zwierciadle w sypialni. Był brzydkim młodzieńcem i o tym wiedział. Mógł tylko marzyć o gęstych blond kędziorach, jakimi się szczycił jego najlepszy przyjaciel, Ambrogio Tommasini; żadna część jego oblicza nie mogła się równać z kształtnym nosem i wielkimi, czasem niezbadanymi piwnymi oczami o długich rzęsach tamtego. Twarz Kosmy była dziwną zbieraniną niepasujących do siebie elementów. Sterczący podbródek, wąskie usta, zupełnie nieciekawy nos. To prawda, oczy miał duże i ładnie wykrojone, ale nieco różnych rozmiarów i niesymetrycznie osadzone. Chociaż wkroczył dopiero w dwudziestą drugą wiosnę życia, włosy miał cienkie i rzadkie, skórę pomarszczoną. Lecz gdy się uśmiechnął, jego twarz zmieniała się w jednej chwili. Pozostał brzydalem, ale w oczach pojawiał się nowy blask, nagle wyrosłe wokół nich zmarszczki dodawały mu dziesięciu lat, lecz i ciepła. Był zadowolony z twarzy, która się w niego wpatrywała, i w tej chwili nie wymieniłby tego wizerunku na budzącą zachwyt urodę Ambrogia. Porwał z łóżka *lucco*, sięgający kostek purpurowy płaszcz, który nosił na co dzień, i wsunął ramiona w rękawy, czując, jak grube fałdy materiału miękko układają się na nadgarstkach. Ruszył do drzwi.

Na korytarzu i przestronnej, kamiennej klatce schodowej panowała cisza, lecz gdy stanął w sieni, usłyszał hałas przechodzących nieopodal ludzi i daleki stukot kopyt o bruk.

Jego matka, Piccardia, siedziała w szwalni, blisko drzwi wyjściowych. Zasłony rozsunięto i przez okiennice napływało światło szerokimi strugami cytrynowego blasku. Sześcioletni brat Kosmy, Lorenzo, bawił się z kotem. Olomo, czarny niewolnik, niedawno przywieziony z Lizbony, przytknął spore drewniane wiadro do paleniska i szerokimi ruchami miotły zgarniał popiół z kominka, odpędzając brązowo-białą kotkę, zajętą niszczeniem i rozrzucaniem starannie zebranego wzgórka szarego pyłu.

– O ósmej godzinie mam się stawić przed ojcem – powiadomił matkę Kosma.

– Ale śniadanie, Kosi.

– Zjem gdzieś po drodze chleba. Jestem spóźniony. – Ucałował matkę w policzek.

Słysząc głos brata, Lorenzo podbiegł do niego. Kosma zwichrzył mu włosy, porwał w ramiona i zawirował wraz z nim.

– Nie zapomnij, że dziś gramy w piłkę, Kosi! Pamiętaj, obiecałeś – wykrzyknął pośród pisków Lorenzo.

– Jak mógłbym zapomnieć tak ważnego zobowiązania? – Kosma postawił chłopczyka na dywanie, pocałował go w czubek głowy i skłoniwszy się matce, szybko wyszedł.

Medyceusze mieszkali w obszernym, ale prostym domu przy Piazza del Duomo i z frontowych okien piętra mieli pyszny widok miasta; kolosa Duomo, katedry Santa Maria del Fiore – jeszcze niedokończonej, w objęciach drewnianych rusztowań, a w głębi – Ponte Vecchio.

Na ulicach przy Duomo już był ruch. Wychodząc na *piazza*, Kosma zręcznie ustąpił człowiekowi ciągnącemu załadowany górą jarzyn wózek i skierował się na południe, wzdłuż via dei Calzaiuoli, w kierunku rzeki i skupionej przy via Porta Rossa dzielnicy bankowej, w której jego ojciec, Giovanni di Bicci, trzynaście lat temu założył bank Medyceuszy. Powietrze było gęste od woni. Kwaśny smród garbarni i ostry jak amoniak fetor rybich flaków zderzał się z cudownym aromatem pieczonego chleba. Ale Kosma był niemal całkowicie obojętny na te zapachy. Urodził się kilka kroków stąd, w dniu, w którym pod niebo biły te same wonie. Były dlań równie zwyczajne jak widok przejrzystego lazuru nad dzwonnicami kościołów, dachy kryte dachówką i kocie łby pod nogami.

Unosząc wzrok, dojrzał dorodną kobiecą postać, strzepującą prześcieradło przed zarzuceniem go na rozciągnięty nad balkonem sznur. Z wnętrza domu dobiegły piski dzieciarni, huk, a potem gniewny krzyk dorosłego. Kosma uśmiechnął się do siebie i przyspieszył kroku; przecież był spóźniony.

Jeszcze chwila marszu i jego oczom ukazała się lśniąca w porannym słońcu rzeka, a dalej obrosły skupiskiem domów, kramów, stoisk grabarzy, kaletników i rzeźników Ponte Vecchio. Most już był zatłoczony. Handlowano i wykłócano się o cenę znakomitej skórzanej sakwy lub połówki sarny. W dole przybijała do pomostu mała barka. Chłopak w czarnej filcowej czapce i porwanych rajtuzach wychylił się z dziobu i rzucił cumę, wprawnie zahaczając o pachołek. Krzyknął coś niezrozumiałego do sternika i przebiegł na rufę, do drugiej cumy.

Kosma skręcił na prawo, w via Porta Rossa. Jak niemal każdego dnia, przed majestatyczną fasadą domu bankowego było już dość rojno. Wekslarze w czarnych, ciasno zapiętych pod szyję urzędowych kaftanach siedzieli przy okrytych zielonym suknem, drewnianych stolikach, na których były gęsie pióra, pełne kałamarze, pliki weksli i słupki monet. Wokół każdego stolika falowała niewielka grupa, utrudniając tym z przodu spokojny targ, i stał zbrojny strażnik. Lustrowali pożądliwe gęby. Palce świerzbiły, by odtrącić piką natrętów.

Kosma minął cały ten kram, wszedł po sześciu kamiennych stopniach, skinął głową strażnikom przy drzwiach i został wpuszczony do majestatycznej sieni.

W środku panował chłód. Odgłos kroków odbijał się echem od gładkiej kamiennej podłogi. Po obu stronach stały większe niż na zewnątrz stoły, a wytwornie odziani pracownicy wydawali się znaczniejsi w urzędniczej hierarchii niż ich koledzy przed wejściem. Kosma przeszedł między dwoma szeregami stołów, nie patrząc na klientów, wszedł na półpiętro, skręcił w prawo i zapukał do masywnych, dwuskrzydłowych drewnianych drzwi. Nie otrzymawszy odpowiedzi, zapukał jeszcze raz.

– Kto tam?

– Twój syn, ojcze.

– Wejdź.

W obszernej, niskiej komnacie stał tylko potężny drewniany stół i dwa krzesła, duże za nim i mniejsze przed nim. Ojciec Kosmy już szedł do syna, wyciągając ramiona. Nosił urzędową czerwoną szatę i czapkę gildii bankierów.

– Zbliż się, chłopcze – rzekł ciepłym, łagodnym tonem. – Jadłeś? Masz na coś ochotę?

Kosma spojrzał ojcu w oczy. Niedawno skończył pięćdziesiąt lat, ale wydawał się starszy. Twarz miał wysuszoną, pooraną zmarszczkami. Jak u jego najstarszego syna, nic tam do siebie nie pasowało; każdy element wydawał się przestawiony, tworząc ogólne wrażenie odstręczającej asymetrii. Ale też intensywnie patrzące czarne oczy, znamionujące skupienie zmarszczone czoło, mocny zarys szczęk – wszystko z niezwykłą precyzją wyrażało bogactwo charakteru.

– Nie, dziękuję, ojcze – odparł Kosma i gdy ojciec wrócił za stół, usiadł na krześle i czekał, aż ten przemówi.

Giovanni miał przed sobą na wpół opróżnioną misę owoców. Stała na stosie papierów i sok splamił oficjalne, jak się wydawało, dokumenty. Nadział na zbytkowne srebrne widełki kawałek pomarańczy i odgryzł soczystą cząstkę, po czym wierzchem dłoni otarł podbródek.

– Pewnie zachodzisz w głowę, dlaczego cię tu dzisiaj wezwałem, Kosmo – zaczął powoli, mierząc syna spojrzeniem czarnych oczu. Pochylił się i tym razem wybrał widelczykiem kawałek twardej zielonej gruszki.

– No, dwa tygodnie temu skończyłem studia, ojcze. Wyobrażam sobie, że chcesz, bym się przyłożył do pracy tu, w banku.

Giovanni ciepło się uśmiechnął.

– Zabrzmiało to tak, jakbym był złym smokiem. Dwa tygodnie i pozbawiam cię słodkiej wolności!

Kosma odwzajemnił uśmiech, ale czuł poruszenie. Ojciec mógł sobie żartować, ale młodzieniec wiedział, że czasy swobody dobiegły kresu i uwielbiany przezeń świat nauki i rozmyślań na zawsze miał mu zostać odebrany.

– Tak po prawdzie mam pewne wieści, które być może cię zainteresują.

– Czyżby?

– Poczyniłem starania, byś rozpoczął objazd oddziałów naszego banku.

– Objazd?

– Tak. Rzecz jasna nie ma mowy o inspekcji wszystkich trzydziestu dziewięciu placówek, ale chodzi o wyprawę, która obejmie oddziały italskie. Wybierzesz się do Genewy, Wenecji i Rzymu. To będzie znakomita sposobność, abyś poszerzył swą wiedzę o interesach Medyceuszy.

Kosma wylewnie podziękował za ten gest, ale jego przygnębienie wzrosło.

– Wydajesz się niezadowolony, Kosi.

Młodzieniec wpatrywał się w przestrzeń, widząc swoje nowe życie, z góry ułożoną karierę, przelatujące przed oczami.

– Kosma?

– Przepraszam, ojcze. Tak, objazd.
– Powiedziałem, że wydajesz się niezadowolony.
Kosma zwlekał z odpowiedzią. Uzmysłowił sobie, że cokolwiek powie, nie przyniesie to nic dobrego, jedynie skomplikuje sprawy.
– Nie jestem niezadowolony, ojcze. Tylko czuję się trochę... hmm... popędzany.
Giovanni odłożył widelec do miski i odchylił się w krześle. Kolejny raz zmierzył przenikliwym spojrzeniem syna. Kosma wiedział, że ojciec jest opiekuńczy i ma złote serce. Że wszyscy, którzy robią z nim interesy, szanują i podziwiają tego człowieka, który mimo mizernych początków osiągnął sukcesy, będące udziałem niewielu bankierów Italii. Ale również wiedział, że ojciec ma żelazną wolę, która przekuwa wyznaczone cele w rzeczywistość, i wierzy, że wie najlepiej, co jest najlepsze dla jego rodziny i przyszłości założonej przezeń dynastii. Kosma do tej pory cieszył się swobodą i bujnym rozkwitem młodości. Przyszedł czas przywdziać ciężki płaszcz wieku męskiego i odpowiedzialności. Z kolei Giovanni nie całkiem aprobował koło przyjaciół, które w ciągu ostatnich lat Kosma wokół siebie zgromadził. W jego odczuciu takich osobników jak Ambrogio Tommasini i człeka, z którym jego syn wydawał się szczególnie związany, Niccolò Niccolego, otaczał wyraźny swąd wywrotowych idei. Giovanni nie miał serca do wielu nowych, humanistycznych poglądów młodszej generacji.

– Wierzę, że nastał czas, Kosmo. Nastał czas przyjąć przygotowywaną dla ciebie rolę. Jesteś Medyceuszem i moim najstarszym synem. Udowodniłeś swoją wartość jako uczeń, teraz musisz ukazać światu, że masz wiele innych zalet.

– Ale, ojcze, miałem nadzieję...

– Pragniesz przepędzić lato w ogrodzie rozkoszy lub marnując czas z przyjaciółmi?

– Nie marnując czasu, ojcze. Dyskutując i roztrząsając poważne tematy. Z pewnością...

– Mój chłopcze – przerwał mu Giovanni, ściągając wodze niecierpliwości, ale w każdej chwili gotów je uwolnić. – Rozumiem, jakie impulsy tobą targają. Niegdyś ja także łaknąłem bogactw intelektu, ale brzemię odpowiedzialności szybko mnie dopadło i muszę powiedzieć, że po trzydziestu latach nie żałuję drogi, którą podążałem. Nie pragniesz żony, rodziny? Nie pragniesz niezależności i swojego udziału w rozwoju rodzinnego interesu... tego wielkiego banku? Myślałem, że tak.

Kosma nie miał złudzeń, kto wygra w tym sporze. Gdyby roztrząsali przy dzbanie wina potęgę myśli Dantego, byłby pewien swoich szans, ale w obliczu tego tematu i nieustępliwej woli ojca zwiędł jak kwiat na mrozie.

– Naturalnie, ojcze. Tylko myślałem...

– W takim razie znakomicie, poczynię właściwe przygotowania – przerwał mu Giovanni i demonstracyjnie zajął się papierami. – Myślę, że to doświadczenie wielce cię wzbogaci, mój chłopcze.

# ROZDZIAŁ 5

Londyn, czerwiec 2003 roku

Sean Clifton, pracownik Sotheby's, specjalista od wczesnego włoskiego renesansu, zjechał windą ochrony do podziemnego skarbca, pod biurami domu aukcyjnego w dzielnicy Mayfair. Szedł za strażnikiem w milczeniu, jasnym betonowym korytarzem, w którym dudniły echa, i dotarłszy do drzwi klimatyzowanego pomieszczenia ekspertyz, czekał podczas wystukiwania indywidualnego kodu dostępu na numerycznej klawiaturze zamka. Strażnik sprawdził jeszcze zawartość jego torby z komputerem i teczki, po czym otworzył ciężkie stalowe drzwi i Clifton mógł zacząć pracę.

Znalazłszy się w środku, rozluźnił się. W ramach obowiązków często weryfikował autentyczność i oceniał wartość różnych starych manuskryptów. Dziś jednak przed nim na stole spoczywało wyjątkowe znalezisko, niedawno odkryty zbiór rzadkich zwojów, niegdyś należących do wielkiego renesansowego humanisty Niccolò Niccolego.

Clifton włożył białe lniane rękawiczki i cicho odkaszlnąwszy, usiadł. Zbiór składał się z dwóch oddzielnych stosów. Po lewej czekał plik luźnych kart, po prawej zestaw zwojów obwiązanych wąską czerwoną wstążeczką. Clifton pochylił się, odsunął luźny plik i zaczął rozwijać pierwszy ze starannie zawiązanych zwojów.

Całkowitą ciszę przerywał tylko, gdy głośniej wciągał

lub wypuszczał powietrze, przesuwał dokumenty, zmieniał pozycję na krześle bądź stukał na laptopie, sporządzając raport na temat archiwum Niccolego i oceniając jego aukcyjną wartość.

Był zmuszony czytać wolno. Charakter pisma był specyficzny, a tekst miejscami ledwo zrozumiały. Clifton przebrnął przez sześć gęsto zapisanych stron i zaczął wnikać w świat sprzed sześciuset lat i myśli jednego z najbardziej awanturniczych podróżników tamtej epoki, gdy raptem natrafił na niesłychane odkrycie. Ta chwila utrwaliła się w jego pamięci jak widziany w zwolnionym tempie zapis wielkiego sportowego wydarzenia. Jądro kolekcji składało się z trzech datowanych na rok 1410 tomów dzienników i diariuszy, w których Niccolò Niccoli szczegółowo opisał podróż z Florencji na wschód, do Macedonii. To była niezwykła wyprawa, barwna i ekscytująca, ale jakby pozbawiona konkretnego celu. Lecz gdy Clifton sięgnął po nową kartę, serce zabiło mu szaleńczo. Zdezorientowany zastygł, po czym wręcz rzucił się do lektury, pochłaniając tekst najszybciej, jak potrafił.

Można było odnieść wrażenie, iż autor znudził się własną opowieścią, gdyż narracja nabrała niesamowitego przyspieszenia. A może też wpadł w delirium i puścił wodze fantazji? W każdym razie było to coś niezwykłego. Niccoli słynął z racjonalnego myślenia oraz oddania nauce i sztukom pięknym. Co więc się wydarzyło? Czyżby uczony chwilowo stracił rozum? To, co nagle zaczął opisywać, nie miało żadnego związku z piętnastowieczną rzeczywistością.

Zaskoczenie trwało tylko chwilę, po czym zastąpiło je o wiele silniejsze uczucie, coś, czego Clifton nigdy sobie do tej pory nie wyobrażał. Podczas piętnastu lat zawodowej kariery, w której trakcie zajmował się bezcennymi dokumentami i wcześniej nieoglądanymi starożytnościami, nigdy nie czuł pokusy, by się sprzeniewierzyć pracodawcy. Ale teraz, patrząc na te niezwykłe zapiski, był jak bezwolny.

Sięgnął po podłączony do laptopa skaner i szybko przesunął nim po kartach, które miał przed sobą, zapisując dane na dysku. Na moment się nie zastanawiając, co czyni, odłożył dokumenty na dawne miejsce, wyłączył komputer i wyszedł z pokoju. Za drzwiami został sprawdzony rentgenem, udał się za strażnikiem na parter i wyszedł z gmachu. Nic do niego nie docierało, tak był podniecony wizjami przyszłości.

# ROZDZIAŁ 6

Wenecja, obecnie

Popołudniowy pociąg do Florencji był zapełniony, tak że mimo iż Jeff znalazł miejsce tylko w pierwszej klasie, szczęście się do niego uśmiechnęło. Dociśnięty do okna przez siedzącą obok niego pokaźnej tuszy *mamma*, kontemplował zmieniający się szybko pejzaż. Maria chętnie się zgodziła zająć Rose i Jeff obiecał córce, że po powrocie wynagrodzi jej swoją nieobecność; w Wenecji miał się pojawić następnego dnia.

Chociaż z Mackenziem spotkał się tylko kilka razy, wciąż nie mógł uwierzyć w jego śmierć. Edie ostatni raz widział prawie trzy miesiące temu. Obiecała, że go odwiedzi w Wenecji, skoro pracuje tak blisko, we Florencji, ale zawsze była zbyt zajęta, a on nie miał ochoty się narzucać. Ale ostatnie wieści, plus to, czego się dowiedział od tajemniczego *signore* Sporaniego, popchnęły go do działania. Zadzwonił do Edie i zaraz potem wskoczył do pierwszego pociągu do Florencji.

Wiedział, że Mackenzie ma szorstki charakter, wielu wrogów i mało prawdziwych przyjaciół. Szanowano go za wiedzę i ogromne doświadczenie, ale sporo kolegów widziało w nim niepohamowanego egocentryka, który zbytnio uwierzył w to, że jego rozreklamowany w mediach wizerunek to faktycznie Carlin Mackenzie. Owszem, nie cieszył się popularnością wśród innych uczonych, jednak

Jeffowi trudno było uwierzyć, że pozbawiono go życia z powodu wad charakteru.

Otworzył kupiony na dworcu dziennik „Corriere della Sera" i na trzeciej stronie znalazł pełny opis morderstwa. Mackenziego uduszono garotą. Członek zespołu badawczego znalazł ciało około ósmej rano poprzedniego dnia. Jak było do przewidzenia, florencka policja nabrała wody w usta. Obok głównego tekstu widniał raport opisujący grupę fanatyków, Bożych Robotników, protestujących pod kaplicą Medyceuszy od przybycia zespołu profesora. Czytał z rosnącym zaciekawieniem.

Florencja, 17 lutego

Po wczorajszych wstrząsających nowinach o zamordowaniu światowej sławy popularyzatora wiedzy, profesora Carlina Mackenziego, florencka policja ostro zabrała się do organizacji Bożych Robotników. Grupa ta, kierowana przez charyzmatycznego, choć tajemniczego dominikanina, ojca Giuseppe Baggia, już od trzech miesięcy prowadziła całodzienne demonstracje pod kaplicą Medyceuszy, ale dopiero wczoraj rano została poproszona o natychmiastowe rozejście się. Wedle oficjalnych doniesień ojciec Baggio polecił swoim zwolennikom zignorować policyjne żądanie, co spowodowało natychmiastową interwencję władz. Na szczęście grupa nie stawiała dalszego oporu i protestujących odeskortowano, podczas gdy samego ojca Baggio zatrzymano na przesłuchanie. Zakonnik opuścił komisariat wczoraj w porze południowej, ale odmówił wywiadów reporterom, którzy zgromadzili się na zewnątrz. Stwierdził, że będzie rozmawiał tylko z miejscowym katolickim pismem „Voce".

Ojciec Baggio i jego grupa głośno sprzeciwiali się naruszeniu wiecznego spoczynku ciał rodziny Medyceuszy. Przywódca protestujących ostatnio powiedział „Voce": „Wierzę, że profesor Mackenzie i jego zespół narażają swoje dusze na potępienie, przykładając rękę do tego bezbożnego dzieła. Pracują dla szatana i zapłacą za swoje grzechy".

Zakonnik jest znany z fundamentalistycznych wybuchów z ambony i pojawiły się głosy, że jego ekstremistyczne uwagi i protesty ściągnęły na niego naganę zwierzchników. Głosi na prawo i lewo, że uważa się za współczesnego Savonarolę, fanatycznego dominikanina, który pod koniec piętnastego wieku krótko rządził Florencją. W 1498 roku spalono go na stosie na Piazza della Signoria. Baggio nie kryje się ze swoją ambicją, aby, jak to określa, „przepędzić diabelskie moce ze współczesnych Włoch". W minionych latach protestował przeciwko organizacjom gejowskim, atakował lokalne stacje telewizyjne za, jak to nazywa, „pornografię" i, co przysporzyło mu najwięcej wątpliwej sławy, usiłował bez powodzenia zniszczyć kilka obiektów na ostatniej retrospektywie Roberta Mapplethorpe'a. Teraz, gdy człowiek, który, jak utrzymuje Baggio, „pracował dla szatana", został zamordowany w swojej pracowni kilka metrów od miejsca, w którym protestowali Robotnicy Boży, niektórzy zaczynają wskazywać oskarżającym palcem organizację Baggia.


Wychodząc z tłumem przez bramki na Stazione di Santa Maria Novella, Jeff przystanął i rozejrzał się po obskurnej hali z brudnymi kasami biletowymi po jednej stronie i kioskami gazetowymi po drugiej. Dworzec kolejowy w najmniejszym stopniu nie zapowiadał wspaniałości wiekowego miasta, które się za jego murami rozciągało. Jeff i Edie zauważyli się w tym samym momencie.

Uściskali się serdecznie i Jeff miał wrażenie, że jego przyjaciółka nie chce go wypuścić z objęć i nadrabia miną.

– Za długo to trwało – powiedziała tylko.

Jeff wyszedł za nią na parking. Rzucił torbę do bagażnika fiacika Edie i wbił się w fotel pasażera.

– Boże, jak dobrze cię znowu widzieć. – Uśmiechał się

do niej, gdy pokonując długi stok, opuszczała teren dworca i wjeżdżała na ulicę.

Był ruch, samochody korkowały miasto. Edie skierowała się via Sant' Antonino. Jeff przyglądał się starym budynkom, ale przede wszystkim urzędnikom, turystom, domokrążcom, sklepikarzom i handlarzom – wirowi ludzkiej aktywności, który przez ponad tysiąc lat z niewielkimi zmianami nadawał tempo Florencji.

– Podejrzewam, że dużo cię to kosztowało – powiedział.

– Wielu ludzi nie cierpiało wuja i prawdę mówiąc, bywał z niego straszny wrzód na dupie, ale to był koszmarny wstrząs.

– Czemu nie zadzwoniłaś?

– Myślałam, żeby to zrobić, kilka razy, ale nie wiem... Nie sądziłam, że możesz mi pomóc, i nie chciałam cię niepotrzebnie martwić. Poza tym do późnego wieczora przesiedziałam z moim adwokatem na policji. Przesłuchiwali każdą osobę z zespołu co najmniej raz i mamy zakaz opuszczania Włoch aż do zakończenia śledztwa.

Zaparkowała za kaplicą Medyceuszy i bocznymi drzwiami zaprowadziła Jeffa do środka. Zeszli do krypty. Światła przygaszono i panowała niesamowita cisza. W bocznym pomieszczeniu jakiś mężczyzna powoli zdejmował roboczy kitel.

– Znasz Jacka Cartwrighta? – spytała Edie.

Cartwright podał Jeffowi dłoń.

– Miło mi cię znowu widzieć – powiedział sztywno.

Jeff zrobił zdziwioną minę.

– Poznaliśmy się na trzydziestce Edie... w Londynie – wyjaśnił.

– Tak, tak, oczywiście – odparł Jeff. – Kopę lat. – Szeroko uśmiechnął się do Edie. Wykrzywiła usta w wysilonym uśmiechu. Jeff spoważniał i rzekł: – Wyrazy współczucia z powodu śmierci ojczyma. – Jack Cartwright, mężczyzna świeżo po czterdziestce, był cenionym specjalistą od badania DNA znajdowanych w wykopaliskach zwłok. Chociaż podziwiany w kręgach akademickich, przez lata żył w cieniu ojczyma.

– Dziękuję. To był bardzo bolesny cios dla nas wszystkich. – Cartwright miał głęboki, buczący głos i łagodną, miłą twarz. Sięgnął po wiszącą na wieszaku marynarkę. – Niestety, muszę się zbierać. Mam spotkanie na uniwersytecie. Liczę, że się zobaczymy później, Jeff.

Edie odwróciła się do Jeffa i położyła mu rękę na ramieniu.

– Chodź do pracowni, usiądźmy. – Podsunęła Jeffowi krzesło i usiadła na drugim. – Przez telefon napomknąłeś, że masz mi coś ważnego do powiedzenia.

– Wczoraj w nocy złożył mi wizytę starszy człowiek, który powiedział, że próbował ostrzec Mackenziego, że grozi mu jakieś niebezpieczeństwo.

Edie westchnęła i powoli potrząsnęła głową.

– Pewnie mówisz o panu Sporanim?

Jeff przytaknął ruchem głowy.

– Był u nas kilka razy. Jest przekonany, że jakiś artefakt, który znalazł w latach sześćdziesiątych, należał do Medyceuszy. Ale nie potrafi poprzeć tego twierdzenia żadnym dowodem.

– Mnie powiedział, że odwiedzili go jacyś ludzie, którzy grozili jego bliskim. I naprawdę był strażnikiem, czy tak?

– Uhm, jeszcze jakieś pięć lat temu. Szczerze mówiąc, Jeff, wydaje mi się, że trochę się mu miesza w głowie.

Nagle Jeff poczuł się głupawo.

– Muszę powiedzieć, że na mnie zrobił wrażenie faceta, który ma wszystko poukładane – rzekł. – Pomyślałem, że jest szczery.

Edie ujęła jego dłonie.

– Naprawdę doceniam to, że tak się tym przejąłeś –

wyznała. – Jak tu jesteś, chciałbyś się rozejrzeć? – dodała, wstając.

– Bardzo chętnie.

Edie pierwsza poszła do głównego pomieszczenia krypty.

– Pochowano tu pięćdziesięciu czterech Medyceuszy – wyjaśniła. – Carlin tuż przed śmiercią... zamordowaniem... pracował nad zwłokami, jak uważał, Kosmy Starszego. – Wskazała stół, na którym biała plastikowa płachta zakrywała obły kształt.

– Jak uważał?

– To dłuższa historia.

– Nadal tu pracujecie?

– Jack i ja byliśmy tu przed południem. Kiedy jestem zajęta, czuję się lepiej. Inni dostali trochę wolnego.

Jeff zajrzał do pomieszczenia, w którym Mackenzie miał swoją pracownię.

– Policja zabrała prawie wszystko – wyjaśniła Edie.

Nie było komputera i wielu teczek, które niegdyś spoczywały na półkach nad stołem roboczym. Pozostawioną dokumentację ułożono w równych stosach na stole.

– Masz w ogóle jakieś wyobrażenie, o co w tym wszystkim chodzi? – spytał Jeff i przysiadł na pustym stole sekcyjnym, ustawionym tuż przed wejściem do pracowni nieżyjącego profesora. Zauważył dziwny wyraz twarzy Edie. – Ty coś wiesz.

– Wujowi grożono śmiercią. Przynajmniej raz – przyznała prosto z mostu.

– Kiedy?

– To było kilka tygodni temu. Nie wiedział, że o tym wiem, ale tutaj niewiele mi umyka. Byłam w jego pracowni, szukałam jakichś wyników badań i trafiłam na list. To była taka klasyczna wycinanka z gazet. Banalny rekwizyt z filmu sensacyjnego. Sens był mniej więcej taki: „Przerwij prace, bo... bo... jak nie, to źle się dla ciebie skończy".

– A co ze Sporanim?
– No cóż, nie mogłam się przyznać, że widziałam ten list.
– Racja. Musisz być nieprzytomna ze strachu.
– Jestem.
– Czy Jack o tym wie?
– Nigdy nie mieliśmy bliskich stosunków i nie mogłam powiedzieć, że widziałam list, bo pomyślałby, że myszkowałam w papierach wuja.
– Co twierdzi policja?
– Tak szczerze, to niewiele. Jedna z asystentek ma brata w komisariacie i trochę od niej wyciągnęliśmy. Zakładają, że to było przypadkowe morderstwo. Jak widzisz, nie mamy tu ochrony z prawdziwego zdarzenia.

Popatrzył jej w oczy.
– Ale jest coś więcej, no nie?
– Tak – potwierdziła cicho i powiedziała mu o przedmiocie znalezionym w ciele zaledwie na kilka godzin przed morderstwem i o tym, jak zniknął.
– I opowiedziałaś o tym policji?
– Oczywiście. Ale to nie zrobiło na nich wielkiego wrażenia. Nie zdążyliśmy przeprowadzić dokładnych badań i znalezisko wydawało się całkowicie pozbawione jakichkolwiek cech szczególnych.
– Jak to, wydawało się?
Westchnęła.
– Wuj zadzwonił do mnie później, tego wieczora, którego zmarł. Byłam w sprawach służbowych w Pizie. Zostawił mi wiadomość na komórce. Odebrałam ją dopiero następnego rana, tuż po tym jak Jack zadzwonił do mnie z wiadomością, że Carlin nie żyje. Ostatni raz widziałam wuja żywego, kiedy siedział na tym krześle i oglądał tabliczkę w świetle lampy. Wciąż był na mnie poirytowany z powodu głupiego sporu, który mieliśmy kilka godzin wcześniej, i ledwo coś mruknął, gdy się z nim żegnałam.

To było koło siódmej. Policja ocenia, że krótko później go zamordowano, nie później niż o dziesiątej. Wiadomość od niego przyszła tuż przed dziewiątą.
– Co powiedział?
– To. – Edie wyjęła telefon komórkowy, wybrała „wiadomości" i włączyła głośnik. Rozległ się głos nieżyjącego naukowca.
„Edie. Nie mam dużo czasu. Więc... – Mackenzie wydawał się podekscytowany i niepewny, mówił dziwnym jak na niego, piskliwym głosem. – Oglądam tabliczkę i widzę napisy. Zaczęły się pojawiać na powierzchni. To coś niezwykłego. Mogę tylko przypuszczać, że budowa chemiczna zmienia się pod wpływem wilgoci. W ciele powierzchnia tabliczki musiała być pokryta warstewką płynu do balsamowania, który chronił ją przed wpływami otoczenia. Kiedy ją wyjęliśmy i obmyli, znów zaczęła wchłaniać parę wodną z otoczenia. Teraz te napisy wyodrębniają się ze zdumiewającą prędkością, promieniują zielono na czarnym tle. Z pewnością zrobiono je z jakichś nieznanych związków siarki. Rozróżniam wizerunek jakiegoś stworzenia i poniżej kilka linijek tekstu. Niech się przyjrzę. – Usłyszeli szuranie krzesła po posadzce. Profesor przysunął się bliżej lampy. – To stworzenie to lew. Ale dziwny... Zaczekaj, to skrzydlaty lew. Tak, teraz lepiej widzę. Poniżej napis... po włosku, tak mi się wydaje. *Sull'-isola dei morti/i seguici di* geographus incomparabilis/*progettato qualcosa nessuno ha desiderato/Sarà ancora là/Al centro del mondo.* Nie mam zielonego pojęcia, co to znaczy... Czekaj... Parę centymetrów od dołu... dwie, nie, trzy równo podzielone faliste linie. Teraz najważniejsze, Edie..."
Rozległ się sygnał. Skończyła się pamięć aparatu.

Edie zamknęła na klucz pracownię i opuścili kryptę i kaplicę. Przeszli przez ruchliwą via dei Pucci do kawiarenki naprzeciwko. Miała czerwone markizy i plastikowe ekrany, chroniące gości przed zimowym wiatrem. W środku zajętych było tylko kilka stolików. Kelner rozpoznał Edie i zaprowadził ich do stolika przy otwartym kominku. Zamówili kawę.

Jeff wyjął długopis, sięgnął po serwetkę i naszkicował na niej obrazek skrzydlatego lwa.

– Jaki był ten napis?

Odtworzyła nagranie.

– To brzmi jak starowłoski – powiedział Jeff. – Nawet współczesny znam tylko jako tako, ale wydaje mi się, że to znaczy: „Na Wyspie Zmarłych następcy «geographusa incomparabilisa»"... Co to, do diabła, znaczy?

Edie wzruszyła ramionami.

– Pewnie „wielkiego geografa".

Jeff spojrzał na nią bezmyślnie.

– No, dobra. Więc „Na Wyspie Zmarłych następcy... wielkiego geografa... zrobili, nie, stworzyli coś, czego nikt nie pragnął". Możesz to jeszcze raz odtworzyć?

Słuchając, napisał na serwetce:

> Na Wyspie Zmarłych
> następcy wielkiego geografa
> stworzyli coś, czego nikt nie pragnął.
> Pozostanie ono tam,
> w centrum świata.

Edie popatrzyła na serwetkę.

– Co to znaczy?

– Hm, skrzydlaty lew na pewno jest symbolem Wenecji.

– A Wyspa Zmarłych? Centrum świata?

– Skąd mam wiedzieć?

Dostali kawę i Edie z roztargnieniem zamieszała cukier.

– Twój wuj sprawiał wrażenie wystraszonego.

– Od razu pomyślałam to samo.
– Co znaczyłoby, że potraktował groźbę poważniej, niż dawał po sobie poznać.
– Nie brakowało mu wrogów i zdawał sobie z tego sprawę.
– Ale myślisz, że to sięga głębiej? Że to znalezisko ma bezpośredni związek z morderstwem? Co z tym typkiem, Baggiem?

Edie chyba się rozgniewała.

– Nie myśl, że nie brałam go pod uwagę – powiedziała. – Ale policja niczego nie znalazła. Zacny zakonnik ma idealne alibi. Celebrował nocną mszę mniej więcej dla siedemdziesięciu osób, kiedy, jak się uważa, zamordowano Carlina. Potem prowadził zbiorową modlitwę do północy. Jest taki, jaki się wydaje: stuknięty, ale nie morderca. Ale niezależnie od tego jestem całkowicie przekonana, że wuj zginął z powodu tej tabliczki. To zbyt duży zbieg okoliczności, żeby było inaczej.

– W takim razie dlaczego nie powiedziałaś policji o wiadomości na komórce?

– Bo nie widzę, w czym mogłoby to pomóc i...

– Co i?

– Nie wiem, przeczucie. Może to głupie...

Spojrzał na nią pytająco.

– Mam wrażenie, że nie mogę nikomu ufać – powiedziała cicho.

Słońce wisiało nisko, gdy wyszli z kafejki i wrócili do auta. Edie wyjechała na via del Giglio, kierując się na południowy zachód, do Ponte alla Carraia i swojego mieszkania na drugim brzegu rzeki. Arno płonęło pomarańczowo, most stał się szaroczarny i oblepiły go czerwone światła pozycyjne setek pojazdów. Fiacik Edie skręcił na most i natychmiast utknął w korku.

Nacisnęła klakson, na próżno usiłując się przebić. Po

chwili wytworzyła się wąska luka i Edie z niej skorzystała, po czym skręciła z mostu w lewo. Jechali równolegle do rzeki, w kierunku Piazza Frescobaldi. Skręcili na prawo, zawrócili i znów skręcili w prawo, w węższą, stosunkowo pustą ulicę.

Jeff zerknął w boczne lusterko i obejrzał się za siebie.

– To może zabrzmieć śmiesznie – przyznał. – Ale myślę, że jesteśmy śledzeni. Spójrz w lusterko. Szary mercedes z ciemnymi szybami, dwa samochody z tyłu. Przyczepił się do nas na moście.

Edie skręciła w następną w lewo, po czym nie włączając migacza, ostro skręciła w boczną uliczkę w prawo. Po kilku sekundach szary mercedes znów się pojawił i przyspieszył, niwelując odległość.

– Cholera! – zaklęła Edie i wcisnęła gaz.

Na końcu ulicy skręcili w dużą arterię w lewo, via Romana, i pojechali na południe, w kierunku rozległego placu. Tam znów trafili na gęsty ruch. To ich przyhamowało, a gdy ruszyli, Edie skorzystała z pierwszego zjazdu. Przyspieszyła, na końcu ulicy skręciła w lewo, mijając Piazzale di Porta Romana.

Jeff się obejrzał i poczuł ucisk w sercu, gdy zobaczył, jak ścigający ich samochód skręca w tę samą ulicę, nie dalej niż dwadzieścia metrów w tyle.

– Nie możemy jechać do mieszkania – powiedziała Edie. – Muszę ich zgubić.

Już miała przyspieszyć, gdy pchająca dziecięcy wózek kobieta wtargnęła na jezdnię. Edie gwałtownie zahamowała. Kobieta cofnęła się z fenomenalną szybkością i cisnęła za nimi przekleństwo, gdy Edie wrzuciła dwójkę i runęła w przód.

– Jedź na autostradę – doradził Jeff.

A1 była zaledwie kilka kilometrów na południe. Dojazd prowadził szeroką ulicą. Włączyli się w ruch i na chwilę stracili z oczu szarego mercedesa. Edie szybko prowadziła i Jeff co rusz odruchowo chwytał się plastikowej deski rozdzielczej.

– Daj spokój. Nie dość tej zabawy? – spytał.

– Wierz mi, to nie jest mój ideał zabawy – odwarknęła.

Zbliżając się do autostrady, znów dojrzeli samochód z przyciemnionymi szybami. Lawirował między wolniej jadącymi autami i był coraz bliżej fiata Edie.

Wjechali na zjazd na Rzym i skierowali się na wschód.

– Może to był zły pomysł. Nie oderwiemy się od tego samochodu – zauważył Jeff.

W odpowiedzi Edie wbiła w podłogę pedał gazu, przelatując obok samochodów na sąsiednim pasie. Ciemne pola błyskawicznie wyrastały i znikały za szybami. W oddali po prawej jarzyły się światła Florencji.

– Jeśli masz jakieś pomysły, teraz jest moment, żeby się nimi podzielić – powiedziała.

Jeff dostrzegł tablicę informującą, że za dwieście metrów będzie stacja paliw.

– Zjedź tam.

Zwolniła ledwo zauważalnie i do ostatniej sekundy jechała prosto. Opony zapiszczały, gdy przechylając się na bok, opuścili autostradę.

Było tu ciemniej, ale przed sobą, po lewej, mieli wielokolorową łunę; stację paliw i bary.

Edie wyłączyła światła i nagle wpadli w tunel mroku, gdy drzewa zasłoniły punkt obsługi podróżnych. Prawie nie zwalniając, ostro skręciła w lewo i wsunęła się między dwa rzędy parkujących samochodów. Jeff się obejrzał. Nie było śladu tamtego auta. Edie obróciła kierownicą i poślizgiem pokonali ostry skręt, mijając szereg zaparkowanych po prawej stronie tirów. Zatrzymała samochód. Między wielkimi ciężarówkami widzieli mercedesa, pędzącego odcinkiem autostrady, który dopiero co opuścili. Duży samochód z wielką prędkością minął wąski zjazd.

– Co teraz? – Twarz Edie kryła się w głębokim cieniu. Przez szyby padał tylko wąski promień światła.
– Zostawmy tu auto. Nie możemy ryzykować powrotu na autostradę. Zostaniemy zauważeni. Jedź do punktu obsługi podróżnych. Pewnie mamy kilka minut wytchnienia.

Dziesięć metrów dalej mieli osłonięte dachem schody i wejście do budynku. Panował tu duży ruch i zmieszali się z podróżującymi wczesnym wieczorem ludźmi, rodzinami i samotnymi kierowcami, którzy zatrzymali się na łyk kawy podczas codziennej drogi powrotnej do domu.

Wyżej była mała galeria, apteka, bar i toalety. Wszystko to tworzyło most nad autostradą. Wszędzie unosiła się woń papierosów i jedzenia na wynos. Oglądali się za siebie, ale nie mieli pojęcia, kto ich śledził ani jak wygląda. Szybko przeszli mostem, starając się nie zwracać na siebie uwagi. Zeszli schodami po drugiej stronie i trafili na parking ciężarówek. Przed nimi wolno zakręcał tir z przyczepą i musieli się wycofać. Śmierdziało spalinami z diesla.

Za rogiem dojrzeli białą półciężarówkę. Kierowca, mężczyzna w dżinsach i barankowej kurtce, z papierosem w ustach, zamykał tylne drzwi i dostrzegli w ładowni stosy kartonowych pudeł. Jeff szybko podbiegł do szofera, a Edie czekała na parkingu, rozglądając się z niepokojem i otulając płaszczem. Zrobiło się zimniej i pojawiły się obłoczki oddechów. Jeff sięgnął po portfel i wyjął z niego kilka banknotów. Po chwili machnięciem ręki przywołał Edie, a kierowca nieco odsunął boczne drzwi. Weszli do środka, drzwi się zasunęły. Samochód ruszył z parkingu.

Kierowca jechał do Bolonii i zgodził się zabrać ich do Galluzzo, kilka kilometrów na południe od Florencji, tuż przy autostradzie. Stamtąd taksówką wrócili do miasta. Mieszkanie Edie było przy via Sant' Agostino. Taksówkarz wysadził ich przy Piazza San Spirito, spacerek dalej.

Była siódma wieczór, bary zaczynały się wypełniać, a plac zalała tęcza kolorów z wystaw sklepowych i restauracji.

Edie prowadziła i zwolnili, gdy byli blisko mieszkania. Ulica była gęsta od aut, a chodniki od ludzi, oglądających wystawy. Do mieszkania Edie wchodziło się ze sklepionej bramy, mijając elegancki sklepik papierniczy z papierami o pomysłowych wzorach na prezenty i papeterią. Sam budynek był stary, trzypiętrowy i przybrudzony od gęstego ruchu samochodowego.

Światło zapaliło się automatycznie na klatce schodowej, gdy do niej weszli, i Edie szybko zamknęła drzwi. Szerokie, kamienne schody prowadziły do dwóch mieszkań na każdej kondygnacji. Edie mieszkała na drugim piętrze.

Dopiero gdy stanęli przed drzwiami, uświadomili sobie, że coś jest nie tak. Były lekko uchylone.

– Zaczekaj – powiedział Jeff i pchnął je głębiej. Nadzwyczaj ostrożnie wszedł do środka i zatrzymał się, nasłuchując.

Słyszeli tylko hałas z ulicy. Edie wyglądała na przestraszoną. Jeff uniósł palec do ust i ruszył w głąb korytarza. U jego końca znów się zatrzymał i przykleił do ściany w głębi, po czym szybko wszedł do pokoju dziennego. Edie dołączyła do niego i oboje z niedowierzaniem ogarniali wzrokiem obraz zniszczenia.

Podłoga była zaścielona papierami. Komputer Edie leżał w szczątkach, części były rozrzucone na wykładzinie, monitor rozbity. Wszędzie walały się płyty CD, książki, papiery i teczki, a regały na książki przewrócono.

Edie bez słowa postawiła biurkowy fotel i usiadłszy w nim, trzymała się za głowę. Po chwili uniosła wzrok. Oczy miała we łzach, twarz mocno pobladłą.

– Kto mógł zrobić coś takiego? – spytała podniesionym głosem.

Jeff łagodnie położył rękę na jej ramieniu i skierował przyjaciółkę do małej, prawie nietkniętej kuchni. Szybko znalazł butelkę koniaku. Nalał po sporej miarce do dwóch filiżanek i podał jedną Edie.

– Proszę. Myślę, że powinnaś to łyknąć.

Edie przez chwilę tępym wzrokiem spoglądała w głąb filiżanki i nagle jednym haustem opróżniła zawartość.

– Dzięki.

– Nie chciałbym, żeby to zabrzmiało bezdusznie – rzekł po chwili Jeff. – Ale wydaje mi się, że nie powinniśmy tu zbyt długo zabawić.

Edie nic nie odpowiedziała.

– Ten, kto nas śledził, na pewno wie, gdzie mieszkasz. Szybko się zorientuje, co się z nami stało.

– Więc czego ode mnie oczekujesz? – warknęła.

Jeff odwrócił wzrok.

– Po prostu myślę…

– Nigdzie nie jadę, Jeff. – Jej twarz na moment zmieniła się nie do poznania. Pokazał się na niej cały ból i gniew, tak że wyglądała jak jedna z Furii. Kucając, wzięła srebrną ramkę z fotografią dawno zmarłych rodziców. Szkło było popękane. Nieporadnie usunęła odłamki, delikatnie, czubkiem palca, pogładziła zdjęcie i ustawiła je z powrotem na kuchennym blacie.

– Co to za draństwo? – Jej twarz nabiegła krwią i Jeff widział, że ledwo nad sobą panuje. Padła na krzesło i wybuchła płaczem.

Stał, nie bardzo wiedząc, co robić, ale łzy ustały równie szybko, jak się pojawiły. Miała zaczerwienione oczy, mokre policzki. Wierzchem dłoni otarła twarz i pociągnęła nosem.

– Gdzie mam iść? Powinnam wezwać policję?

Jeff przyciągnął drugie krzesło i siadł obok niej, obejmując ją ramieniem.

– Nie wydaje mi się, żeby policja mogła cię ochronić… i nawet im nie powiedziałaś o wiadomości w komórce. W najlepszym wypadku uznają, że kręcisz. W najgorszym będą cię podejrzewać o udział w zamordowaniu wuja.

– Takie okropności nie zdarzają się takim ludziom jak my – powiedziała po chwili. – Normalnie zostawia się nas samym sobie, żebyśmy mogli żyć w spokoju. Pościgi samochodowe i morderstwa się nam nie trafiają.

Jeff uniósł brwi.

– Więc co sugerujesz? – Zagubiona rozejrzała się po zdemolowanym pokoju.

– Jeśli chcesz się dowiedzieć, kto zabił twojego wuja, tabliczka podsuwa pierwszą wskazówkę, która wyraźnie każe nam jechać do Wenecji.

# ROZDZIAŁ 7

Florencja, 4 maja 1410 roku

To była bezchmurna, gwiaździsta noc, idealna na spacer i rozważanie swojego miejsca w porządku świata. Kosma przybył późno do domu przyjaciela, dawnego kondotiera, Niccola Niccolego. Trzynastowieczny dom nie krył swojego wieku, usytuowany w pobliżu kościoła Santa Croce, w południowo-wschodniej części Florencji, tam gdzie mury miasta schodzą do Arno. Za nim, w kierunku śródmieścia, rozciągał się ogromny, bujny ogród i to w nim Niccolò najczęściej przyjmował Kosmę i przyjaciół, kompanię, która niedawno nazwała się – nieco żartobliwie – Ligą Humanistów.

Sługa przywitał przy drzwiach Kosmę i bez słowa poprowadził go przez wyłożoną marmurem sień, po czym zatrzymał się przed amfiladą komnat, za którą był ogród. Kiedy Kosma mijał majestatyczne odrzwia, usłyszał głosy i śmiechy. Jego kompani zebrali się przy fontannie z szybującym ku słońcu Ikarem. Byli to stali uczestnicy zebrań florenckich humanistów, dobrzy przyjaciele Kosmy. Zbliżając się, Kosma dojrzał Ambrogia. Chciał z nim porozmawiać, zanim noc się skończy, gdyż przyjaciel już nazajutrz miał wyruszyć do Wenecji, zatrudniony przez dożę. Ale uwagę Kosmy zwrócił starszawy mężczyzna, którego wcześniej nigdy nie spotkał, a który właśnie przemawiał do tego niewielkiego zgromadzenia. Był wyjątkowo wysoki, chudy jak patyk i odziany w staromodne *lucco*. Krótko strzygł siwą brodę, odsłaniając sterczące kości policzkowe i wielkie, ciemne, żywe oczy.

Kiedy Kosma znalazł się w gronie przyjaciół, starzec właśnie zakończył swoją opowieść i paru słuchaczy skwitowało ją dobrodusznym śmiechem.

– Och, oto i on – powiedział pan domu, dostrzegłszy Kosmę. Odziany jak zawsze przy takich okazjach w czerwoną togę, podszedł do ostatniego gościa i uścisnął młodego Medyceusza. Obejmując go ramieniem, przyciągnął ku reszcie towarzystwa.

– Kosmo. Chciałbym ci przedstawić Francesca Valianiego, naszego honorowego gościa tego wieczoru, który zaledwie cztery dni temu przybył do Florencji po wojażach w odległych krainach.

– To przyjemność cię poznać, panie – oświadczył Valiani. – Wiele o tobie słyszałem... a same dobre rzeczy.

Kosma skwitował to krótkim śmiechem.

– Hm, co za ulga. – Odwrócił się do Niccolego. – Wybacz, że się spóźniłem, to był niesłychanie męczący dzień.

Niccoli już miał zapytać dlaczego, gdy u jego boku wyrósł sługa i coś do niego szeptał. Gospodarz odwrócił się do reszty towarzystwa i rzekł:

– Właśnie mnie zapewniono, że stół jest gotowy. Bądźcie łaskawi, panowie. – Gestem zaprosił do środka zebranych i ruszył pierwszy.

Jadalnia była duża, a oprawa przygotowanej przez Niccolego uczty jak zwykle rzucała na kolana – nawet ten stały krąg przyjaciół, którzy kolejno pełniąc honory domu podczas takich spotkań, starali się zakasować jeden drugiego. Jedynym źródłem światła były świece w wielkim srebrnym świeczniku, nisko wiszącym nad stołem. W kącie grała mała kapela: lutnista, piękny młody harfista i starszy mężczyzna, flecista.

Gdy goście zajęli miejsca przy stole, na srebrnej paterze

wniesiono ogromne złocone ciasto. Trzeba było czterech niewolników, by je udźwignąć i umieścić pośrodku stołu. Krótko ostrzyżony, siwy sługa w średnim wieku, ubrany w zielony strój pochylił się i ceremonialnie rozkroił ciasto. Przez chwilę wydawało się, że pęcznieje i rośnie, ale to jasnozielony ptak przebił się przez polewę i oszołomiony wzbił pod sufit. Za nim wyłoniło się kilkanaście innych ptaków. Okrążyły jadalnię i po chwili znalazły drogę do ogrodów.

Goście urządzili spontaniczny aplauz. Ciasto nadziano daktylami i nasionami sosny (wśród których nie brakło dawki ptasich odchodów). Pokrojone przez niewolników szybko trafiło na srebrne talerze.

Później, na świeżych nakryciach, podano piersi kapłona w galarecie i kolejno dwanaście innych dań, w tym gołębie, sarninę, łabędzie i specjalnie sprowadzane figi, owinięte w cieniutką złotą folię.

Mężczyźni jedli hałaśliwie, mówiąc z pełnymi ustami, czasem rubasznie się śmiejąc, to znów zaciekle kłócąc, zanim doszli do zgody, potwierdzonej klepaniem się po plecach, po czym wracali do rozkoszy podniebienia. Zapijali je znakomitymi miejscowymi winami i przednimi rocznikami z Francji.

Była to niezapomniana uczta i Kosma znajdował wyjątkową uciechę w wydarzeniach wieczoru, ponieważ wiedział, że na jakiś czas zostanie pozbawiony przyjemności uczestniczenia w podobnych zgromadzeniach. Było nawet niewykluczone, że ostatni raz spotyka się w takich okolicznościach z tymi właśnie ludźmi. Miał nadal się z nimi widywać, nadal od czasu do czasu rozkoszować ich towarzystwem, ale te huczne młodzieńcze wyskoki niebawem miały być zastąpione ucztami urządzanymi przez i dla nowych kompanów czy wspólników w świecie bankowości, przyjaciół ojca.

Goście rozkoszowali się doborowymi wetami i budyniami, którym towarzyszyły tęższe trunki i deserowe wino z Normandii. Kosma już się chciał przenieść w okolice Ambrogia, gdy Niccolò powstał u szczytu stołu i zaprosił towarzystwo do innej komnaty, w której głos ponownie miał zabrać Francesco Valiani.

Goście rozsiedli się na miękkich sofach, a Valiani zajął miejsce na fotelu przed nimi. Służba rozniosła kolejne napitki i zapadła cisza.

– Przebywałem w Turcji dwa lata – zaczął starzec. – Większość czasu gościłem u Mehmeta, charyzmatycznego syna poprzedniego sułtana, Bajazyda Pierwszego, zwanego, jak wielu z was wie, Błyskawicą. Bajazyd był nie tylko świetnym wojownikiem, lecz i niezwykle uczonym mężem, a jego syn, który podczas mojego pobytu ze wszystkich sił starał się zapobiec wojnie domowej, poszedł w ślady ojca. Jego biblioteka jest pełna bezcennych cudów, które mogłyby zatrzymać mnie tam do końca życia, nie marne dwa lata. Biblioteka jest cudem nie tylko dlatego, że po prostu zgromadzono w niej niewiarygodną kolekcję książek, ale również dlatego że mogłem w niej znaleźć odsyłacze do jeszcze bardziej sekretnych źródeł wiedzy, ukrywanych daleko od oczu zwykłych ludzi. Sułtan, który słyszał o moich skromnych osiągnięciach, uczynił mi wielki zaszczyt, udzielając pozwolenia na przeprowadzenie badań w takim zakresie, jaki ja sam uznam za stosowny. Natrafiłem na oryginalne manuskrypty greckich dramatopisarzy, dzieło spisane dłonią ucznia Platona, jak też cały szereg tomów ułożonych w dziwnych, nieznanych mi językach. Bibliotekarz wyjaśnił mi, że niektóre z tych ksiąg powstały tysiące lat temu w Egipcie. Spisano je zapomnianymi znakami, hieroglifami, których nie rozumie żaden żyjący człek. – Valiani rozejrzał się po rozpłomienionych, zasłuchanych twarzach. – Ale, jak mówię, mimo wagi tego wszystkiego o wiele bardziej ekscytująca jest obietnica, że o wiele cenniejsze skarby czekają na znalezienie w odległych zakątkach ziem Turków. Najbardziej żałuję, że nie mogłem skorzystać z tej informacji, gdyż kilka dni po odkryciach w sułtańskiej bibliotece moje życie znalazło się w niebezpieczeństwie.

Mehmet w końcu utracił panowanie nad krajem. Uciekł z Konstantynopola i każdego dnia musi walczyć o przetrwanie. Ma wiele środków i lud w większości jest po jego stronie. Ja znalazłem się w niebezpieczeństwie z prostego powodu. Byłem obcy i cieszyłem się wyjątkową łaską sułtana, który teraz obawiał się o własne życie. Szybko przygotowałem się do opuszczenia miasta. I właśnie wtedy, jak mniemam, do akcji wkroczyło przeznaczenie. Dwaj moi towarzysze podróży, Michelangelo Gabatini i Piero dé Marco, zostali zamordowani w drodze do portu, gdzie organizowali bezpieczny rejs przez Morze Egejskie. Jeden z ich niewolników przeżył atak, uciekł i ostrzegł mnie. Droga morska z powodu czyhającego w porcie zagrożenia stała się zbyt niebezpieczna. Nie miałem wyboru i musiałem skierować oczy na północ, w nadziei że ucieknę do Adrianopola, a stamtąd do północnej Grecji. Nie będę was nudził szczegółami mojej podróży, powiem tylko, że cztery tygodnie, których potrzebowałem na dotarcie do Adrianopola, były chyba najdłuższe w moim życiu. Po drodze jeden z moich niewolników umarł na gorączkę, inny pewnej nocy uciekł z obozu i następnego ranka jego ciało zostało znalezione na dnie przepaści. Obecnie, rozkoszując się wygodami tego pięknego *palazzo*, mogę rzec, że warto było wycierpieć tamte wszystkie męki, lecz wtedy wcale się tak nie wydawało. Jednak co najważniejsze, moje największe odkrycie czekało na mnie w Adrianopolu. Znalazłem schronienie w monastyrze tuż za murami miasta. Dobrzy mnisi karmili nas i poili. Przydzielili nawet osobną izdebkę niewolnikom, których traktowali jak równych wolnym. Bardzo niedomagałem i gdy tylko dotarliśmy do miasta, zapadłem na wyniszczającą gorączkę i myślałem, że nigdy się od niej nie uwolnię. Mnisi otoczyli mnie opieką i stopniowo odzyskałem siły. Rozchodziły się plotki, że w mieście szerzą się bunty ludności, i groziło nam, iż nawet za tymi świętymi murami życie nie zawsze będzie bezpieczne. Jednakże mnisi nie okazywali lęku i złożyli swój los w rękach Pana.

Kiedy wyzdrowiałem – ciągnął bez wytchnienia Valiani – opowiedziałem mnichom o cudach znalezionych w bibliotece sułtana. Pewien mnich, brat Aliye, był tym szczególnie zafascynowany i między nami zrodziła się wyjątkowa więź zaufania. Był młody i spragniony wiedzy. Przebywał w monastyrze od dziesiątego roku życia, ale na świat przyszedł w sąsiedniej wiosce. Jego rodzice zmarli i święci mężowie otoczyli go opieką jeszcze przed wprowadzeniem do zakonu. Pewnego wieczoru, tuż przed wyruszeniem do Grecji, Aliye odwiedził mnie zaraz po nieszporach. Wydawał się poruszony. Spytałem, co go trapi. W końcu opowiedział, że gdy był chłopcem, pewnej nocy dom jego rodziców nawiedził jakiś nieznajomy. Aliye udawał, że śpi, ale przez szparki powiek widział, jak rodziciele rozmawiają z przybyszem, który wręczył im małe zawiniątko i bez słowa wyszedł. Ojciec ukrywał je pod podłogą chaty. Następnego dnia oboje jego rodzice zostali zabici. Nikt nie miał pojęcia, dlaczego do tego doszło, a on sam był za mały, aby poznać szczegóły ich ostatniej wędrówki z pola, na którym pracowali, do domu i tego, jak w pobliskim rowie znaleziono ich okaleczone trupy. Aliye tuż przed zabraniem go do monastyru wydobył z ukrycia zawiniątko. Rozumiał, że jest jakiś związek między tym pakunkiem a śmiercią rodziców i przekazane rzeczy muszą mieć nie byle jakie znaczenie. Okazało się, że w środku była mapa. Tamtego wieczoru, w wigilię mojego wyjazdu z Adrianopola, pokazał mi ją. Wyznał, że strzegł tego sekretu i hołubił go całe życie. To była jedyna więź z rodzicami, jaka mu pozostała. Nie potrafił się z nią rozstać, ale powiedział, że będzie szczęśliwy, jeśli skopiuję mapę, i miał nadzieję, że przyda mi się w moich podróżach i przedsięwzięciach.

Valiani przerwał na chwilę, odsapnął i pociągnął wina.

– Byłem wstrząśnięty tym, co odkryłem. Mapa Aliyego wyznaczała szlak do innego monastyru, wysoko na szczycie Golem Korab, w północno-zachodniej Macedonii. Ten Boży przybytek jest ukryty przed światem, niedostępna kryjówka mnichów, którzy setki lat temu umknęli przed muzułmańskimi armiami. Z boku mapy był tekst, z którego wynikało, że monastyr mieści wiele wspaniałości literatury i wiedzy tajemnej. Tamtejsi bibliotekarze mieli chronić niespotykane gdzie indziej woluminy, uznane za zagubione po spaleniu biblioteki aleksandryjskiej... oryginały nauki greckiej, teksty egipskich i helleńskich magów, świat nauki, magii i zagubionej wiedzy.

Wstał i skinął na trzymającego ozdobne puzdro niewolnika. Gdy sługa je otworzył, Valiani wyjął ukryty w nim przedmiot i podszedł do słuchaczy.

– Tu nić się urywa. – W ręce trzymał przewiązany czarną jedwabną koronką zwój. Szarpnął koniec kokardy i jedwab opadł na posadzkę. Uroczyście rozwinął zwój. – Moi przyjaciele, oto sporządzona przeze mnie kopia. Kiedy zostawiłem za sobą monastyr oraz życzliwość Aliyego i jego braci, wiedziałem, że nie zdołam odbyć podróży do Macedonii. Jestem zbyt stary i ucieczka z Konstantynopola nieodwracalnie nadwerężyła moje siły. Więcej, nie spodziewam się długo żyć i wiem, że już nigdy nie wyruszę poza ten kraj. Nie mam rodziny, potomków, uczniów. Tak więc postanowiłem przywieźć to do Italii i przekazać w spadku tym, którzy na to zasługują i których poglądy szanuję i podziwiam. Korespondując z panem Niccolim i zasłyszawszy wiele o was wszystkich, nabrałem przekonania, że winienem zostawić to w waszych rękach, ten skarb, byście uczynili z nim, co zapragniecie. Wiem, że postąpicie mądrze i godnie.

Zdumienie odebrało słuchającym mowę. W końcu Niccoli powstał i podszedł do starca.

– Jesteś pewien swej decyzji, signor Valiani?

– Jestem – odparł uczony. – Jednakże przede wszystkim należy zadbać o zachowanie ścisłej tajemnicy. Wielu pragnęłoby dostać ten skarb w swoje ręce. Tak więc zatroszczyłem się o zabezpieczenie mojej oferty. – Z uwagą przyjrzał się każdemu z obecnych.

– Jakie zabezpieczenie? – spytał Kosma.

– Ta mapa jest niekompletna – wyjaśnił Valiani. – Przekonacie się. – Wskazał pusty okrąg w środku mapy. Jego średnica nie była większa niż mały palec. – Brakuje zasadniczego fragmentu, tutaj. Ten znajduje się w Wenecji. Jeśli pragniecie odkryć tajemnice Golem Korab, wpierw musicie udać się w podróż do Najjaśniejszej Republiki i przekazać krótką wiadomość niejakiemu Luigiemu, który przebywa w gospodzie I Cinque Canali. Luigi to zaiste niezwykły człek, ale nie wahałbym się złożyć w jego ręce życia. Zaprowadzi was do miejsca, w którym spoczywa brakująca część mapy.

Zdjął z palca pierścień. Podszedł do Kosmy i wręczył mu go. Była to srebrna obrączka z dużym prostokątnym granatem.

– Daj do Luigiemu na dowód, że przybywasz ode mnie. Kiedy tylko odzyskasz brakującą część, strzeż jej jak oka w głowie i bezzwłocznie opuść Wenecję. W potrzebie, będziesz mógł zaufać bardzo niewielu. Ten kamień nosi moja rodzina, jest on tajemnym znakiem dla moich przyjaciół. Wreszcie będziesz potrzebował tego – dodał i wręczył Kosmie złoty kluczyk. – Reszta zależy od ciebie.

Valiani wyszedł wkrótce po złożeniu niespodziewanej oferty, ale garstka gości Niccolego została, aby ją omówić. Kosma był wyczerpany i nie potrafił przestać myśleć o Valianim do wczesnych godzin poranka, który zastał go zatopionego w rozmowie z Ambrogiem Tommasinim i gospodarzem.

– Możemy mu ufać? – spytał Kosma, obracając w dłoniach złoty kluczyk wręczony przez Valianiego.

– To zacny człowiek – zapewnił go Niccoli. – Nie miał powodu kłamać. Nie powiedziałem tego wcześniej, ale Francesco Valiani był moim preceptorem. Wiele mu zawdzięczam. Jest szlachetny, szczery i ma czyste serce. Z radością za niego ręczę.

Kosma spojrzał w oczy przyjacielowi.

– To mi wystarcza – powiedział. – Teraz popatrzmy na tę mapę.

Niccoli rozwinął kartę i pochylili się nad nią. Była starannie sporządzona, ale pomięta i zabrudzona po długiej podróży do Florencji. Ukazywała górskie pasma, biegnące na ukos przez kartę i wokół jej brzegów; otaczała je pajęczyna nazw miejscowości. Przez góry wił się zaznaczony czerwonym atramentem szlak. Rozpoczynał się od Golem Korab i odległego monastyru opisanego przez Valianiego. W środku, zapewne tam, gdzie wznosił się monastyr i otaczające go góry, była dziura, czyniąca mapę całkowicie bezużyteczną.

– Dziki kraj – powiedział Niccoli. – Nie podróżowałem tak daleko na wschód, ale szlak wydaje się niebezpieczny, zwłaszcza w tym regionie – wskazał krawędź dziury. – Bóg wie, jaki jest teren otaczający monastyr.

– Ludzie zajęczego serca nigdy nie powinni liczyć na szczodrość losu – odparł Kosma.

– Otóż to, przyjacielu. Obawiam się jednak, że będziesz musiał uzbroić swe serce w odwagę lwa, jeśli zamierzasz dotrzeć do Golem Korab.

Kiedy pomarańczowe słońce uniosło się nad odległymi wzgórzami, Kosma i Ambrogio w milczeniu minęli bramę posiadłości przyjaciela i wkroczyli na prowadzący do miasta, zakurzony gościniec. Kosma był zagubiony w myślach, próbując pogodzić sprzeczne emocje, rozbudzone przez dziwnego gościa Niccolego.

– Znam to milczenie – powiedział Ambrogio.

– Czyżby?

– To milczenie, które wynosi cię poza zwykłe miejsce i czas i w którym się zatapiasz, kiedy starasz się rozwikłać jakiś z pozoru nierozwiązywalny problem.

Kosma roześmiał się.

– Dobrze powiedziane, przyjacielu, gdyż naprawdę jestem zatopiony w myślach.

– Valiani przedstawił nęcące wyzwanie, trzeba przyznać.

– To prawdziwe spełnienie marzeń, czy nie tak, Ambrogio?

– Rzec też można, że niemal zbyt piękne, aby było prawdziwe.

Kosma odwrócił się i spojrzał na niego, gdy weszli w niewielki sosnowy zagajnik.

– Nie ufasz mu?

– Och, tego nie powiedziałem. Chodzi tylko o to…

– O co?

– Myślę, że nikt z nas, oczywiście z wyjątkiem Niccolego, nie ma pojęcia, na jakie niebezpieczeństwa możemy się narazić, gdy przyjmiemy ofertę Valianiego.

– Och, daj spokój, Ambrogio, pochlebiamy sobie rozważaniami na ezoteryczne tematy i swobodnie snujemy wzniosłe myśli, ale myślę, że jesteśmy ulepieni z twardszej gliny, niż się nam wydaje.

Ambrogio uśmiechnął się.

– Nie zamierzałem cię obrazić, drogi Kosi. Może myślałem o sobie.

– W takim razie obrażasz samego siebie, Ambrogio. Jeśli ja mogę rozważać myśli o wielkiej przygodzie, w takim razie ty również.

Klepnął w plecy przyjaciela, który wykorzystał to, by udać, że się potyka i osuwa na ziemię, śmiertelnie ranny. Obaj się roześmieli.

– Może i tak – powiedział Ambrogio. – Ale czyś zapomniał? Dzisiaj wyjeżdżam do Wenecji.

– Nie, nie zapomniałem, przyjacielu, i szczerze mówiąc, napawa mnie to smutkiem. Bylibyśmy dobrymi towarzyszami podróży.

– Bylibyśmy, ale obawiam się, że nie będziemy. – Zacisnął dłoń na ramieniu Kosmy.

Kosma dotarł do domu przy Piazza del Duomo. Był zmęczony, ale nie mógł zasnąć. Miał mętlik w głowie, teraz jednak wiedział, co ma uczynić. Szybko się umył i oddał w ręce osobistego sługi, który go ogolił i pomógł się ubrać. Sam w swoim pokoju, niepokojony jedynie pierwszymi dobiegającymi z ulicy dźwiękami poranka, usiadł przy stole, by ułożyć list.

To była krótka wiadomość do ukochanej, Contessiny dé Bardi, prośba o spotkanie jeszcze tego wieczoru. Musiał porozmawiać. Złożył list, zapieczętował rodowym sygnetem, wezwał Oloma i wydał mu polecenia.

Dzień mijał powoli. Kosma pobawił się z młodziutkim Lorenzem, uzupełnił swój diariusz i przechadzał się ulicami Florencji.

Wcześnie przybył w umówione miejsce – do ogrodu Niccolego, gdzie, jak wiedział, nikt ich nie wyszpieguje. Zasiadł na kamiennej ławce, pod ukwieconym sklepionym przejściem, i zanim Contessina go dostrzegła, ujrzał, jak zbiega po czterech stopniach. Aksamit zielonej sukni musnął kamień. Wysoka, wiotka, o kruczoczarnych włosach, wysokich kościach policzkowych i pełnych ustach uosabiała ateński ideał urody.

– Kosi, wyglądasz na niespokojnego – powiedziała, ujmując obie ręce i siadając obok na ławce.

Spojrzał w oczy barwy hebanu.

– Nie potrafię niczego przed tobą ukryć, Contessino.

Nie przerwała mu ani razu, gdy przytoczył opowieść Valianiego.

– Więc uważasz, że musisz się tam udać i sam odkryć te tajemnice, tak? – powiedziała, gdy skończył. – Ale, Kosmo, co z nami?

– To niczego nie zmienia, moja Contessino. Wrócę za kilka miesięcy i doprowadzę do końca nasze ślubne plany.

– A twój ojciec, Kosi? Czy coś o tym wie?

– Nic.

Spojrzała mu w oczy.

– Chcę wyruszyć z tobą.

Kosma uśmiechnął się.

– Nic by nie sprawiło mi większej radości, miłości moja, ale oboje wiemy, że to niemożliwe.

– Dlaczego? – spytała. – Pobierałam te same nauki co ty i również gorąco pragnę wiedzieć więcej.

– Ale twoja rodzina nigdy…

– A twoja pewnie tak.

Tu Kosma musiał jej przyznać rację.

– To będzie bardzo niebezpieczne.

– Wiem.

– I zostałbym oskarżony o porwanie. To zniszczyłoby stosunki między naszymi rodzinami.

– Czy to nie jak kwestia z ckliwego jarmarcznego widowiska, Kosi?

– Nie, nie wydaje mi się – łagodnie odparł Kosma. A potem zupełnie innym, zdecydowanym tonem dodał: – Contessino, muszę tego dokonać bez ciebie.

Spojrzała na ciemniejące za sklepionym przejściem niebo i róże, których zarys niknął w bursztynach zmierzchu.

– Najwyraźniej podjąłeś decyzję. Czy nie mogę nic powiedzieć?

– Możesz mi życzyć powodzenia.

Spojrzał na jej splecione na podołku dłonie i dostrzegł zbielałe kłykcie, a ona zmierzyła go spojrzeniem czarnych oczu i rzekła:

– Kosmo, miłości moja. Myśl o tym, że masz się udać w tę podróż, napawa mnie zgrozą, ale wiem, że gdy raz podejmiesz decyzję, nie cofasz jej. To jeden z wielu przymiotów, z powodu których cię uwielbiam. Będę ci życzyła szczęścia, oczywiście, że będę; ale przede wszystkim daję ci w darze moją wieczną miłość. – I delikatnie pocałowała go w policzek.

# ROZDZIAŁ 8

Florencja, 6 maja 1410 roku

Do Jego Świątobliwości, papieża Jana XXIII* w Pizie

Ojcze Święty, jak zawsze miałeś całkowitą słuszność i wbrew obawom, które żywiłem, lata mojego życia nie przeminęły na próżno. Dziś wieczór niezwykłe wieści dotarły do moich uszu. Posłaniec ze Wschodu przyniósł wiadomość o odkryciu, które, jak mniemam, może wydać cudowne owoce. Istnieje pewna mapa opisująca szlak do odosobnionego monastyru w górach Macedonii.

Mniemam, że może być to miejsce, o którym słyszeliśmy, gdyż wieści o nim przedstawił wielce sławny uczony, Francesco Valiani. Człowiek ten nie mógł sam udać się w podróż do tego monastyru, ale wierzy, że spoczywa tam wielki skarb. Nie nazwano konkretnego przedmiotu, którego Jego Świątobliwość poszukuje, ale jestem pełen nadziei.

Ojcze Święty, oczekuję wszelkich poleceń, które pragnąłbyś przekazać wielbiącemu Cię nieskończenie pokornemu słudze…

---

* Chodzi oczywiście o antypapieża Jana XXIII.

# ROZDZIAŁ 9

Londyn, czerwiec 2003 roku

Ustalono i potem odrzucono kilka miejsc spotkania, zanim w końcu do niego doszło w hoteliku w Bayswater. Stawiło się tam trzech mężczyzn: Sean Clifton, profesor Arnold Rossiter, dziekan Oksfordu, ekspert, oraz Patrick McNeill, pierwszy wiceprezes Vitaxu, oddziału Fournier Holdings Incorporated, wielkiej korporacji będącej własnością francusko-kanadyjskiego miliardera i kolekcjonera sztuki Luca Fourniera. McNeill był też głównym doradcą Luca Fourniera. Rossiter, płatny konsultant, został wybrany do tego zadania przez samego Fourniera, gdyż biznesmen tak dobrze znał ponure szczegóły prywatnego życia profesora, że mógł mu ufać niemal bez zastrzeżeń.

Panował upał, a hotel nie dysponował klimatyzacją. Clifton był zdenerwowany i pocił się tak obficie, że miał ciemne kręgi pod pachami koszuli. Ocierając czoło niezbyt czystą białą chusteczką do nosa, spojrzał na pozostałych dwóch uczestników spotkania i wyjął z teczki koszulkę na dokumenty. Nie znał osobiście Rossitera, ale wiele o nim słyszał. Wykładowca był mężczyzną pod siedemdziesiątkę; miał cętkowaną twarz, wydatne żyły na bladej, bezwłosej czaszce. Był niewysoki, a wygnieciony lniany garnitur uzupełniał klasyczny wizerunek zaniedbanego intelektualisty.

Clifton wręczył McNeillowi koszulkę z dokumentami.
– To oczywiście kopie. – Widząc jego zdenerwowanie, trudno byłoby uwierzyć, że ten sam człowiek dwa tygodnie temu potrafił z zimną krwią przejść obok strażnika w skarbcu Sotheby's.

McNeill wyjął fotokopie, około czterdziestu zapisanych obustronnie odręcznym pismem kartek, i bez słowa przeczytał kilka pierwszych, zafascynowany.

– I pańska rodzina odziedziczyła to niedawno?

Clifton skinął głową i podszedł do okna, podejrzliwie lustrując ulicę w dole. Odwrócił się i zapalił papierosa.

– Oczywiście potrzebuję trochę czasu na przeczytanie... – zaczął Rossiter.

– Dziesięć minut. – Clifton zmrużył oczy, patrząc przez dym. – Ma pan dziesięć minut.

McNeill spojrzał z rozbawieniem na Rossitera.

– Lepiej, żeby się pan uwijał – powiedział i rozsiadł się wygodniej na kanapie.

Rossiter zajął miejsce przy stoliku koło drzwi i zabrał się do czytania.

– Proponuję, by się pan zajął zaznaczonymi stronami – doradził mu Clifton.

Rossiter powoli przewracał kartki. Jego podniecenie rosło. Nigdy wcześniej nie widział tego dokumentu, chociaż uczeni od dawna przypuszczali, że istnieje. Wiedział, że oryginały dawno temu uznano za zaginione, i krążyły plotki, iż kopie fragmentów mogły przetrwać, może zagubione na strychach domów, których właściciele niczego nie podejrzewali, lub spoczywające w głębi szaf zakurzonych magazynów. Bardzo niewielu widziało ten dokument od czasu, gdy sporządzono go sześć wieków temu. Tak więc, gdy czytał, zaczął sobie uświadamiać, czemu Sean Clifton tak się pali do ubicia interesu właśnie z Fournierem. Media nie wiedziały zbyt wiele o głowie Fournier Holdings, ale orientowano się, że jest jednym z najzamożniejszych i najzagorzalszych kolekcjonerów dokumentów oraz przedmiotów pochodzących z okresu wczesnego renesansu. A to było doprawdy niezwykłe znalezisko.

Clifton podszedł do stolika i zaczął zbierać fotokopie.

– Czas się skończył.

Rossiter chciał zaprotestować, ale McNeill uciszył go machnięciem ręki.

– A czy nasz czas został zmarnowany, profesorze?

– Nie. To są kopie autentycznego manuskryptu sporządzonego ręką Niccolò Niccolego.

– Dziękuję panu. To wszystko, co chciałem wiedzieć. Teraz sądzę, że najlepiej pan zrobi, zostawiając nas samych.

Rossiter był zaskoczony, ale po chwili odwrócił się i wyszedł.

– No tak – powiedział McNeill, gdy drzwi się zamknęły. – Chce pan dziesięć milionów funtów, zgadza się?

– Zgadza.

– Nie ma mowy.

Clifton wyglądał jak przekłuty balon.

– Czemu?

– Bo mój szef oferuje cztery miliony. Sto tysięcy teraz, reszta w dwóch transzach, gdy inne nasze... wymagania zostaną spełnione.

– Śmieszne!

– W takim razie obawiam się, że nie dobijemy targu. – Odwrócił się do wyjścia.

Zrobił tylko dwa kroki i położył rękę na klamce, gdy Clifton wybuchł:

– Okej, okej! Osiem milionów i milion z góry.

McNeill nawet się nie odwrócił i zaczął otwierać drzwi.

Clifton westchnął i ruszył za nim.

– W porządku... sześć.

McNeill zatrzymał się i odwrócił. Stojąc tak blisko Cliftona, że mógł być pewien, iż tamten czuje jego oddech na twarzy, powiedział wolno i z naciskiem:

– Cztery i pół. Dwieście pięćdziesiąt teraz. To nasza ostateczna oferta.

Clifton cofnął się o krok i zapalił kolejnego papierosa.

– Pięć milionów i jest wasz.

McNeill spojrzał w okno. W pokoju słychać było tylko odgłosy ruchu ulicznego.

– Świetnie. Pięć milionów. Ale to są nasze warunki. – Clifton mocno się zaciągnął. – Za nasze dwieście pięćdziesiąt tysięcy funtów zatrzymujemy kopie na dwa tygodnie. Jeśli mojemu szefowi spodoba się to, co zobaczy, jeden z naszych ludzi przejmie oryginały ze skarbca Sotheby's. Dopiero wtedy dostanie pan resztę forsy.

– Nie!

– W takim razie proszę je przenieść w inne miejsce.

Clifton zagryzł wargę.

– A pieniądze?

– Do poniedziałku w południe dwieście pięćdziesiąt tysięcy funtów znajdzie się na rachunku w Szwajcarii. Musi pan umieścić dokumenty na innym rachunku do dziesiątej rano tego samego dnia. Przelew środków na pański rachunek automatycznie zwolni dowolny, ustalony przez pana sześciocyfrowy szyfr zabezpieczający, który następnie zostanie przekazany Internetem mojemu przedstawicielowi. Poznanie szyfru umożliwi nam dostęp do dokumentów. Nie ma pieniędzy, nie ma szyfru i odwrotnie. Moi ludzie prześlą szczegóły e-mailem.

# ROZDZIAŁ 10

Wenecja, obecnie

– Bez względu na to, ile razy oglądam ten widok, zawsze zapiera mi dech w piersiach – powiedziała Edie, wyglądając przez okno salonu Jeffa.

Gospodarz stał obok, trzymając rękę na ramieniu przyjaciółki. Przyjechali do Wenecji przed godziną. Dochodziła pora lunchu; tłumy już wypełniały San Marco. Po drugiej stronie placu rozlokowana na podium kameralna orkiestra grała wiązankę utworów Vivaldiego i Mozarta. Bliżej Palazzo Ducale kiwali się klauni na szczudłach, chodząc po nierównym bruku i rozdając dzieciom baloniki; spacerowały grupki w maskach, niektóre w ozdobnych kostiumach. Był środek karnawału.

W drzwiach mieszkania zapanował ruch i gwar i pojawiły się obładowane reklamówkami Rose i Maria. Edie uniosła brew.

– Dałem jej moją kartę kredytową – wyjaśnił Jeff. – Miałem wyrzuty sumienia, że wczoraj tak ją zostawiłem.

Edie spojrzała nań sceptycznie.

– A nie przesadzasz z tym wyrównywaniem krzywd? – Szeroko uśmiechnęła się do Rose. – Witaj, młoda damo! Nie widziałam cię... Boże, od jak dawna?

Rose przestała zajmować się reklamówkami i chłodno spojrzała na Edie. Zaskoczony Jeff chciał coś powiedzieć, gdy usłyszeli kaszlnięcie i zobaczył w progu wysokiego, lekko uśmiechniętego mężczyznę, ubranego całkowicie na czarno.

– Spotkałyśmy pana Roberta, kiedy wchodziłyśmy do domu – zaanonsowała łamaną angielszczyzną Maria i zamaszystym krokiem minęła przybysza, tak że musiał się przykleić do framugi drzwi. Kręciła głową i cmokała, gdy kołysząc się z bok na bok, zmierzała ku sypialniom.

Roberto wszedł do środka, ujął dłoń Edie i teatralnie ją ucałował, aż się mocno zarumieniła.

Jeff dostrzegł, że Rose ma gradową minę.

– Poznajcie się – powiedział i szybko podszedł do córki. Zaprowadził ją do wejściowego holu. – O co, do diabła, chodzi?

Wbiła wzrok w podłogę.

– No?

– Naprawdę nie wiesz? – Rose miała oczy pełne łez. Jeff chciał ją objąć, ale odwróciła się na pięcie i pobiegła w głąb korytarza.

– Rose... – zawołał za nią, ale z hukiem zatrzasnęła drzwi swojego pokoju. Będzie musiał uporać się z tym później. Czując się jak nieudolny ojciec, wrócił do salonu.

– Jak do tej pory zdołałeś uniemożliwić nam poznanie? – spytał Roberto, nie odrywając wzroku od Edie.

– Och, to było jak najbardziej świadome działanie – odparł Jeff, siląc się na wesoły ton.

Edie była zachwycona, że jest centrum zainteresowania, i przyglądała się Robertowi ciekawie.

– Ale co cię tu sprowadza? – spytał Jeff.

– Umówiliśmy się na lunch w Gritti, pamiętasz?

– A tak. Całkowicie wyparowało mi z głowy.

– Ale jeśli...

– Roberto, chodź ze mną. – Rose wyszła z pokoju z reklamówką w ręku. Miała lekko zaczerwienione oczy. – Chcę, żebyś mi szczerze powiedział, co myślisz o tym żakiecie. – Podeszła bliżej i porwała go za rękę, wbijając oczy jak sztylety w Edie.

Kiedy wyszli z salonu, Jeff ciężko westchnął.

– Przepraszam – powiedział.

Edie wzruszyła ramionami.

– To sprawa jej wieku, jak sądzę, ale najwyraźniej jakoś ją uraziłam, chociaż nie spotkałyśmy się od roku.

– A obecność Roberta tylko pogarsza sytuację. Rose jest w nim ciężko zakochana.

– Co to za okaz? – Oczy Edie błyszczały.

– Roberto? Po prostu, mój najlepszy kumpel. Niesamowity gość. Na dodatek wydaje mi się, że mógłby nam pomóc. Nie masz nic przeciwko temu, żebym mu opowiedział, co się wydarzyło?

– Czemu ci się wydaje, że mógłby nam pomóc?

– W życiu nie spotkałem tak genialnego faceta. I godnego zaufania.

Edie wzruszyła ramionami.

– W porządku.

Odwrócili się. Rose pojawiła się w nowym żakiecie, trzymając za rękę Roberta.

– Świetny – pochwalił wybór córki Jeff.

– Co ty nie powiesz – rzuciła ponuro Rose i usiadłszy możliwie najdalej na kanapie, przeglądała resztę zakupów.

– Roberto, tak się składa, że jesteś osobą, która właśnie jest mi potrzebna. – Jeff zaprowadził go do stołu i podał mu kartkę z zapisem wiadomości od Mackenziego. Podczas gdy Włoch czytał, Edie opowiedziała mu, jak znaleźli tabliczkę i że wiadomość otrzymała od wuja w nocy, której został zamordowany.

– Więc uważasz, że zginął z powodu tego znaleziska?

– Tak, to wydaje się prawdopodobne – odpowiedziała Edie.

– No cóż, jest oczywiste, dlaczego przyjechaliście do Wenecji – powiedział Roberto. – Ale obecność tych trzech falistych linii to prawdziwa bomba. Wraz z lwem tworzą symbol I Seguicamme.

– Czego?

– Dosłownie to znaczy „wyznawcy". Odłam różokrzyżowców. Regularnie spotykali się w Wenecji, zjeżdżając ze wszystkich części Europy. Po raz pierwszy pojawili się gdzieś w połowie piętnastego wieku. Ostatnio słyszało się o nich mniej więcej pod koniec wieku osiemnastego.

– Co robili ci wyznawcy?

– Tego nikt dokładnie nie wie. Marsilio Ficino wspomina o nich w *De vita libri tres*, a Giordano Bruno czynił aluzje do tego stowarzyszenia w *Wieczerzy środy popielcowej*, ale te odesłania mają charakter przeważnie mistyczny, ledwo zrozumiały.

– Ficino? – powtórzył Jeff. – Ten mistyk? On pracował dla Kosmy Medyceusza, prawda?

– Tuż przed śmiercią Kosmy przetłumaczył dla niego manuskrypt *Corpus hermeticum*, sławne zestawienie starożytnych podstaw magii.

– Ale jaki to ma związek z tym napisem? – spytała Edie.

– No cóż, w tym sęk. Jeff, a to tłumaczenie? Jest dokładne?

Edie znów odtworzyła nagranie, tym razem dla Roberta.

– Co myślicie o tym „geographus incomparabilis"? – spytał, marszcząc brwi.

Rose podeszła do stołu i stanęła przy nim.

– Co robicie? – spytała. – Czy nie powiedzieliście „geographus incomparabilis"?

– Ty powiedziałaś – rzekł Roberto.

– Tak nazywano Fra Mauro, wielkiego kartografa. Właśnie pisałam o nim referat.

– Brawo, dziękujemy, Rose – pochwalił ją Roberto. – Znakomity gust i co za wiedza.

Rose uśmiechnęła się szeroko.

– Fra Mauro był Wenecjaninem. No, ściślej biorąc, pochodził z Murano. Pracował w klasztorze San Michele... – wyjaśnił Roberto.

– Na Wyspie Zmarłych! – wykrzyknął Jeff. – Oczywiście.

Obaj spostrzegli, że Edie nie wie, o czym mowa.

– San Michele to cmentarz Wenecji.

– A tekst twierdzi, że to, co Mauro stworzył, nadal tam jest.

– Nie wiem wiele o Fra Mauro, ale jego najsłynniejsze dzieło to *mappamundi*, mapa świata. Skończył ją tuż przed śmiercią. Kiedy to było? Tysiąc czterysta sześćdziesiąty piąty, siedemdziesiąty?

– Tysiąc czterysta pięćdziesiąty dziewiąty – poprawił go Roberto.

– Ale mapa jest w Biblioteca Marciana, tuż obok – dodał Jeff, wskazując w kierunku Piazetty.

– Hm, niezależnie od tego, o czym mówi tekst, nie dotyczy on mapy Maura w muzeum – wytknęła im Edie.

– Może, tylko że nie wiemy, kiedy zrobiono napis na tabliczce, no nie? Tak więc może się odwoływać do czegoś, co jakieś pięć wieków temu było na Wyspie Zmarłych, ale potem zostało przeniesione.

– Słuszna uwaga. Czy zwłoki w krypcie były w ogóle ruszane? – spytał Roberto.

– Jeśli chodzi ci o to, czy były poddane sekcji, zanim je ekshumowaliśmy, to nie – wyjaśniła Edie.

– Tak więc tabliczka, którą znaleźliście, musiała być tam umieszczona podczas składania ciała do grobu lub tuż przedtem.

– Jak najbardziej.

– W takim razie Jeff ma rację. Jeśli osoba, która sporządziła ten napis, miała na myśli słynną mapę Fra Mauro, ta może leżeć w Biblioteca Marciana i będzie prawie niemożliwe dokładnie się jej przyjrzeć.

– Czy łatwo się dostać do San Michele? – spytała Edie. – Moglibyśmy wziąć *vaporetto*?
Roberto uśmiechnął się.
– Nie mówcie głupstw.

Ubrany w liberię szofer i sternik Roberta, Antonio, niezwykle przystojny brunet o delikatnych rysach twarzy, czekał na całą grupę przy ogrodach nazywanych królewskimi, Giardini Reali. Zaprowadził ich do motorówki, pięknego niebieskiego ścigacza ze stali i drewna tekowego, zwodowanego jeszcze w latach trzydziestych dwudziestego wieku. Jeff i Edie weszli na pokład, podczas gdy Roberto przez chwilę tłumaczył na nabrzeżu Antoniowi, dokąd ma ich zabrać. W końcu przyszedł na rufę, niosąc wiklinowy koszyk z przykrywką.

– Antoniowi przed wyjściem udało się przekonać kucharkę, żeby coś przygotowała na chybcika – wyjaśnił.

Jeff przewrócił oczami.

– Ty stary sybaryto – powiedział.

Edie obdarzyła Roberta swoim najbardziej promiennym uśmiechem.

Po chwili rozlewał do przepięknych szampanek Dom Pérignon rocznik 1996, gdy motorówka skręcała na zachód, w Canal Grande. Przemknęli obok cudownych *palazzi* i prześlizgnęli się pod Ponte dell' Academia, po czym skręcili wraz z wodnym szlakiem. Zanim minęli San Samuele po prawej stronie, Jeff wskazał na piękny, rdzawej barwy *palazzo*, kawałek dalej z tej samej strony kanału.

– Mieszkanko Roberta – oznajmił i wgryzł się w pyszne ciastko.

– Co za nora – powiedziała Edie, szczerząc w uśmiechu zęby.

Przy Ponte di Rialto zagęściło się od *vaporetti*, a restauracje przy brzegach pękały w szwach od przybyłych na Carnivale zagranicznych turystów.

Nieco dalej, tuż za majestatyczną fasadą Ca' d'Oro, dotarli do dużego odgałęzienia, które prowadziło na północ Wenecji, do Canale delle Fondamenta Nuove. Szlak zwężał się do szerokości barki i motorówka była zmuszona zwolnić. Przepłynęli pod kilkoma rozpadającymi się mostami, kanał się poszerzył i znów przyspieszyli. Po chwili wpłynęli na Sacca della Misericordia, gdzie cumowały setki prywatnych łodzi, i pomknęli na wschód, na otwarte wody.

Przed sobą ujrzeli otoczoną murami Isola di San Michele. Antonio nie żałował paliwa i błyskawicznie cięli lodowatą szarą wodę równolegle do Fondamenta, północno-wschodniego obrzeża miasta, i wokół południowego czubka Wyspy Zmarłych. Wiatr przybrał na sile i zrobiło się bardzo chłodno. Edie otuliła się kurtką i postawiła kołnierz. Ostre morskie powietrze paliło jej policzki i zatęskniła za końcem wyprawy.

Antonio zwolnił obroty silnika, gdy zbliżyli się do rogu niemal kwadratowej wyspy i ujrzeli pierwsze fragmenty północnej strony; bursztynowe, sięgające dziesięciu metrów mury. Dalej wznosiła się wieża kościoła San Michele i kopuła dzwonnicy. Podpłynęło i zacumowało vaporetto. Wyszła z niego duża grupa, odwiedzające groby wdowy. Czarne stroje, spowijające je niemal od stóp do głów, ostro kontrastowały z jasnymi czerwieniami i żółciami przywiezionych kwiatów.

– Wkraczamy do królestwa prześwietnych umarłych – powiedział Jeff, ściskając ramię Edie i z udawaną zgrozą krzywiąc twarz.

– Wiesz, dla mnie zmarli to nie nowina.

– Może tak, ale to zupełnie wyjątkowe miejsce. Tu spoczywają tacy ludzie jak Ezra Pound, Strawiński, Diagilew i Brodski.

Motorówka odbiła od nabrzeża i wślizgnęła się w wąską zatoczkę, która docierała niemal do środka wyspy. Po jakichś stu metrach Antonio przybił do brzegu i wyłączył silnik. Roberto pierwszy wyszedł na brzeg, wskazując dzwonnicę.

– Klasztor, w którym Mauro mieszkał i pracował, jest tam – powiedział. – To niedaleko.

Archiwista klasztorny czekał na nich przy wejściu. Był wysokim mężczyzną w habicie. Mimo że całkowicie łysy, sprawiał wrażenie wyjątkowo młodego, a jego twarz tryskała świeżością. Tylko w oczach miał jakiś nie dający się określić spokój.

– Witaj, maestro – rzekł łagodnym głosem, podając Robertowi dłoń. – Jestem ojciec Pascini. Ojciec przeor prosi o wybaczenie. Nie mógł cię osobiście przywitać i zalecił, bym służył wszelką możliwą pomocą.

– To bardzo uprzejmie z jego strony – odparł Roberto. – Oto moi przyjaciele, Jeff Martin i Edie Granger.

Mnich lekko się skłonił.

– Witam – powiedział.

– Roberto zna wszystkich w Wenecji – szepnął Jeff do ucha Edie, gdy ojciec Pascini gestem zaprosił ich, by podążyli za nim.

– Jak właściwie mogę wam pomóc?

– Jesteśmy zainteresowani dziełami Fra Mauro.

– Och, naszego przesławnego brata. Można pomyśleć, że nagle wszyscy są ciekawi jego map.

– Czyżby? – spytał Jeff. – Kto jeszcze się zainteresował?

– Dziś rano miałem telefon – powiedział ojciec Pascini. – Uwierzylibyście? Od historyka z Londynu.

Weszli do niewielkiej kaplicy wyłożonej marmurową posadzką i zszedłszy po szerokich schodach, znaleźli się w wąskim pokoju, zastawionym hebanowymi regałami, na których stały wiekowe woluminy.

– A więc, czego chcecie się dowiedzieć o Fra Mauro?

– Wspomniał ojciec o mapach – powiedział Jeff. – Czyli

jest ich co najmniej kilka. Myślałem, że jego *mappamundi* jest w Marciana, w mieście.

– Zgadza się. Ale Mauro stworzył więcej map. Tu, w tej bibliotece, trzymamy skromniejszy egzemplarz. Jest wystawiony dla zwiedzających. – Poprowadził ich kilka kroków do szklanej gabloty stojącej pośrodku pokoju.

Mapa była pięknie zachowana. Miała niecałe dwa metry kwadratowe. Większość jej powierzchni zajmowało koło, na pierwszy rzut oka wypełnione na chybił trafił obrazkami, jasnokremowymi, wyraźnie ząbkowanymi kształtami w niebieskiej otoczce. Niebieski wnikał w jaśniejsze obszary jak plama atramentu w wodzie. Ale po chwili oswajania się ze zdumiewającymi kształtami, te jakby ulegały przemianom i z wolna przybierały postać powykrzywianej mapy Europy, Afryki i Azji. Mapa stopniowo traciła walor dzieła sztuki abstrakcyjnej, a stawała się dziełem naukowym.

– Na ile ta mapa różni się od tego, co znajduje się w Marciana? – spytała Edie.

– Ta została ukończona po śmierci Maura – wyjaśnił ojciec Pascini. – Przez jego najlepszych uczniów.

– Następcy wielkiego geografa – zacytował z napisu Jeff.

Mnich wyglądał na zdziwionego.

– Skąd ta nagła fascynacja Maurem? Mój dzisiejszy rozmówca był szalenie zainteresowany tą właśnie mapą. Mamy tu co najmniej kilkanaście innych, ale on pytał tylko o tę.

– Czy spodziewamy się zbyt wiele, zakładając, że się przedstawił lub coś o sobie powiedział? – spytała Edie.

– Powiedział, że dzwoni z wydziału historii londyńskiego University College. Ale szczegółów nie podał.

– A czemu ta mapa jest tutaj?

Mnich odwrócił się do Jeffa.

– Uznano, że nie dorównuje sławnemu egzemplarzowi, będącemu obecnie w Marciana. Została zamówiona przez polskiego króla, Kazimierza Jagiellończyka, ale ją zwrócił, twierdząc, że nie jest zadowolony. Jednak prawdę mówiąc, przechodził kłopoty finansowe i wstydząc się, że go nie stać na zakup zamówienia, utrzymywał, że mapa jest niskiej jakości. Tak więc trzymamy ją tu.

– Szczęściarze z was – powiedziała Edie.

– Czy dałoby się wyjąć mapę z gabloty? – z nadzieją spytał Roberto.

Ojciec Pascini pokręcił głową.

– To niemożliwe, signor Armatovani, ale jeśli taka jest pańska wola, mógłbym państwu podać szkło powiększające.

– Wspaniale.

Ojciec Pascini zniknął i po chwili powrócił z wielką lupą na stojaku. Przysunął stojak do środka dłuższego boku gabloty i przestawił szkło nad pokrywę.

– Możecie ją swobodnie pooglądać, nie będę wam przeszkadzał – z tymi słowami wycofał się do biurka w głębi pomieszczenia.

– Jest absolutnie piękna – powiedziała Edie.

– Cudowne dzieło sztuki, nieprawdopodobnie szczegółowe. Spójrzcie na te litery. Między poszczególne napisy nie dałoby się wcisnąć szpilki.

Na mapie widniały zamki i wieże, niektóre zwieńczone wspaniałymi wielobarwnymi chorągwiami; opancerzeni rycerze na potężnych rumakach; dziwne stwory, węże, gryfony; abstrakcyjne wzory i paski we wszystkich kolorach tęczy. Im dokładniej się przyglądali, tym więcej szczegółów dostrzegali; był to mikrokosmos niewyobrażalnego piękna i rzucającej na kolana maestrii.

– Napis głosi „W centrum świata" – powiedział Jeff, umieszczając szkło mniej więcej nad środkiem mapy. – Ale ja widzę tylko mieszaninę słów i obrazków. Gdzie coś takiego byłoby na nowoczesnej mapie?

Edie spojrzała przez szkło powiększające.
– Gdzieś tutaj, niedaleko Turcji? Może Iraku?
– Macie jakieś pojęcie, czego szukamy?
– Żadnego.
– Mogę? – spytał Roberto i pochylił się, badając wzrokiem mapę.
– I co?
– Nic poza nazwami regionów. Tu to chyba Persja. Widzę Eufrat i na południu góry. Dzięki Marco Polo i innym podróżnikom Wenecjanie znali ten region całkiem dobrze już w połowie piętnastego wieku.
– Ale czy na tej mapie jest coś niezwykłego?
– Nie wydaje mi się. – Roberto cofnął się, zmarszczył brwi. Wtem cały się rozjaśnił. – Oczywiście.
– Co? – spytali jednym głosem Edie i Jeff.
– Centrum świata. Nie chodzi o sens dosłowny. Dla ludzi w piętnastym wieku centrum świata było Święte Miasto... Jerozolima.

Roberto przesunął w lewo szkło powiększające. Tam napisy i ilustracje pokrywały mapę jeszcze gęściej niż region Persji. Pergamin na obszarze Świętego Miasta zdawał się promieniować subtelnym, ale wyraźnym blaskiem; Jerozolimę oddano jako skupisko otoczonych zbrojnymi wież i kopuł. Najwyraźniej twórca mapy chciał wywyższyć to miejsce nad inne.

– Nie widzę tu niczego niezwykłego – rzekł po długiej pauzie Roberto. – Spójrzcie sami.

Edie również się niczego nie dopatrzyła. Cofając się, spojrzała na Jeffa, który kolejno zajął miejsce nad szkłem.
– Nie, to beznadziejne – powiedział, prostując się. – To musi być ta mapa, idealnie odpowiada napisowi, stworzona przez następców wielkiego geografa. I dochodzi to, że król Kazimierz ją zwrócił. Ci następcy „stworzyli coś, czego nikt nie pragnął". Ale nie wiemy, czego dokładnie szukać, a nie mogąc zabrać mapy ze sobą...

– Udało się? – ojciec Pascini pojawił się u jego boku.
– Kompletne fiasko – powiedział Roberto.
– Jest jeszcze jedna *mappamundi*.
– Naprawdę?
– To bardzo marny egzemplarz, próbny, można by powiedzieć. I w kilku miejscach podniszczony. Ona również została odrzucona przez zamawiającego.
– Moglibyśmy ją zobaczyć?
– Oczywiście, chodźcie za mną.

Ojciec Pascini poprowadził ich korytarzem do zamkniętych na klucz drzwi.

– To jedno z archiwów – powiedział, gdy weszli do środka. – Nasze dokumenty trzymamy w tych specjalnych skrzyniach. – Wskazał na wbudowane w ścianę metalowe półki. – Każdy dokument jest przechowywany w wolnym od kwasów i wilgoci otoczeniu, w ściśle kontrolowanej temperaturze. Żeby obejrzeć mapę, musicie wejść do tego pomieszczenia. – Wskazał szklany zakątek. – Przyniosę wam rękawiczki i szczypce.

Po chwili cała trójka siedziała przy stole w pomieszczeniu badawczym. Przed nimi leżała mapa. Pokrywał ją ochronny przezroczysty plastik, nad którym ojciec Pascini umieścił kolejne duże szkło powiększające.

Brzegi miała poszarpane, była fatalnie nadenwana, krzywa linia biegła wzdłuż jednej trzeciej, a ilustracje wykonano o wiele mniej dokładnie niż na *mappamundi* w głównej sali.

Edie przyjrzała się obszarowi wokół Bliskiego Wschodu i przysunęła soczewkę nieco bliżej, aż znalazła ilustrację przedstawiającą Ziemię Świętą.

– No, a co wy na to…?! – wykrzyknęła i odsunęła się, pozwalając spojrzeć Jeffowi i Robertowi.

Tuż pod wizerunkiem cytadeli z jaskrawoczerwonymi sztandarami na szczytach pary wież widniały drobne wyblakłe litery, tworzące napis sporządzony inną ręką niż ta, która naniosła pozostałe napisy i znaki. Również przedziwna była jego treść, pięć wersów w języku włoskim. Roberto przetłumaczył je na głos. „Sięga przez wodę,/ człek idealnego imienia;/ smutny człek, zwiedziony przez diabła./ To tu jest ukryte, pomiędzy,/ Ponad wodą, za ręką architekta".

Zanim wyszli z klasztoru, zrobiło się ciemno i gęsta mgła opadła na Wyspę Zmarłych. Kiedy zjawili się po południu, słońce i ostre morskie powietrze sprawiały, że San Michele wyglądało jak każda inna część Wenecji, lecz teraz, w atramentowej czerni, przemieniło się w zakątek cieni i bezimiennych lęków.

Kiedy już za murami szli brukowaną ścieżką, widziany z oddali klasztor przypominał czarną wycinankę. Ta część San Michele była prawie pozbawiona świateł, a te, które się paliły, nie były w stanie przebić mroku, tak że najwięcej blasku padało z niezliczonych punkcików gwiazd, Drogi Mlecznej, hojnie rozrzuconych na bezksiężycowym firmamencie.

Edie nigdy w tym miejscu nie była i chociaż niemal każdego dnia pracowała przy zwłokach, już wcześniej, nawet w dziennym świetle, poczuła się przygnieciona mroczną posępnością tego zakątka. Teraz nie mogła się opędzić od myśli, że przebywa pośród nieskończonej liczby umarłych, i kiedyś sławnych, i nikomu nie znanych, którzy żyli, odeszli i zostali zapomniani przez wszystkich z wyjątkiem robaków. Wydawało się, że w tych ciemnościach mają schronienie wszelkie stwory z tanich horrorów i paskudnych bajek. Wiatr ucichł, ale fale laguny nie zaprzestały cichego chlupotania o brzeg. Brzmiał jak lament.

Motorówka spoczywała w głębokim cieniu, łagodnie kołysząc się na wodzie, tuż przy brzegu zatoczki. Nie tracąc chwili, weszli na pokład. Sternik odpalił silnik i włączył światła. Dwa ostre cytrynowe promienie spoczęły na wodzie.

– Wieź nas prosto do domu, Antonio! – zawołał Roberto, opadając na miękkie skóry jednego z tylnych foteli. W chwilę potem poczuli, że łódź przyspiesza i zawraca w kanale, kierując się na otwarte wody.

Siedzieli w milczeniu. Każdy rozmyślał nad tym, czego się dowiedzieli, obserwując rozpływające się w wodzie cienie San Michele. Przez jakiś czas płynęli wprost na południe, w kierunku Fondamenta Nuove i świateł miasta, gdy nagle poczuli, że motorówka zbacza z kursu. Stało się to zupełnie bez ostrzeżenia. Roberto wpierw nie zareagował, lecz zaraz się poderwał i ruszył na dziób zbesztać Antonia. W tej samej chwili sternik się do nich odwrócił. Czapkę miał nisko nasuniętą na czoło i nosił ciemne szkła. W pochłaniającej światło nocy ledwo rozróżniali rysy twarzy, ale widzieli dość, by zdać sobie sprawę, że to nie Antonio. Mężczyzna trzymał broń, celując prosto w Roberta.

– Proszę usiąść, signor Armatovani.

Roberto zastygł.

– Siadaj. Nie będę powtarzał. Potrzebuję tylko jednego z was. Cierpliwość nie jest moją mocną stroną i wierzcie mi, zastrzelenie pozostałej dwójki bardzo mi ułatwi tę przejażdżkę.

– Co się stało Antoniowi? – spytał podniesionym tonem Roberto.

– Och, skorzystał z odświeżającej kąpieli.

Motorówka zwolniła i skierowała się na punkt położony dalej na południe, wzdłuż Fondamenta Nuove, daleko od głównej drogi do Canal Grande. Sternik trzymał ich na muszce i równocześnie bez trudu prowadził łódź jedną ręką, od czasu do czasu korygując kurs.

Po chwili zbliżyli się do nabrzeża. Przed sobą mieli wysoką ścianę z szarego kamienia i wąskie przejście przed rządkiem domów. Szli tam nieliczni przechodnie, szybko, z podniesionymi kołnierzami. Chłód nocy ścinał wydychane powietrze w unoszące się przed twarzami obłoczki.

– Teraz bądźcie łaskawi się nie ruszać i nie gadać – syknął sternik.

Edie patrzyła na rosnącą ścianę kanału, gdy dostrzegła, że Roberto stopą wysuwa coś spod fotela. Z zaskakującą szybkością uniósł czarny cylinder. Rozległ się ostry trzask i rozkwitło oranżowe światło. Roberto upadł na podłogę, zmieciony siłą odrzutu. Wzdłuż motorówki przeleciała flara, rykoszetując od deski rozdzielczej przy sterze, i wypadła za burtę, lecąc nierównym torem.

Potężny błysk rozciął ciemności i rakieta eksplodowała zaledwie metr od motorówki. Napastnik zaskoczony runął na plecy, przesuwając przepustnicę gazu. Broń poleciała do tyłu, prześlizgnęła po wypolerowanym dziobie i wpadła do kanału. Silniki zawyły i motorówka niemal wyskoczyła z wody. Edie i Jeff próbowali utrzymać pozycję siedzącą, ale potężne przyspieszenie cisnęło nimi na fotele, które mieli przed sobą. Jeff rozłożył się na dnie motorówki, uderzając kolanem w głowę Roberta.

Zdana na samą siebie motorówka wirowała wokół swojej osi na pełnych obrotach, podskakując na wodzie, aż w końcu uderzyła burtą o nabrzeże. Kawałki tekowego drewna i mosiądzu frunęły w powietrze. Ostatnim dźwiękiem, jaki Jeff usłyszał, zanim poczuł, jak dławi go płachta lodowatej wody, był zgrzyt metalu o kamień i daleki krzyk Edie.

Silne ramiona wyciągały go na nabrzeże; szorstki kamień otarł skórę brzucha. Głośno łapał ustami powietrze. Ocierając oczy, dostrzegł klęczącą obok Roberta Edie. Zakrwawionym strzępem ubrania ocierała mu głowę. Odwróciła się, sprawdzając stan Jeffa. Na jej twarzy pojawiła się ulga. Przykucnął obok niej, starając się złapać oddech.

Roberto skrzywił się, patrząc na niego.

– Ze mną wszystko w porządku.

Usłyszeli dobiegające od brzegu krzyki.

Kiedy Jeff się wyprostował, zobaczył unoszące się na wodzie okaleczone ciało; sczerniała noga tłukła o kamień nabrzeża. To był Antonio, sternik. Został przywiązany do rufy motorówki. Lina obiegała przeguby trupa, drugi koniec przywiązano do knagi.

Jeff nagle zdał sobie sprawę, jak jest zimno. Zadygotał i odwrócił wzrok od koszmarnego widoku, czując wściekłość i bezradność. Zimne fale cięły motorówki policji i pogotowia ratunkowego. Sternicy zgasili silniki i ostatnie kilka metrów jednostki przebyły siłą rozpędu. Morderca Antonia zniknął bez śladu jak duch.

– Cześć, Rose. Tak, bardzo mi przykro, kochanie. Przydarzył się nam mały wypadek... Nie, nic poważnego... Wszyscy mamy się dobrze. Jestem u Roberta, ale później wracam do domu. Słuchaj... Nie, słuchaj. Nie czekaj na mnie. Jutro wychodzimy razem, obiecuję. Tak, tak... Maria jest na nogach, przy tobie, tak? No, to dobrze. Dobrze, słonko... Rano zrobię ci śniadanie i pokażę widoki... Dobra, pa.

To była wyczerpująca noc. Ranę głowy Roberta opatrzono na miejscu zdarzenia, po czym całą trójkę przewieziono na komisariat policji, brzydki przysadzisty budynek na łączącym Wenecję ze stałym lądem Ponte della Libertà. Tam ich rozdzielono. Jeff odpowiadał na pytania, złożył dokładne oświadczenie i już miał wezwać adwokata, gdy wyprowadzono go z sali przesłuchań do konferencyjnej, w której Roberto i Edie rozmawiali z bardzo wytwornym mężczyzną w policyjnym mundurze. Wkrótce potem wszystkich zwolniono.

Funkcjonariuszem tym był wiceprefekt weneckiej policji, Aldo Candotti, który teraz siedział na brzegu złoconej osiemnastowiecznej sofki, trzymając nóżkę eleganckiego, choć pustego kieliszka do sherry. Był potężnie zbudowany; dawny reprezentant kraju w wioślarstwie, otyły z racji uwielbienia dla dobrych win i delikatnej cielęciny. Miał rumiane policzki i szeroki nos, na którym spoczywały okulary Diora.

Na drugim końcu sofki siedział Roberto. Wziął prysznic i przebrał się, ale włosy miał wciąż mokre, a ranę zakrywał gazowy opatrunek. Edie bawiła się wysoką szklanką z odrobiną malt whisky. Przebywali na parterze biblioteki Palazzo Baglioni, od piętnastego wieku weneckiego domu rodziny Armatovani. Wychodzący na Canal Grande pałac był najdoskonalszym przykładem podupadłej wielkości. Wysoki na cztery piętra, z rzędami okien w bizantyjskim stylu i kruszącymi się kolumnadami, był równie piękny jak portret Tycjana lub motet Williama Byrda. Każdy pokój urządzono antycznymi meblami, z których część stała w tym budynku od chwili ich zakupu, setki lat temu. Wszystkie ściany obszernej, wysokiej biblioteki od podłogi po sufit zapełniały regały z różanego drewna, na których stały tysiące książek, powiększająca się z każdym pokoleniem kolekcja. Zbiory obejmowały najprzeróżniejsze dzieła, od siedemnastowiecznego wydania *Lewiatana* Hobbesa po sygnowane przez autora, oprawione w skórę pierwsze edycje Hemingwaya. Kilkoro przodków Armatovaniego było ekstrawaganckimi bibliofilami i ich rodzinną bibliotekę uważano za jeden z najwspanialszych prywatnych księgozbiorów.

– No cóż, pozwól, że teraz opuszczę ciebie i twoich gości, Roberto – powiedział Candotti, powstając z sofki i ostrożnie stawiając kieliszek na stoliczku z marmurowym blatem. – Ktoś ode mnie jutro do ciebie zadzwoni i przekaże, jak sytuacja się rozwinęła. Zaraz rozpocznę poszukiwania tego tajemniczego nieznajomego. Ty zadzwonisz do nieszczęsnej rodziny Antonia?

Roberto skinął głową. Candotti uścisnął wszystkim dłonie, po czym Vincent, niemożliwie chudy i niezwykle dystyngowany kamerdyner, który służył u rodziców Roberta i został przezeń odziedziczony wraz z domem, szerokim korytarzem odprowadził gościa do wyjścia.

– Pełen wydarzeń wieczór – skonstatował Roberto. – I czego się dowiedzieliśmy poza tym, że naszemu życiu grozi poważne niebezpieczeństwo?

– Pamiętasz dokładnie tekst napisu na mapie? – spytała Edie. Zajęła miejsce opuszczone przez Candottiego.

– Mam coś lepszego niż wspomnienie – odparł Roberto. – Może trochę zniszczony i zatarty, ale całkiem czytelny.

Rozłożył kawałek wymiętego, poplamionego papieru, wygładził go najlepiej, jak się dało, i na głos przeczytał napis, który przetłumaczył z mapy San Michele:

Sięga przez wodę,
człek idealnego imienia;
smutny człek, zwiedziony przez diabła.
To tu jest ukryte, pomiędzy,
Ponad wodą, za ręką architekta.

– Co z tego rozumiesz? – spytał przyjaciela Jeff.

– Przez cały czas łamałem sobie nad tym głowę. Między przesłuchaniem na policji a tym, jak starałem się być miły dla komisarza.

– I? – spytała Edie.

– Pierwsza część jest całkiem oczywista, ale dwa ostatnie wersy są nieco enigmatyczne. – Roberto spojrzał na ich zdziwione miny i uśmiechnął się. – Człek idealnego imienia? To musi być Angelo da Ponte.

– Konstruktor Rialto...? Oczywiście.

– Sięga przez wodę, człek idealnego imienia – powiedziała jakby do siebie Edie. – *Ponte*, most... zgrabnie. Ale czemu „smutny człek, zwiedziony przez diabła"?

– Hm, to trochę mniej oczywiste. – Roberto pochylił się, proponując następną kolejkę Edie, zanim przekazał butelkę Jeffowi. – Pod koniec tysiąc pięćset dziewięćdziesiątego pierwszego roku, gdy zbliżał się termin zakończenia pracy Da Ponte, na głównych elementach konstrukcyjnych mostu pojawiły się pęknięcia i tylko rusztowanie uratowało całą budowlę przed runięciem do Canal Grande. Legenda mówi, że pewnej nocy konstruktor samotnie przechadzał się nad kanałem, gdy wyrósł przed nim diabeł. Przerażony Da Ponte zastygł, a diabeł okrutnie się uśmiechnął i oznajmił, że może mu pomóc rozwiązać wszelkie problemy z mostem. Budowniczy był tak zdesperowany, że wysłuchał oferty diabła.

– Niewątpliwie ten chciał duszy nieszczęśnika? – przerwała Edie.

– Nie, chodziło o coś innego. Chciał duszy pierwszej osoby, która przejdzie przez most. – Pociągnął łyk ze szklaneczki. – Oczywiście oferta wydała się architektowi wspaniała i raz-dwa ją przyjął. Po kilku tygodniach most skończono. Był na medal. W noc przed oficjalnym otwarciem mostu Da Ponte wykańczał zdobienia na wieńczącym przyczółek kamieniu, podczas gdy jego brzemienna żona, Chiara, oczekiwała go w domu. Rozległo się pukanie do drzwi. Poszła otworzyć i ujrzała młodego murarza z budowy, który zawiadomił ją, że musi szybko przyjść, mąż jest ranny. Chiara da Ponte wypadła z domu i szukając Angela po drugiej stronie kanału, wbiegła na Rialto, po czym najszybciej jak mogła, pokonała most. Małżonek dostrzegł ją dopiero, gdy znalazła się na drugim brzegu, i w tym samym momencie zza pleców usłyszał straszliwy, lodowaty śmiech. Odwrócił się, ale nie było nikogo. Ogarnięty przeraźliwym lękiem o żonę i nienarodzone dziecię, wbiegł na most i zabrał Chiarę do domu. Miesiąc potem Chiara padła ofiarą dżumy i zmarła wraz z noworodkiem. Da Ponte był niepocieszony i mówi się, że do dziś w rocznicę śmierci Chiary da Ponte jej duch i duch jej maleństwa ukazują się na moście i błądzą tam, szukając wiecznego odpoczynku, który po wsze czasy został im odebrany.

Edie wychyliła szklankę.
- Niezła historyjka, Roberto.
- Dziękuję. - Uśmiechnął się i przez chwilę nie odrywał wzroku od twarzy kobiety.
- Tak więc to tłumaczy smutnego człeka i tak dalej. Ale co z resztą? Nie myślisz poważnie, że następna wskazówka, mówiąca, gdzie należy szukać brakującego fragmentu mapy, naprawdę jest ukryta w samym moście, co?

Roberto wzruszył ramionami.
- Podejrzewam, że „pomiędzy" może się odnosić do zaprawy murarskiej między blokami kamienia podtrzymującymi most - wtrącił Jeff. - Ale co znaczy „Ponad wodą, za ręką architekta"?
- Jest tylko jeden sposób, żeby się dowiedzieć - powiedział Roberto, wstając.

O drugiej w nocy brzegi Canal Grande wokół Rialto były niemal ciche. Zbliżający się łodzią wiosłową do mostu Jeff, Roberto i Edie dojrzeli samotnego pijaka, który zataczając się, zapewne wracał do domu. Za mostem, wzdłuż kanału płonęły światła w oknach i z daleka dobiegał niewyraźny puls gitary basowej, przenikając noc.

Roberto wolno sterował wzdłuż kanału. Ruch zupełnie ustał, *vaporetti* zacumowały na noc. Powoli wpłynęli pod most i Jeff pomógł Robertowi skierować się do miejsca, w którym mokre kamienie dotykały wody. Anglik przejął ster łódki. Roberto uniósł potężną latarkę i wraz z Edie uważanie lustrował mury. Ich oczom ukazały się popękane kamienie, stare haki i zardzewiałe łańcuchy, ale nie dostrzegli niczego w kształcie ręki ani żadnego innego śladu po człowieku, który ponad cztery wieki temu zbudował ten most.

Jeff zawrócił i pracując wiosłami, przewiózł ich na drugą stronę kanału. W mroku nocy nad ich głowami wyrósł kamienny łuk. W jednej trzeciej odległości od południowo-wschodniej krawędzi mostu znaleźli to, czego szukali. Małą mosiężną tabliczkę o wymiarach nie przekraczających kilkunastu centymetrów kwadratowych. Był na niej jeden prosty obrazek. Odwrócona wnętrzem do góry dłoń.

Jeff przytrzymał łódź, chwytając się wielkiego żelaznego pierścienia, który miał przed nosem, a Roberto uniósł latarkę na wysokość tabliczki.

– Ręka architekta – powiedziała Edie.

– Fascynujące. Wcześniej nigdy nie zwróciłem na to uwagi, a musiałem przepłynąć pod tym mostem tysiąc razy.

– Ale nie rozumiem, co z tego dla nas wynika – rzekł Jeff. – Jest osadzona w kamieniu. Nie za bardzo możemy rozłupać Rialto, prawda?

– Nie – westchnął Roberto.

– Więc co teraz? – Edie powstrzymała ziewnięcie.

– Dziś nic więcej nie zrobimy. Odsapnijmy nieco. Musimy się z tym przespać. Mam wrażenie, że trochę refleksji w pozycji horyzontalnej pomoże nam rozwiązać tę zagadkę. Podrzucę was z powrotem do Jeffa.

# ROZDZIAŁ 11

„The Times", czerwiec 2003 roku

Dziś niewiele pozostało z pokoju nr 16 skarbca Sotheby's, mieszczącego się sześć stóp poniżej londyńskiej siedziby firmy. Pożar, który wczoraj zniszczył zbiory niemal bezcennych dokumentów, w części datowanych na czternasty i piętnasty wiek, podobno spowodowało zwarcie w obwodach elektrycznych układów zabezpieczających pomieszczenia. Rzecznik prasowy Sotheby's oświadczył: „To tragiczna strata. Wielu przechowywanych dokumentów nie da się odtworzyć. Pokój szesnasty był skarbcem, w którym składowano przedmioty przeznaczone na aukcje i fotografowano oraz katalogowano na twardych dyskach dokumenty".

Uważa się, że ubezpieczyciele będą zobowiązani wypłacić Sotheby's wiele milionów funtów odszkodowań. Wygląda na to, że najbardziej należy żałować zniszczenia wyjątkowego zbioru renesansowych manuskryptów pisanych ręką wybitnego członka humanistycznego ruchu, powiązanego z florencką rodziną Medyceuszy. Z raportów wynika, że w chwili wybuchu pożaru eksperci Sotheby's ustalali autentyczność dokumentów. Dziś niezależni biegli oceniają wartość całej kolekcji na ponad pięć milionów funtów.

# ROZDZIAŁ 12

Londyn, czerwiec 2003 roku

Zbliżała się siódma wieczór i Sean Clifton myślał o wcześniejszym spotkaniu z agentem nieruchomości, podczas którego zakończył negocjacje zakupu wiejskiej rezydencji w pobliżu Sevenoaks, w hrabstwie Kent. Wychodząc ze stacji metra Highgate, z przyjemnością zauważył, że czeka go już tylko kilka podróży tą trasą. Niebawem będzie mógł się pożegnać ze swoim marnym, wynajmowanym mieszkankiem tuż przy High Street.

Godzina szczytu minęła i na ulicę powracał spokój; zamykano większość sklepów. Zapłonęły latarnie, rozpadało się i wycieraczki samochodów zaczęły akcentować miejski rytm. Ale Sean Clifton ledwo zwracał uwagę na otoczenie. W wyobraźni był już panem rezydencji z ośmioma sypialniami, sączącym gin z tonikiem w eleganckim salonie z widokiem na idealnie przystrzyżone rozległe trawniki.

Skręcił z High Street na cichsze ulice. Deszcz się wzmógł. Clifton przyspieszył kroku, przeszedł na drugą stronę ulicy. Miał opuszczoną głowę, podniesiony kołnierz. Potem skręcił w prawo. Przed nim nie było nikogo, tylko oddalająca się po drugiej stronie para młodych ludzi. Nawet nie przystanął, by się rozglądnąć, od razu wszedł na jezdnię.

Od krawężnika ruszył srebrny lexus.

Clifton doszedł do osi jezdni i odwróciwszy się, zdążył

dostrzec dwóch mężczyzn w samochodzie, mocne ręce kierowcy, sygnet na wielkim palcu prawej.

Samochód uderzył w niego i wyrzucił w powietrze. Clifton wylądował na masce, wpadł pod koła i samochód pojechał dalej, miażdżąc go. Z ust mężczyzny uleciało ciche westchnienie i zmarł na zimnym, mokrym asfalcie.

# ROZDZIAŁ 13

Londyn, obecnie

Luc Fournier siedział w apartamencie niegdyś będącym własnością Rockefellerów, którzy niemal wiek temu sfinansowali budowę tego wychodzącego na Green Park budynku w stylu Beaux Arts. Teraz cały był częścią ocenianego na wiele miliardów funtów portfela nieruchomości Fourniera.

Niewiele wiedziano o przeszłości tego człowieka; żył w cieniu, ale rozkoszował się najświetniejszymi darami, jakie świat miał do zaoferowania. Podróżując prywatnym odrzutowcem między swoimi domami na pięciu kontynentach, rzadko był widywany publicznie, a nawet wtedy niewielu ludzi wiedziało, kogo oglądają.

Powoli mieszając miętową herbatę, rozsiadł się wygodnie w zaprojektowanym przez George'a Newtona fotelu i spojrzał na rząd okien, które miał zaraz po swojej lewej ręce. Za nimi rozciągał się widowiskowy pejzaż; przypominający sukno bilardowego stołu Green Park, a dalej Buckingham Palace, The Mall i St James. Na ścianie za plecami gospodarza wisiał jego ulubiony de Kooning, kłębowisko żółci, oranżów i turkusów. Fournier miał słabość do tego dzieła, gdyż uważał, że przedstawia świat, który kotłuje się poza jego hermetyczną kapsułą, którą dla siebie stworzył.

Niebawem dobiegnie siedemdziesiątki. Nie czuł tego

i wiedział, że dzięki rygorystycznemu programowi ćwiczeń i żelaznej diecie, których trzymał się skrupulatnie od trzydziestego roku życia, wygląda dwadzieścia lat młodziej. To prawda, urodził się w bogatej rodzinie, ale zadbał o to, by jego spadek pomnożył się stokrotnie, a jednocześnie czuł, że ogromnie przysłużył się światu. Luc Fournier uważał się za wojownika albo kogoś jeszcze lepszego, przywódcę wojowników, *spiritus movens* ważnych wydarzeń.

Pociągnął łyk herbaty i wrócił pamięcią do swoich licznych sukcesów i rzadkich klęsk. Działał w wybranej dziedzinie życia już od czterdziestu pięciu lat. Wykorzystując swoją inteligencję, wrodzone umiejętności oraz z czasem rozwiniętą ogromną, tajną sieć kontaktów, dostarczał broń i wszelkie pokrewne, służące eliminacji żywych celów produkty każdej antyzachodniej grupie, którą było stać na ich zakup. Pewien procent zysków był zarezerwowany na utrzymanie wystawnego stylu życia, ale część wpływów z każdej zrealizowanej umowy była wykorzystywana na finansowanie hobby, które trafniej można by nazwać obsesją: utrzymanie i wzbogacanie zbiorów dzieł sztuki pochodzących z wczesnego renesansu. Uroda tak zorganizowanej egzystencji polegała na tym, że każdy jej wycinek przynosił mu nagrody. Za zarabiane pieniądze mógł kupować to, czego najbardziej pożądał, i zarazem niszczył to, czego najbardziej nienawidził – świat współczesnego Zachodu.

Nienawiść Luca Fourniera wobec stworzonego przez Zachód dwudziestego pierwszego stulecia nie rozpłynęła się z wiekiem. Bez względu na to, ile wysiłku wkładał w odizolowanie się od świata, każdy nowy McDonald sprawiał mu fizyczny ból. Za każdym razem, gdy przypadkowo usłyszał urywek jakiegoś upiornego współczesnego hitu, żołądek się mu wywracał. Budowla, którą stworzył Zachód, zdaniem Fourniera była morderczym rakiem rozprzestrzeniającym się w niegdyś czystym i szlachetnym ciele, nadającym mu nowe i coraz to bardziej odpychające kształty. Jedno z jego najdobitniej zapamiętanych i najbardziej hołubionych wspomnień wiązało się z dniem, w którym dwa pasażerskie odrzutowce wbiły się w bliźniacze drapacze chmur. Oczywiście wiedział wcześniej o całej akcji, ale rozkosz i zachwyt na widok zniszczenia tamtych symboli wszystkiego, czego nie cierpiał, była niezrównana i nieporównywalna.

Jego kariera rozpoczęła się na początku lat sześćdziesiątych dwudziestego wieku. Jednym z jego pierwszych zleceń było dostarczanie amunicji Wietkongowi. W owym okresie maczał też palce w sprzedaży strategicznych informacji, ale to były prostsze czasy. Z zysków czerpanych na początku tamtej wojny sfinansował operację odzyskania dziennika Kosmy Medyceusza z kaplicy we Florencji. Ale mimo wszelkich wysiłków i wsparcia zespołu ekspertów utracił obiekt pożądania. Dureń, który w trakcie powodzi znalazł dziennik, złamał pieczęć i cenna zawartość rozpadła się w proch.

Zachodnim potęgom nigdy nie brakowało wrogów i w konsekwencji Fournierowi nigdy nie brakowało zleceń. Zarobił setki milionów na Contras, latynoskich dyktatorach, Hawanie, Moskwie i ostatnio „nowych" grupach terrorystycznych z Bliskiego Wschodu. Kilka lat temu dowiedział się o największym skarbie, jaki mógł sobie wymarzyć. Pewien z jego wielu informatorów przekazał mu wiadomość o bezcennym dokumencie sporządzonym przez Niccolò Niccolego, bliskiego przyjaciela Kosmy Medyceusza. Następnie dotarły do niego jeszcze niezwyklejsze rewelacje: rzeczony dokument miał opisywać zupełnie niewyobrażalne rzeczy, rozwiązania wielkich zagadek, znaczące tajemnice. Niebawem stał się jego własnością.

Odstawił na szklany blat filiżankę, sięgnął po pilota i wcisnął dwa guziki. W chwilę potem na wielkim plazmowym ekranie pojawiły się zdjęcia dokumentu Niccolego. Karty były wystrzępione, częściowo porwane, ale zachowały się w zaskakująco dobrym stanie. Fournier kazał je wszystkie sfotografować i umieścić cyfrowe wizerunki na napędzie, do którego tylko on miał dostęp. Przeglądał stronę po stronie, kolejny raz zagłębiając się w ulubione fragmenty.

Po dłuższej chwili doszedł do ostatniej części, która zawsze dostarczała mu największej podniety. Przeczytał tę stronę tyle razy, że znał ją prawie na pamięć. I teraz, gdy niemal setny raz przesuwał po niej wzrokiem, znów miał dziwne wrażenie, niemal déjà vu, że gdzieś, kiedyś się na nią natknął. Ale jak zawsze zrozumienie leżało tuż poza zasięgiem jego możliwości.

# ROZDZIAŁ 14

Florencja, 9 maja 1410 roku

Była trzecia godzina po zachodzie słońca, gdy dwaj mężczyźni spotkali się po wschodniej stronie Florencji, przy bramie San Miniato. Kosma przyjechał na myszatym wałachu. Towarzyszyło mu trzech konnych, otulonych w opończe z kapturami, chroniące przed niezwykłym jak na tę porę roku chłodem. Niccolò Niccoli przybył sam, na siwej klaczy. Dbając o dyskrecję, zrezygnował z ulubionej czerwonej togi. Miał na sobie zielony płaszcz i nijaką czarną czapkę. Minęło sześć dni od brzemiennego w skutki zgromadzenia Ligi Humanistów i przez ten czas Niccolò oraz Kosma zorganizowali wszystko w tajemnicy, szykując się do podróży, która ich teraz czekała.

– Udamy się do Fiesole i tam zatrzymamy na noc – powiedział Niccoli. – To tylko trzy mile stąd, ale dzięki temu niebawem się przekonamy, czy nie szpiegują nas żadne nieprzyjazne oczy.

Ruszył za bramę, drogą obiegającą mury miasta. Kiedy zostawili je za sobą, skierowali się szerokim gościńcem na północnywschód, mijając rozległe gęste lasy.

Droga była pusta, ale podróż zawsze groziła niebezpieczeństwami. Rzezimieszki i bandyci bez umiaru łupili nieostrożny miejski ludek, kiedy ten wypuszczał się za mury. Bez wyrzutów sumienia podrzynali gardła dla kilku monet, często obdzierając trupy do naga, żeby jeszcze trochę zarobić.

Ale ta grupka podróżnych była na tyle liczna, że nie bała się byle garstki rozbójników, a w Niccolim miała przewodnika, który nie tylko nosił miecz nie od parady, ale również zdawał się posiadać szósty zmysł rozpoznawania niebezpieczeństwa. Miał instynkt tropiciela i nos, którym z dala potrafił wyczuć zagrożenie.

Wystarczyła im tylko godzina, by dotrzeć do Fiesole, niewielkiego miasta, które parę wieków temu przeszło na własność Florencji. Jeszcze bardziej się oziębiło i nastała noc. Na dodatek zaczął padać deszcz. Miasto wyglądało na wymarłe. Kiedy dotarli do bramy, spotkała ich pierwsza niespodzianka. Strażnik nie chciał podnieść kraty i rozmawiał jedynie przez zamkniętą dębową bramę.

– Co was tu ściąga o tej porze?! – wrzasnął.

– Podróżujemy w interesach. Z Florencji.

– W jakich interesach?

– To wyłącznie nasza sprawa – odparł Kosma.

– Dziś w nocy nie wjedziecie za mury miasta. Słyszeliśmy o zarazie nie dalej niż godzina jazdy stąd. Rozkazano mi zawrzeć wrota i nikogo nie wpuszczać.

– Jesteśmy kupcami z miasta. Nic nam nie dolega. Nie przynosimy niczego złego.

– Rozkaz to rozkaz – zahuczał głos, silny i zdecydowany.

Kosma odwrócił się do Niccolego.

– Co teraz?

– Moglibyśmy pojechać do Borgo San Lorenzo. Dotarlibyśmy przed świtem. Ale to niepomyślny początek.

– Strażnik się nie ugnie.

– Racja.

– A może do starego amfiteatru? – zaproponował Kosma. – Pamiętam, że pod audytorium jest wiele pomieszczeń. Tam będzie sucho i bezpiecznie.

Po niedługiej jeździe na tle nocnego nieba ukazały się ostre zarysy budowli.

Zatoczywszy łuk od wschodu, dotarli blisko miejsca, w którym niegdyś odbywały się pokazy. Wyglądało na zupełnie opuszczone i ciche jak grób. Przemoknięci nieustępliwym deszczem zeszli z siodeł i przywiązali konie. Kosma wskazał drogę do półokrągłego audytorium.

Była to niegdyś wspaniała budowla, wzniesiona ponad tysiąc lat wcześniej, gdy Rzym cieszył się pełnią chwały. Cesarze i arystokraci dawali przykład publiczności, gdy przychodziła pora na entuzjastyczny aplauz po tym, jak bogowie pobłogosławili występ. Kosma odwiedzał ten zabytek, będąc dzieckiem, i bobrował w przypominających jaskinie komorach leżących pod kamiennymi stopniami audytorium. To tam się przebierano, tam oczekiwali występu treserzy lwów i małp, tam spali obsługujący amfiteatr niewolnicy, wprawiający w ruch wielkie mechanizmy, pozwalające zmieniać dekoracje i uzyskiwać niezwykłe efekty. Był to labirynt pomieszczeń i korytarzy, teraz nagi i martwy, ale przy odrobinie wyobraźni wciąż słyszało się głosy sprzed tysiąca lat, wrzaski zachwytu tysięcy zebranych na kamiennych stopniach audytorium i jęki wyczerpania niewolników. Nieco więcej wyobraźni i czuło się smród zwierząt i obrzydliwy fetor krwi.

Kosma pchnął skrzypiące drzwi i znaleźli się w szerokim korytarzu. Po obu stronach były niewielkie ciemne izby. Zapalił zwisającą na kiju latarnię i podał ją Niccolemu. Szczury uciekały w cienie, poza otaczający podróżnych krąg światła.

– No cóż, może to nie takie wygody, do których przywykłeś, Niccolò – zażartował Kosma. – Ale przynajmniej jest sucho.

Służących odesłano do koni. Mieli nakarmić zwierzęta, przynieść posłania i okrycia. Dwaj objęli pierwszą straż, podczas gdy reszta towarzystwa umościła się na kamiennej posadzce. Znaleziono i zapalono starą ścienną latarnię, wsadziwszy do niej namoczoną olejem szmatę.

Kosma nie miał pojęcia, jaka może być pora, gdy obudziły go wrzaski z korytarza. Potem usłyszał przy uchu szept stali. To Niccolò jednym płynnym ruchem wyjął z pochwy swoje ostrze i zerwał się na nogi. W mętnym, brązowawym świetle latarni początkowo niewiele widzieli. Nagle rozległo się ciężkie sapanie i w drzwiach pojawiła się zbielała twarz. Wrócił jeden z trzymających straż.

– Wilki...! – zaskrzeczał i padł na brzuch, wijąc się z bólu. Kosma i Niccolò przyklękli przy nim; tunika na plecach mężczyzny była poszarpana i zakrwawiona, odsłaniając poszarpane ciało.

Zanim dopadli drzwi, wyrosły w nich dwa czarne kształty. Kosma dojrzał błysk kłów i wywalony czerwony jęzor. Niccoli zareagował z oślepiającą prędkością. Rozległ się świst hartowanej stali i mdlący chlupot, gdy znalazł i szeroko rozciął gardło zwierzęcia. Wyciągnął z zewłoka miecz i rozorał pysk drugiemu wilkowi, wbijając ostrze tak głęboko, że wyszło karkiem.

Kosma już dobył broni i ruszył za Niccolim.

– Zostańcie tutaj! – krzyknął bezbronnym sługom. – Zawrzyjcie drzwi.

Niccoli porwał z uchwytu pochodnię i ruszył krętym korytarzem na dwór. Bezszelestnie stawiał kroki, przyciskając plecy do zimnej kamiennej ściany. Wyjrzał za róg i skoczył przed siebie.

Drugi ze strażujących sług już skonał i leżał rozciągnięty na wznak. Jego ramię leżało obok, na wpół pożarte. Wilk miażdżył kłami twarz trupa. Słysząc kroki, poderwał łeb. Miał żółte ślepia, sklejoną krwią sierść; z boku pyska, od ślepia do dolnej szczęki, biegła blizna. Zadzierając łeb, wydał mrożące krew w żyłach wycie i kolejne dwa osobniki wyskoczyły zza kolumn.

– Plecami do siebie! – ryknął Niccoli. – Już!

Kosma natychmiast posłuchał. Niccoli wyciągnął przed

siebie pochodnię i zatoczył w powietrzu wielki pomarańczowy łuk. W drugiej ręce rozbłysło ostrze.

Pierwsza zaatakowała bestia, która pożerała trupa sługi. Nie bacząc na blask pochodni, rzuciła się prosto do gardła Niccola. Ledwo oderwała tylne łapy od podłoża, gdy miecz spadł jej na łeb, tnąc czaszkę na zgrabne połówki. Wilk padł trupem, wielkie łapy rozjechały się na kamieniach.

Jednego z pozostałych wilków trafiło szerokie cięcie Kosmy. Ostrze rozorało lewe ślepie i zaryło się głęboko w pysku. Zwierzę padło na kamienie w drgawkach; Kosma podskoczył do niego i odciął mu łeb.

Nagle zaatakował go trzeci wilk, jeden z pary, która wyłoniła się z bliższej wyjścia izby. Niccoli odwrócił się w samą porę. Zobaczył błysk białych kłów i sunący w powietrzu potężny czarny kształt. Usłyszał pełen bólu krzyk Kosmy. Poderwał miecz nad głowę i ciął z idealną dokładnością, odrąbując stworzeniu łeb.

Kosma opadł na kolano. Krew płynęła mu z ramienia, pot ściekał z policzków. Niccolò rozerwał do końca rękaw koszuli przyjaciela, oderwał kawałek własnej tuniki i obandażował ranę.

– Nie jest głęboka. Szczęściarz z ciebie – powiedział, pomagając Kosmie wstać. – Zbierz sługi. Przypilnuję tuneli.

W chwilę potem Kosma wrócił z przerażonymi służącymi i bagażami. Niccoli ruszył pierwszy, machając przed sobą płonącą pochodnią.

Trzy konie zostały zagryzione przez bestie, a dwa pozostałe uciekły, ale niebawem je znaleźli i uspokoili. Ramię Kosmy przestało krwawić, sługę jako tako też opatrzono, a że żaden z wędrowców nie wierzył, iż strażnik w Fiesole ulegnie ich kolejnym prośbom i uchyli bramy miasta, zdecydowali, że ruszą do Borgo San Lorenzo, gdzie Kosma mógłby się oddać w ręce medyka i mogliby rozważyć, co dalej.

Znużeni dosiedli koni, które oprócz swych panów musiały teraz dźwigać sługi, i wrócili na główny szlak, prowadzący ku północy, kontynuując wyprawę w nieznane.

Wstawał świt, gdy zbliżyli się do niewielkiego miasteczka Borgo San Lorenzo. Bez kłopotu dostali się za mury, za którymi zabawili tylko tyle czasu, ile było potrzeba, by oczyścić i właściwie obandażować ramię Kosmy, a zaopatrzeni w mieszek słudzy mogli znaleźć nowe konie. Miejski ludek nie rozpoczął jeszcze swych dziennych spraw, gdy jeźdźcy wrócili na drogę, kierując się na północny wschód.

Podążyli dalej krętym szlakiem, który przecinał granice Toskanii i prowadził do Emilii-Romanii. Kosma jechał w dziwnym uniesieniu. Nie gnębiły go wyrzuty sumienia, mimo że jakby nigdy nic pozbył się obowiązków i porzucił rolę oddanego syna. Podróż i wizja przygody napawały go zachwytem i dreszczem emocji. Wspominał całodzienne łowy, często z sokołami, w lasach otaczających Florencję, podczas których towarzyszyli mu Niccolò i Ambrogio.

Był upał, słońce oślepiało z czystego lazuru nieba. Kilka mil za Borgo San Lorenzo droga zaczęła się wznosić ku wzgórzom. Szlak bywał niebezpieczny, co rusz z obu stron opadały głębokie przepaście. Dzień miał się ku końcowi i cienie się wydłużały, gdy ujrzeli Brisighellę, rozłożone na trzech wysokich wzgórzach miasto. Wieżyczki wyrastały nad wierzchołkami drzew jak poczerniałe kości ogromnego potwora, który padł i sczezł w jakiejś zamierzchłej epoce.

Gdy dotarli do gospody na krawędzi miasta, byli wyczerpani. Wszystkich umieszczono w jednym pokoju. Panowie otrzymali sienniki, sługom przyszło zlec na kamiennej podłodze. Kosma i Niccoli zdecydowali, że zanim udadzą się na spoczynek, rozprostują nogi i zaczerpną świeżego powietrza.

Brisighella była małym, ale nieźle prosperującym miasteczkiem, które szczególnie dobrze radziło sobie w niedawnych niespokojnych czasach. Stulecie wcześniej miejscowy dziedzic zbudował na południowym szczycie donżon i wokół niego rozrosło się miasto. Na kolejnym wierzchołku postawiono fortecę, podczas gdy wschodni szczyt był domem maryjnego sanktuarium. Kręciło się niewielu ludzi i gdy dwaj mężczyźni przecięli rynek i ruszyli ku uroczej, zabudowanej domami z krużgankami uliczce, via degli Asini, okazało się, że towarzystwa dotrzymuje im jedynie echo własnych kroków. Na bezchmurnym niebie wisiał jasny księżyc.

– Jak się czujesz, Kosi? – spytał Niccoli, gdy powoli kroczyli nierówną nawierzchnią, mając nad sobą kamienne daszki krużganków.

Kosma odwrócił się, oceniając w blasku miesiąca twarz przyjaciela.

– Czemu pytasz?

– Ja niczego za sobą nie zostawiłem. Ale ty…

– To był mój pomysł, pamiętasz, Niccolò? – Przerwał, przyglądając się młodej matce, zaganiającej do domu dziecko. – Dla mojego ojca liczą się tylko pieniądze i handel. Nie dla mnie. Ale może chodzi o coś głębszego. Może potrzeba rozwiązania tej tajemnicy jest sposobem, dzięki któremu zdołam pokonać śmierć.

– Zdobywanie wiedzy to szlachetna pobudka, ale nikt nie zdoła uniknąć nieuniknionego.

– Może nie. Ale to jak miłość. Moja miłość do Contessiny to mój sposób na postawienie się śmierci. Wiem, że któregoś dnia wszyscy musimy obrócić się w pył, że ci, którzy nas kochają, porzucą nas i zapomną. Umrą, tak jak my umrzemy. Ale kochając, dotrzymujmy pola czemuś, co nas przerasta. Poszukiwanie wiedzy, rozwikływanie tajemnicy jest tym samym, pozwala mi powiedzieć: jestem człowiekiem, jestem coś wart na tym świecie.

– To mi brzmi bluźnierczo.
– Może bluźnię, ale chciałeś wiedzieć, co czuję, to masz wyjaśnienie.

Postanowili wrócić do gospody urokliwą uliczką, gdy usłyszeli za sobą kroki. Odwrócili się i ujrzeli nadchodzącego żwawo młodzieńca. Był przyodziany w skórzaną kamizelę i jeździeckie buty. Na lewej piersi miał herb Medyceuszy. Kosma westchnął.

Młodzieniec nieznacznie się skłonił i wyciągnął rękę, w której trzymał zwój.

– Witajcie, panie. Jestem kapitan Vincenzo Oratore, dowódca straży twego rodzica. Proszę o wybaczenie, że niepokoję o tej porze. Na polecenie twego ojca odbyłem długą i ciężką jazdę z Florencji. Mój pan przesyła ci tę wiadomość. Żąda natychmiastowej odpowiedzi.

Kosma przełamał pieczęć i odczytał list.

> Mój synu. Jestem głęboko zasmucony Twoimi czynami.
>
> Najpierw postanowiłeś się oddalić, ulegając swym zachciankom, ale co gorsze, nie uznałeś za konieczne porozmawiać ze mną o swej decyzji. Twoja matka i ja wielce się niepokoimy o Twe bezpieczeństwo. Jeśli powrócisz do domu, zapomnę, że ten wybryk w ogóle miał miejsce. Przez wzgląd na Twą matkę, proszę, nie zawiedź nas.

Wspierając się o kamienną ścianę domu, Kosma spojrzał nad wierzchołki oliwnych gajów, cienie w mroku. Niebo było pełne gwiazd. Wpatrzony w łuk firmamentu Florentczyk nagle przypomniał sobie niegdyś czytany tekst, heretycki fragment, niewątpliwie dzieło szaleńca. Autor mówił o nieskończoności, o rozciągającej się w bezkresie przestrzeni, o tym, że gwiazdy są słońcami, jak Słońce nad Ziemią, słońcami tak odległymi, że ludziom wydają się jedynie punkcikami światła w bezbrzeżnym, nieskończonym wszechświecie. Ta myśl budziła w nim perwersyjną przyjemność. Chciał być małą rybką w wielkim stawie, który pozwalał mu rosnąć. Odwrócił się do kapitana Oratorego, dokładnie wiedząc, jaką odpowiedź pośle ojcu.

# ROZDZIAŁ 15

Wenecja, obecnie

Edie i Jeff jedli późne obfite śniadanie w mieszkaniu Jeffa. Maria miała dzień wolny, Rose od rana odmawiała wyjścia ze swojego pokoju. Jeff prawie jej nie widział od powrotu z *palazzo* Roberta. Gdy kończyli posiłek, rozległ się dźwięk telefonu.

– Rano uświadomiłem sobie – zakomunikował bez wstępu Roberto – że należałoby trochę poszerzyć nasze horyzonty. Bez względu na to, kto zabił Antonia i próbował nas porwać, jest na tym samym tropie co my. Musimy spojrzeć na nasze sprawy z nowej perspektywy. Może tego faceta, który wpadł do ciebie…?

– Masz na myśli Maria Sporaniego? Zapomniałem o nim, a obiecałem, że zadzwonię. Zatrzymał się w hotelu Becher.

Na dźwięk nazwiska Sporani Edie podniosła głowę i pytająco spojrzała na Jeffa.

– Spotkamy się tam?

– Nie, tego przedpołudnia naprawdę nie mogę, Roberto. Obiecałem Rose…

– Oczywiście, nie ma sprawy, Jeff, nie chcę wkraczać między ojca i córkę. Czy Edie jest na nogach?

– Tak. Daję ją.

– Cześć.

– Dzień dobry. Mam nadzieję, że odpoczęłaś?

Roześmiała się.

– Spałam jak umarli z San Michele.

– Mało brakowało, a zostalibyśmy tam na dobre – rzekł Roberto. – Więc co cię bardziej bawi? Włóczenie się po muzeach i galeriach z Jeffem czy tropienie śladów ze mną? Plus lunch u Grittiego w trakcie, kiedy będziemy mieli dość roboty detektywistycznej.

– Muszę to rozważyć – powiedziała Edie i zrobiła paskudną minę pod adresem Jeffa, który wywrócił oczami.

Nastrój, jaki Rose demonstrowała wczorajszego popołudnia, się nie poprawił. Kiedy szli przez Piazza San Marco, Jeff czuł ciężar jej milczącej urazy, ale nie miał pojęcia, jak skłonić córkę do mówienia. Pierwszy przystanek mieli przy bazylice, kawałeczek od domu. Rose już ją kiedyś zwiedzała, ale w zbyt młodym wieku, aby w pełni docenić zabytek. Teraz sprawy miały się inaczej. Można powiedzieć, że w ciągu ostatnich dwóch lat dojrzała o dziesięć i nie po raz pierwszy Jeff skrzywił się na myśl o tym, jak zaszkodził jej przepełniony żółcią rozwód rodziców. Przyglądając się jej, gdy ponurym wzrokiem prześlizgiwała się po sarkofagach i wspaniałej kopule, zaczął sobie uświadamiać, co mogło ją przyprawić o zły nastrój. Czuła się znakomicie, dopóki nie pokazała się Edie, ale to niemożliwe, by podejrzewała, że... Gładko przyjął, że córka ma się świetnie, że poradziła sobie bez problemu z traumatycznymi przeżyciami ostatnich lat, ale jak było naprawdę? Każdy krył w sobie jakiś ból, którego nie ujawniał światu. Czemu Rose miałaby być inna?

Obejrzeli kamienną sztukaterię ołtarza i wspaniałe mozaiki, opisujące, jak w dziewiątym wieku weneccy kupcy wykradli z Aleksandrii ciało świętego Marka i przewieźli je do swego miasta.

– Tę bazylikę wzniesiono specjalnie w tym celu, aby

przechować w niej kości świętego – powiedział Jeff, starając się pobudzić ciekawość Rose.

Wzruszyła ramionami.

– Co takiego wyjątkowego w kupie starych kości?

Jeff się uśmiechnął.

– No, wiem, o co ci chodzi. Nam wydaje się to zwariowane, ale tysiąc lat temu ludzie przywiązywali wielką wagę do takich rzeczy.

– A tak w ogóle to nie mam pojęcia, skąd oni mogli wiedzieć, czy to naprawdę kości świętego Marka.

– Hm, tak naprawdę to nie wiedzieli, ale chcieli w to wierzyć. Poza tym nie dało się udowodnić, że jest inaczej, no nie?

Znów wzruszyła ramionami.

– Większość relikwii to podróby – ciągnął ojciec. – Nie dość tego, kości świętych i błogosławionych były przedmiotem niesamowitego handlu. W Bizancjum były aukcje tego towaru. Taki eBay pierwszego tysiąclecia.

Uśmiechnęła się bez przekonania.

Jeff westchnął.

– Chodź. Chyba powinniśmy pogadać.

Idąc za wychodzącym z bazyliki tłumem, skręcili w prawo, a uszedłszy w labirynt ulic na północ od San Marco, mijali drogie butiki, ale i sklepiki z pamiątkami oraz masowo produkowanymi na Murano świecidełkami. Potem cofnęli się ku Riva degli Schiavoni, nabrzeżu laguny przy Palazzo Ducale. Dotarłszy do wody, usiedli na wysokim murze. Fale chlupotały u ich stóp, gdy przyglądali się gondolom. Kołysały się wraz z przypływem.

– Dobra – łagodnie zagaił Jeff. – Więc powiesz mi, o co w tym wszystkim chodzi?

– Jakim wszystkim?

– Rose, proszę.

Nagle podniosła wzrok.

– O tę kobietę.

Jeff był zdezorientowany.

– Twoją kochankę, Edie – wyjaśniła.

– Kochankę? A, więc to jest powód.

– Och, tato, proszę, nie obrażaj mojej inteligencji. Wiem wszystko o niej i o tobie. Wiedziałam o tym od dawna.

Jeff potrząsnął głową i się uśmiechnął.

– Nie traktuj mnie z góry! – gniewnie wykrzyknęła Rose.

– Rose, przestań, po prostu przestań. Masz całkiem mylne wyobrażenie na ten temat. – Złapał ją za ramiona i odwróciła się do niego. Wściekłość wykrzywiła jej twarz.

– Och, naprawdę?

– Tak, naprawdę. Edie i mnie łączy przyjaźń. I nigdy nic więcej.

– Nie to słyszałam.

– Od kogo? Ach, rozumiem...

– Powiedziała mi wszystko.

– Słuchaj, wszystko, co powiedziała ci matka, to zwykła nieprawda.

– Powiedziała mi, że rozbiłeś małżeństwo, że miałeś romans z Edie.

Jeff nie wiedział, co na to odpowiedzieć. Po prostu patrzył na córkę i nagle z absolutną pewnością zdał sobie sprawę, że została wyprowadzona w pole.

– Och, tatusiu – szepnęła i wyciągnęła ku niemu ręce.

Jeff mocno ją przytulił i na moment został przeniesiony w czas, w którym Rose była brzdącem, popłakującym na jego ramieniu po upadku z rowerku lub po tym, jak wystraszył ją pies sąsiadów. Odsunął się i popatrzył na jej twarz, wielkie zapłakane oczy i spuchnięte wargi. Czuł niewiarygodną złość, wściekłość na tę oszukańczą sukę, która kiedyś była jego żoną. Ta kobieta była całkowicie pozbawiona skrupułów. Okłamywała i oszukiwała podczas ich związku, a teraz... Ale musiał zdusić gorycz, przynajmniej teraz. Objął ramieniem Rose i przez chwilę siedzieli w milczeniu, przyglądając się *vaporetti*.

– Czemu mama miałaby tak kłamać? – spytała Rose.

Na to pytanie nie dało się odpowiedzieć. Jeff popatrzył na córkę i z głębokim namysłem, starannie dobierając słowa, rzekł:

– Cóż, sądzę, że nie potrafiła sobie poradzić z poczuciem winy. Wszyscy jesteśmy ludźmi, Rose. Twoja matka i ja żyliśmy pod wielką presją. To było bolesne dla nas i bolesne dla ciebie. Może uznała, że to najłatwiejszy sposób. Naprawdę nie wiem... – Umilkł.

– Czemu ty i mama w ogóle musieliście ze sobą zerwać?

Jeff wziął głęboki wdech.

– Musisz zrozumieć, że bardzo ciężko jest poradzić sobie z niewiernością. Po czymś takim związek nigdy nie będzie, jaki był. – Spojrzał na nią przenikliwie. – Czy wszystko w porządku? Mam na myśli w domu?

– Z mamą? No, oczywiście. Ale... hm... nie jest tak jak dawniej.

– Pewnie nie. Przykro mi, kochanie.

Znów zamilkli. W końcu Rose spytała:

– Tęsknisz za nią?

– Tęsknię za tym, co było dawniej. Nie za wszystkim, ale tęsknię. Jak ty.

– Niezbyt przepadam za Caspianem.

– Hm?

– Chce mi rozkazywać. Uważa się za mojego ojca. – Wbiła spojrzenie w wodę.

– No cóż, teraz jest kimś w rodzaju ojczyma i na pewno twoje dobro mocno mu leży na sercu.

– Ale jednak czasem było nam fajnie, co, tato? Uwielbiałam przyjeżdżać tu na długie weekendy i wakacje. Z tobą i z mamą. Razem odbieraliście mnie ze szkoły i jechaliśmy prosto na lotnisko. W takie dni w ogóle nie mogłam się skupić na lekcjach. Po przyjeździe braliśmy wodną taksówkę z Marco Polo, a kiedy przepłynęliśmy lagunę i wyłaniały się zarysy San Marco, myślałam, że serce mi z gardła wyskoczy! – Nie patrzyła na niego, wciąż wbijała wzrok w wodę. W końcu rzekła: – Pamiętasz moją kryjówkę?

– Oczywiście.

Kiedy Rose miała pięć lat, Jeff i Imogen zmienili układ mieszkania przy San Marco. Robotnicy stworzyli „tajny" pokoik, specjalnie dla Rose. Ukryty na końcu mieszkania był dostępny jedynie przez zamaskowane drzwi w najmniejszej sypialni. Uwielbiała to miejsce.

– Nadal tam jest – dodał Jeff. – Zachowam go na zawsze.

Nagle Rose wybuchła łzami i rzuciła się ojcu na szyję. Pozwolił się jej wypłakać i łagodnie gładził ją po włosach.

Po chwili odsunęła się, mocno zawstydzona, chociaż łzy dalej spływały jej po twarzy. Ujął ją za podbródek i pocałował w czoło, otarł wierzchem dłoni łzy.

Uśmiechnęła się z wysiłkiem.

– Dobrze wiem, czego nam teraz trzeba – powiedział Jeff, pomagając córce wstać.

– Czego?

– Największych na świecie lodów. Oblewanych czekoladą i ze wszystkimi dodatkami. I wiem, gdzie je zamówimy.

Właśnie wychodzili z lodziarni, gdy komórka Jeffa zadzwoniła.

– Cześć, Edie – powiedział, widząc numer na wyświetlaczu.

– Jeff. – Miała napięty głos. – Musisz tu przyjść. Jak najszybciej.

– Jestem w mieście z Rose, Edie. Pamiętasz.

– Pamiętam.

– A tak w ogóle, gdzie jesteś?

– W hotelu, w pokoju Maria Sporaniego. Proszę, przyjdź jak najszybciej... sam.

Spojrzał na Rose, która powiedziała bezdźwięcznie:
– W porządku.
– Dobra – rzekł ze znużeniem do telefonu. – Będę tam za kwadrans.

Jeff podrzucił Rose do mieszkania, po czym popędził do hotelu przy Campo San Fantin – taniego, nieprzytulnego i klaustrofobicznego. Frontowe drzwi były uchylone. Przy recepcji mrowiło się od policjantów. Jeden z nich rozmawiał z pracownikiem hotelu, starannie notując w skórzanym notesiku, dwaj przeglądali papiery na półkach na ścianie za kontuarem, kolejny pilnował windy, a ostatni dwaj przechadzali się przed wąskimi schodami. Jeff podszedł do jednego z nich.
– Co się dzieje?
– A pan kto?
– Jeff Martin. Moi przyjaciele zadzwonili do mnie na komórkę, żebyśmy się tu spotkali.
– Obawiam się, że na razie nikt wyżej nie wejdzie.
Jeff miał zaprotestować, gdy z podestu pierwszego piętra zahuczał męski głos:
– Wpuśćcie go!
Jeff pobiegł, przeskakując po dwa stopnie. Aldo Candotti czekał na niego przed drzwiami pokoju numer 6. Otwierały się na wąski ciemny korytarzyk.
– Co się stało? – spytał Jeff.
– Miałem nadzieję, że pan i pańscy przyjaciele moglibyście mnie oświecić w tej sprawie, signor Martin – powiedział Candotti i położywszy dłoń na plecach Jeffa, łagodnie wepchnął go do środka.
Z wąskiego okna, wychodzącego na tyły domu, sączyło się marne światło. Widok praktycznie ograniczał się do szaro tynkowanej ściany, poplamionej wodą z pękniętej rury ściekowej. W pokoju było pełno ludzi. Pod oknem Edie i Roberto rozmawiali z dwoma umundurowanymi

policjantami. Przy wąskim łóżku ustawiono nosze pogotowia ratunkowego. Leżało na nim okryte prześcieradłem ciało. Jeff dostrzegł długie siwe włosy wystające poza krawędź płachty. I postrzępioną linę, która zwisała z wielkiego haka w ścianie nad drzwiami łazienki. Na podłodze przy łóżku leżało przewrócone krzesło.

Jeff poczuł, jak żołądek robi mu kozła. Cofnął się, gdy ratownik medyczny, wyprowadzając wózek, mało nie przejechał mu palców u nóg. Ledwo wykręcił na ciasnym rogu, wjechał do korytarzyka i szybko zniknął na podeście.

Edie wzięła Jeffa za rękę i zaprowadziła go na drugą stronę pokoju. Przelotnie dostrzegł swoje odbicie w lustrze taniej, stojącej przy ścianie toaletce. Skórę miał tak białą, jakby odpłynęła z niej cała krew.

Na podłodze leżały ubrania i papiery. Walizka Sporaniego była przewrócona, całą zawartość szaf wyrzucono. W nogach łóżka leżało mydło. Wzorzysty dywan zaścielały kawałki szkła – rozbitej butelki brandy. Pomieszczenie cuchnęło.

– Przyjmują, że Sporani nie żyje od co najmniej dwudziestu czterech godzin – poinformowała go cicho Edie. – Roberto i ja przyszliśmy się z nim spotkać. Recepcjonista powiedział, że od wczoraj rano nie dawał znaku życia. Przyprowadził nas tu. Kiedy nie było odpowiedzi, otworzył kluczem uniwersalnym. Zaraz wezwaliśmy policję.

Roberto spojrzał ze skupieniem na Candottiego.

– Panie prefekcie, czy ma pan jakieś wyobrażenie, kto mógł to zrobić?

Candotti dał znak funkcjonariuszom, by wyszli. Kiedy opuścili pokój, zaczął się przechadzać między łóżkiem a ścianą, założywszy ręce za plecami.

– Signor Armatovani, Roberto – zagaił. – Zaczynam się martwić o ciebie i twoich przyjaciół. Mam wrażenie, że śmierć depcze wam po piętach. Słyszałem od moich kolegów we Florencji, że doktor Granger mogła być świadkiem morderstwa w kaplicy Medyceuszy.

– Nie byłam świadkiem... – zaczęła Edie, lecz Candotti uniósł rękę.

– Proszę, nikogo nie oskarżam. Po prostu zauważam, że gdziekolwiek się pokażecie, umierają ludzie.

– Ofiarą morderstwa we Florencji był mój wuj.

– Zdaję sobie z tego sprawę.

– Więc do czego pan zmierza? – spytał Roberto z nietypową u niego ostrością.

– Nie mam tylu ludzi, żeby przeprowadzić formalne przesłuchanie ciebie czy twoich przyjaciół – powiedział Candotti – i nie mam dowodów wskazujących na to, że któreś z was jest odpowiedzialne za zgony, które teraz zajmują cały mój czas od świtu do nocy. Znam cię, Roberto, od wielu lat i bardzo dobrze znałem twojego ojca, ale proszę, nie nadużywaj naszej znajomości. Jeśli jest jakiś związek łączący śmierć profesora Mackenziego, twojego pracownika Antonia Chatonniego i Maria Sporaniego, znajdę go i myślę, że byłoby lepiej dla nas wszystkich, gdybyś sam lub twoi przyjaciele – powiódł wzrokiem po Edie i Jeffie – wpierw zdecydowali się mnie odwiedzić. Wiedzą państwo, gdzie mnie znaleźć. – Odwrócił się na pięcie i wyszedł.

Niebawem wrócili funkcjonariusze i wyprowadzili ich na klatkę schodową.

Roberto zajął miejsce przy drewnianym stole, między Jeffem i Edie. Siedzieli w głębi baru Fenice, małej, cichej winiarni usytuowanej w pobliżu hotelu Becher. Podsunął kieliszek czerwonego wina Edie i jedno z dwóch Pinot Grigio Jeffowi.

– Naprawdę nie radziłbym nic mówić Candottiemu – rzekł.

– Boże, ależ skąd – szybko powiedziała Edie. – Może

i jest starym przyjacielem twojej rodziny, Roberto, ale przyprawia mnie o dreszcze.

– Podejrzewam, że Sporani wiedział o tej całej sprawie o wiele więcej, niż mi zdradził – westchnął Jeff i pociągnął łyk wina.

– No, a stan tego pokoju...? – retorycznie spytał Roberto. – Czemu miałby demolować pomieszczenie, zanim się powiesił? Ekipa techniczna Candottiego pewnie znajdzie jakieś sensowne wskazówki na temat tego, co się wydarzyło, ale my się o niczym nie dowiemy, to pewne. Jednakże mamy nad policją drobną przewagę. – Wyjął coś z kieszeni i położył to na stoliku. – Gwizdnąłem to, zanim chłopcy Candottiego dotarli na miejsce.

Na blacie leżało polaroidowe zdjęcie. Był na nim Sporani. Stał w hotelowym pokoju, dziwnym, przypominającym długopis przedmiotem wskazując prostokątną białą kartkę wielkości pocztówki.

Edie klasnęła w dłonie.

– Jak ci się...?

– Kiedy wyszłaś z recepcjonistą i dzwoniłaś do Jeffa, miałem parę minut dla siebie. Włożyłem rękawiczki i zrobiłem szybkie przeszukanie. To było w kieszeni marynarki Sporaniego. Zabójca to przegapił.

– Co trzyma w prawej ręce? – spytał Jeff, biorąc do ręki fotografię.

– Widzisz napis z boku?

– Penna Ultra Violetto? To zabawka. Pamiętam, że Rose dawniej miała coś takiego. Ale co...?

– Przekazuje nam, żebyśmy użyli promieni ultrafioletowych. Te zabawki z diodą UV pokazują atrament sympatyczny, prawda? – powiedziała Edie.

Roberto opróżnił kieliszek i wstał ze słowami:

– Wracam za minutkę.

Naprawdę nie było go dwadzieścia minut. Wchodząc szybkim krokiem do winiarni, z triumfem położył na blacie obrzydliwie purpurowo-różowy przedmiot.

– Musiałem odwiedzić cztery sklepy, zanim trafiłem na to cholerstwo!

Przedmiot wyglądał jak mazak dla dziesięcioletniej dziewczynki, ale kiedy Edie wzięła go do ręki i przekręciła ruchomą podstawę, na stole pojawiła się plama purpurowego światła.

– Czadowe – powiedziała.

– Mogę prosić o to zdjęcie, Jeff? – spytał Roberto.

Jeff wyjął je z kieszeni i położył na stoliku, białą stroną do góry. Trzymając długopis kilka centymetrów nad zdjęciem, Roberto włączył światełko. Pośrodku pojawił się dwuwersowy napis:

msporani.com.it
Mytroje

W drodze powrotnej do *palazzo* Roberta zatrzymali się po Rose. Nie chcieli ryzykować. Ktoś próbował ich zabić. Było oczywiste, że Mario Sporani został zamordowany, być może przez tę samą osobę. Rose zadowoliła się oglądaniem telewizji w salonie, podczas gdy dorośli zebrali się w bibliotece.

Edie i Jeff stanęli po bokach Roberta, który siadł przy swoim komputerze, wpisując podany adres internetowy. Chwilę potem pojawiło się żądanie podania hasła. Wpisał „Mytroje" i na ekranie ukazały się dwie zakładki, oznaczone po prostu „1" i „2". Kliknął na „1" i pokazała się nazwa pliku „notatki". Kolejne kliknięcie i na ekranie zjawiła się zapisana po włosku kartka. Roberto od razu tłumaczył, czytając na głos:

Notatki

KOSMA MEDYCEUSZ: Z dziennika dowiedziałem się bardzo mało. Wiem, że Kosma w roku 1410 podróżował na wschód. Cel wyprawy: Grecja, a może Macedonia. Wiem, że znalazł tam coś o wielkim znaczeniu. Co właściwie – pozostaje tajemnicą.

CONTESSINA MEDYCEJSKA: żona Kosmy. Była na San Michele wkrótce po śmierci męża. Myślę, że chodziło o rozmowę z uczniami Fra Mauro i zamówienie mapy.

GIORDANO BRUNO: Wielki mistyk i okultysta w roku 1592 spędził jakiś czas w Wenecji i Padwie. Podróżował po Europie i musiał usłyszeć coś ważnego o Kosmie Medyceuszu i jego kręgu. Myślę, że stworzył w Wenecji grupę, której celem było ukrycie tej informacji, „tajemnicy Medyceuszy". Grupa Bruna była w jakiś sposób związana z dawnymi różokrzyżowcami, w tym czasie dobrze znanym w Europie odłamem okultystów. Jestem pewien, że Bruno sfałszował wskazówkę Contessiny i umieścił własną. To pouczający tekst. Jest w archiwach miejskich.

KAPLICA MEDYCEUSZY: ogniwo. Na pewno coś tam jest, ale nie wiem co. Tajemnice z Wenecji prowadzą do tajemnic z Florencji, które prowadzą do jakich tajemnic? Z Macedonii? To coś bardzo ważnego. Wystarczająco, żeby zabić.

– Miałeś rację, Jeff, był kilka kroków przed nami – powiedziała Edie. – Wiedział coś o tajemnicach, które są chronione wskazówkami.
– To by się zgadzało. Znalezienie w krypcie ponad czterdzieści lat temu dziennika Medyceusza było punktem zwrotnym w życiu Sporaniego. To oczywiste, że tam-

to znalezisko było czymś ważnym. Jeśli nie, to czemu ktoś wysyłałby za nim bandytów, którzy grozili śmiercią jego rodzinie?

– Więc myślisz, że przez te wszystkie lata próbował przeniknąć tę tajemnicę?

– Dlaczego nie?

– Wydaje mi się, że Sporani szedł tropem podobnym do naszego – powiedział Roberto. – Jednak nie miał żadnej wskazówki, która pomogłaby odczytać tabliczkę znalezioną we Florencji. Więcej, nawet o niej nie wiedział, ale skądś wiedział o mapie Maura.

– Jakim cudem?

Roberto wzruszył ramionami.

– Jak sam powiedziałeś, Jeff, znalezienie dziennika Kosmy odmieniło życie tego człowieka. Jest oczywiste, że prowadził badania na własną rękę i nabrał przekonania, że żona Kosmy przybyła do Wenecji i spotkała się z uczniami Maura w roku tysiąc czterysta sześćdziesiątym czwartym. Z tego musiał wysnuć wniosek, że ukryła wskazówkę na San Michele, aby zabezpieczyć to, co nazwał „tajemnicą Medyceuszy".

– Zgadza się, ale zaczekaj – powiedział, kiwając głową, Jeff. – Kosma zmarł w tysiąc czterysta sześćdziesiątym czwartym, a wskazówka odnosi się do Ponte Rialto, ukończonego z górą sto lat później.

– Dobra – wtrąciła się Edie – albo mylnie odczytaliśmy wskazówkę, albo też napis, który przeczytaliśmy w bibliotece, został naniesiony później i nie jest oryginalny.

– Nie wydaje mi się, żebyśmy mogli się pomylić przy czytaniu tego napisu – powiedział Roberto. – Ta historia nie jest taka prosta. Contessina mogła odwiedzić uczniów Maura i zostawić wskazówkę, ale wiele lat później Giordano Bruno dowiedział się o otaczającej Kosmę Medyceusza tajemnicy. Utworzył grupę mającą chronić tę tajemnicę, nie wiemy jednak jaką. Z jakiegoś powodu wziął na siebie

135

jeszcze jedno zadanie. Zastąpił wskazówkę pozostawioną przez Contessinę i przynajmniej według Sporaniego wskazówka Bruna prowadzi do kolejnej, również celowo stworzonej przez niego.

– Czemu Bruno miałby to zrobić? Czemu zmieniałby wskazówkę? – spytała Edie.

– To typowe dla tego człowieka. Giordano Bruno miał fiksację na swoim punkcie. Uważał się za kogoś w rodzaju proroka, wyobrażał sobie, że jest twórcą nowej religii. Zamierzał założyć własną sektę, kiedy został pojmany w Wenecji. Wcale mnie nie dziwi, że wmieszał się w tę sprawę, zapewne był zachwycony myślą, iż zakasuje jakiegoś Medyceusza.

– Więc co właściwie mówi nam Sporani? – zapytał Jeff.

– Jest to w tym wpisie dotyczącym Bruna. Gdyby Sporani wiedział o wskazówce na San Michele, doszukałby się tego samego napisu, który my znaleźliśmy. Powiada, że Giordano Bruno zmienił ją i umieścił drugą. Najwyraźniej wskazówka na San Michele jest autorstwa Bruna. Świadczy o tym czas, w którym została umieszczona. Jak wiemy, budowę Rialto zakończono krótko przed przybyciem Bruna do Wenecji. Wiemy też, że to musi być prawdą, gdyż Bruno został aresztowany w maju tysiąc pięćset dziewięćdziesiątego drugiego roku i był sądzony przez inkwizycję.

– Tak więc wyprawa do mostu była kompletną pomyłką – wtrącił Jeff. – Wskazówka jest w miejskich archiwach.

– „To tu jest ukryte, pomiędzy, ponad wodą, za ręką architekta" – zacytowała Edie. – To musi oznaczać plany architekta. Jak sprytnie!

– I tabliczka pod mostem była fałszywym tropem – powiedział Jeff. – Kiedy otwierają archiwa?

– Nie musimy tam iść – zauważył Roberto. – Wydaje mi się, że Mario Sporani jest naszym aniołem stróżem i już wykonał za nas czarną robotę.

Wrócił do strony głównej i otworzył zakładkę „2". Ukazały się kolejne dwa dokumenty. Były to skany pokrytych gęstym pismem pergaminów. Poniżej widniały tłumaczenia tekstów, włoskie i angielskie. Pierwszy dokument wyglądał następująco:

    Piątek, 2 maja Roku Pańskiego 1592
    Palazzo Mocenigo, Campo San Samuele

    Jestem Giordano Bruno, którego nazywają „Nolan". Przekazuję to moim braciom z I Seguicamme. Oto moja opowieść.

Przebywam teraz w domu szlachcica Giovanniego Moceniga, najbardziej obmierzłego człeka, jakiego ziemia nosiła. Nie usłuchałem głosu rozsądku i dałem się nakłonić Mocenigowi do powrotu do Italii. Rzymska inkwizycja ścigała mnie przez wiele lat. Mocenigo, mój szlachetnej krwi patron, obiecał, że osłoni mnie przed wszelkim złem, ale wiem, iż nienawistne moce chcą wykorzystać moją słabość i zadać mi ostateczny cios, tak więc moje dni wolności są policzone. Lękam się, że żyw nie opuszczę Wenecji. Mocenigo zapragnął wtajemniczenia w tajne sztuki, których jestem adeptem (jak udowodniłem w wielu moich sławnych dziełach). Ale teraz ten człek, który jak się okazuje, ani myśli zgłębiać sztuki hermetyzmu i jest oszustem, zastawił na mnie pułapkę w swoim *palazzo* i wszystkie granice tego miasta obstawiono. Moi wrogowie tylko czekają, bym spróbował ucieczki.

    Oto więc moje przesłanie do przyszłości, przesłanie nadziei.

    Dwadzieścia lat temu natrafiłem na niezwykle intrygujący dokument. Szczegóły tego, jak wszedł w me posiadanie, nie przynoszą mi chwały, atoli muszę wyznać wszystko. Wygrałem ten skarb w karty, w tylnych komnatach pewnej werońskiej tawerny. Mój przeciwnik przegrał wszystkie pieniądze i uparcie twierdził, iż pergamin, który mi oferuje, to autentyczny zabytek i został spisany ni mniej, ni więcej, tylko ręką samej Contessiny Medycejskiej, małżonki wielkiego florenckiego władcy, Kosmy Starszego. Początkowo mniemałem, iż ten pergamin jest wyzbyty wszelkiej wartości. Już byłem gotów go odrzucić, lecz przyjrzawszy mu się nieco uważniej, poczułem ciekawość i przyjąłem fant.

Później miałem sposobność zbadać go wielce szczegółowo. Okazał się fragmentem prywatnego listu, który napomykał o istnieniu wielkiego skarbu. Na końcu były dwa zagadkowe wersy, wskazówka mająca prowadzić do tajemnicy. Z początku wydawały mi się zgoła wyzbyte sensu, jednakże z czasem udało mi się wydrzeć okruch skrytego w nich przesłania i kierowany tą wiedzą udałem się do Wenecji; a dokładniej do domu mnichów na Isola di San Michele, Wyspie Zmarłych. Tam znalazłem czczoną przez mnichów mapę i znów, po wyczerpującym wysiłku i wykorzystawszy mą wszelką wiedzę, znalazłem kolejną wskazówkę, wers, który doprowadził mnie do następnego etapu.

Ale wszelkie me usiłowania były nadaremne. Dokument, mimo że autentyczny, wiódł jedynie do ślepego zaułka. Wskazówka w liście i inne, odkryte na San Michele, skierowały mnie do grobowca w samym środku tejże wyspy. Tam z pomocą mojego zaufanego sługi, Albertusa, wykopałem znaczną, obitą skórą szkatułę. Zawierała tylko jeden przedmiot, metalową tabliczkę, na której wyryto słowa: KAŻDY DO ZDRADY GOTÓW.

Wpierw uznałem, że to jakaś wyszukana mistyfikacja. Ale w miarę upływu czasu dowiedziałem się więcej (czego, o tym nawet teraz nie mam odwagi mówić). Pojąłem, że chociaż moje usiłowania zakończyły się klęską, Contessina Medycejska zaiste ukryła wielki sekret. Mówiąc wprost, nie byłem dość mądry, by go odnaleźć. Przez dwadzieścia lat kontynuowałem moje poszukiwania. Dowiedziałem się wiele, ale nie dotarłem do serca prawdy. Klęska, którą w tej mierze poniosłem, napawa mnie takim bólem, że ledwo potrafię znieść myśl, iż komuś innemu może udać się dotrzeć do ostatniego etapu tego szlaku poszukiwań. Dlatego też ukryję list Contessiny Medycejskiej. Tylko ci, którym nie zabraknie największej determinacji, zdołają odkryć prawdę. Mam dość pokory, by wyznać, że ten, komu uda się odkryć naturę tajemnicy Medyceuszy, będzie zaiste wielkim człowiekiem. Oby był równie uczciwy i mądry.

Drugi dokument był krótszy.

Czwartek, 28 listopada Roku Pańskiego 1593, Wenecja

Jestem Albertus Jacobi. Mój pan, wielki uczony Giordano Bruno, został przewieziony w okowach do Rzymu i boję się, że niebawem zda ducha Bogu. Mój pan przekazał mi w zaufaniu wiele dokumentów i pism, w tym manuskrypt swego ostatniego dzieła. Jednakże najcenniejszy jest dokument, który odkrył jakieś dwa dziesiątki lat temu, mniej więcej w onym czasie, w którym zacząłem u niego pracować. Tylko wielki ujrzy tę rzecz na własne oczy, tylko wielki odkryje jej tajemnice.

Bliźniacy, ojcowie założyciele.
Na ulicy, na której pozbywają się ludzi takich jak ja,
Pięć okien nad balkonem.
Punkt, co nieba tyka;
Pół kuli nad i pół kuli pod.

Edie, Jeff i Rose zostali na noc u Roberta. Rose zasnęła przed telewizorem. Jeff łagodnie ją obudził i odprowadził do przygotowanego pokoju na pierwszym piętrze. Następnie Vincent wskazał Jeffowi i Edie drogę do ich pokoi przy majestatycznej galerii, ciągnącej się od szerokich marmurowych schodów. Roberto został w bibliotece. Chciał sprawdzić, czy nie zdoła się jeszcze czegoś dokopać.

Z okien swojego pokoju Edie miała wspaniały widok na skręcający po jej lewej ręce na południe Canal Grande. Woda wyglądała jak syrop z melasy. Rozświetlona latarniami gondola bezgłośnie wślizgnęła się między cienie. Z nieba opadała mgła. Edie pomyślała, że niebawem ten wilgotny całun otuli Wenecję. Plamy światła się rozmyją, dźwięki przybliżą.

Wprost nie mogła uwierzyć, że ludzie nadal żyją tak wystawnie. Iście królewski baldachim i jedwabne zasłony osłaniały łoże. W kominku płonęły wielkie kłody, na podłodze leżały stare kobierce, rozmieszczone z perfekcyjną niedbałością. Szklane kule, wiszące na ścianach, rzucały łagodne światło. Sufit był wysoki, pokryty ręcznie robionymi sztukateriami i fasetami.

Wzięła gorącą kąpiel i długo leżała w pianie, wchłaniając romantyczny nastrój *palazzo*. Wytarła się, włożyła jedwabną koszulę nocną i kimono, które przygotowano jej na łóżku. Usiadła na podłodze przed kominkiem i wpatrywała się w płomienie, pozwalając swobodnie płynąć myślom. W ciągu ostatnich dni tak wiele wydarzyło się w jej życiu, a miała tak mało czasu na przyswojenie tego wszystkiego.

Niecałe cztery dni temu pracowała w krypcie kaplicy Medyceuszy, prowadząc badania, które najbardziej lubiła. Nagle wszystko wymknęło się spod kontroli. Ogarnął ją lęk. Mało nie zostali zamordowani. A jeszcze ten biedny starzec, Mario Sporani, i Antonio. A jak powinna ocenić Roberta? Był błyskotliwy i przystojny, bogaty i czarujący. Naprawdę, zbyt piękne połączenie cech, aby było prawdziwe. Ale przecież był przyjacielem Jeffa, który mu ufał i traktował go jak brata. Zerwała się, poprawiła pasek kimona i podeszła do drzwi. W galerii panował mrok, ale z biblioteki padała wątła smuga światła i dobiegały dźwięki sonaty fortepianowej. Roberto siedział przy pokrytym skórą blacie biurka, zaczytany po uszy w potężnej, zapewne wiekowej księdze. Edie lekko kaszlnęła i odwrócił się.

– Sowa jak ja? – Zaskoczenie na jego twarzy szybko przeszło w ciepły uśmiech.

– Nie zawsze – powiedziała. – Co czytasz? – Zerknęła mu przez ramię na oprawiony w skórę wolumin, strony pokryte delikatnym pismem. Krój czcionki wydał jej się dziwny. Sam papier był suchy i pożółkły.

– Próbuję zgadnąć, o co, do diabła, chodziło Giordanowi Brunowi. Przydałaby mi się jakaś pomoc. Miałabyś ochotę się przyłączyć i wypić kieliszek koniaku?

– Tylko wtedy, gdyby to był Paulet Lalique – odparła z uśmiechem.

Nawet mięsień nie drgnął na twarzy Roberta.

Niebawem Vincent stawiał dwie wielkie koniakówki i wyjątkowego kształtu butelkę jednego z najdroższych koniaków świata na okrągłym stoliczku przy biurku.

– Co to za książka? – spytała Edie, podczas gdy Roberto nalewał czterdziestotrzyprocentowy specjał.

– To jeden z siedmiu tomów *Archiwów weneckiej inkwizycji, lata tysiąc pięćset–tysiąc siedemset siedemdziesiąt*. Od bardzo dawna są własnością rodziny. Właśnie czytałem o Andrei di Ugoni, pisarzu i przyjacielu Tycjana, który w tysiąc pięćset sześćdziesiątym szóstym roku był sądzony za herezję i uniknął kary. Kolejny jest przypadek Casanovy, aresztowanego prawie dwieście lat potem i uwięzionego za pogardzanie religią. Myślałem, że może znajdziemy tu jakąś pomoc, która wytłumaczyłaby, co Bruno miał na myśli w swojej wskazówce.

– A więc Bruno był sądzony przez wenecką inkwizycję?

– Swoje przesłanie na pewno spisał bezpośrednio przed aresztowaniem. Nie ulega wątpliwości, że Mocenigo go zdradził. Najęte zbiry w środku nocy porwały uczonego z jego komnaty w *palazzo*. Został wtrącony do więzienia doży.

– Myślałam, że trafił do więzienia w Rzymie. Czy nie tam go spalono?

– Najpierw był przesłuchiwany w Wenecji. Tutejsza inkwizycja była o wiele łagodniejsza niż rzymska centrala. Tą kierował najbliższy zausznik papieża, radykalny kardynał Roberto Bellarmino, przezywany Młotem na Heretyków.

– Wypijmy za Młota na Heretyków. – Edie uniosła kieliszek i spróbowała koniaku. Był cudownie gładki i rozlewał się boskim ciepłem po całym ciele. – Więc Wenecjanie byli gotowi wypuścić Bruna? – spytała.

– Nie wiem, czy posunęliby się tak daleko. Nie podobało im się to, że Rzym wtrąca się w sprawy ich swobodniej myślącej społeczności. Nie dość tego, na przestrzeni wieków papieże kilkakrotnie ekskomunikowali miasto. Wenecka inkwizycja znacznie tolerancyjniej traktowała okultystów pokroju Bruna. Ale nieszczęściem dla niego doża ugiął się pod presją papieża i Bruno po kilku miesiącach przetrzymywania w Wenecji został poddany ekstradycji do Rzymu, gdzie w końcu spalono go na stosie.

– Więc gdy pisze: „Na ulicy, na której pozbywają się ludzi takich jak ja", to twoim zdaniem mówi o miejscu, w którym dokonywano egzekucji wywrotowców?

Roberto przerzucił kilka stron, od razu znajdując poszukiwany ustęp.

– Co ciekawe, podczas dwóch wieków sądów nad czarownicami tutejszej inkwizycji przekazano niecałe dwieście spraw i tylko dziewięć osób skazano, przy czym nie dokonano ani jednej egzekucji. Byli innego rodzaju wywrotowcy: szpiedzy, działacze polityczni, zwykłe mąciwody. Z tego, co przeczytałem w tych archiwach, w Wenecji były dwa miejsca, w których przeprowadzano egzekucje „niepożądanych elementów". Spójrz.

Edie pochyliła się i Roberto wskazał wybrane raporty. W latach 1550–1750 policja miejska, Rada Dziesięciu, uznała sześciuset siedmiu obywateli za niebezpiecznych i dokonała ich egzekucji. Zostali powieszeni z dala od ludzkich oczu.

Edie odruchowo się wzdrygnęła.

– Zmarzłaś – powiedział Roberto, obejmując jej ramiona. – Chodź, usiądźmy bliżej kominka.

Usiedli naprzeciwko siebie, po turecku, na starym dywanie z Khotanu. Za szerokimi oknami z witrażowego szkła macki mgły wiły się ku Canal Grande.

– Podejrzewam, że nikt nigdy ci nie powiedział, że masz tu niezłe mieszkanko – rzekła Edie.

Roberto się roześmiał.

– To wszystko sprawa genów – wyjaśnił żartem. – Rozumiem, że twoi rodzice byli archeologami.

– Kochany stary Jeff – odparła na to Edie.

– Na twoim miejscu nie czułbym się urażony. Jest twoim wielkim wielbicielem.

– Więc opowiedział ci, że zostali zamordowani podczas prac wykopaliskowych w Egipcie? Byłam tam wtedy.

– Współczuję.

– To wydarzyło się dawno temu. – Z przyjemnością pociągnęła następny łyczek koniaku. – Nie opowiedział mi wiele o tobie. Jak się poznaliście?

– Jakieś pięć lat temu, kiedy jeszcze pracował w Cambridge. Przyjechał tu z własnej inicjatywy, gromadził dokumentację do książki. Wytrącił mi kieliszek z ręki u Ciprianiego.

Edie roześmiała się.

– Zaczęliśmy gadać – ciągnął Roberto – dobrze się rozumieliśmy i tak dalej... A ty?

– Na studiach. Jeff był rok przede mną w King's College i już błyszczał. Miałam osiemnaście lat i byłam nim bezgranicznie zachwycona... Nadal jestem.

– A więc, czy...? – spytał po chwili.

Edie uśmiechnęła się szeroko.

– Jeff miał dziewczynę, kiedy się poznaliśmy. Zanim zdążyli ze sobą zerwać, ja już miałam chłopaka. Potem Jeff spotkał Imogen i... nie wiem... potem nigdy więcej już o tym nie myślałam. To byłoby jak pójście do łóżka z bratem. No, a co z tobą, Roberto? Pewnie panie stoją do ciebie w kolejce.

Wyglądał na zakłopotanego.

– No, proszę! – wykrzyknęła Edie. – Ty się naprawdę rumienisz! I co?

– Co „co"?

– Co z paniami w twoim życiu.

– Byłem dwa razy zakochany. Za każdym razem zakończyło się łzami.

– Takie jest życie.

Roberto pogładził ją po policzku. Edie pochyliła się i musnęła wargami jego policzek. Żadne z nich nie widziało stojącej w drzwiach Rose. Przyglądała im się. Ale oboje usłyszeli huk zatrzaskiwanych drzwi.

Wysoki brunet zapalił papierosa od żaru niedopałka, który zaraz potem przydeptał na marmurowej podłodze, i spojrzał przez osadzoną na solidnym statywie lornetkę.

Z okna rozciągała się niezwykła panorama pełna widoków, które można ujrzeć na pocztówkach, pudełkach czekoladek i w oknach biur podróży całego świata, ale mężczyzna nie był nimi zainteresowany. Skupiał się na budynku po drugiej stronie Canal Grande, rdzawego koloru *palazzo*, w którym mieszkał Roberto Armatovani. Widział, jak przypłynął i wyładował z barki artykuły spożywcze dostawca, przypłynął i odpłynął monter zakładu energetycznego. I to było tyle. Trzy godziny ciągnęły się jak wieczność. Był coraz bardziej zmęczony i sfrustrowany. Dzień wcześniej na motorówce szczęście prawie się do niego uśmiechnęło, ale w końcu ledwo sam uszedł z życiem. Dostał nielichą nauczkę. Może ci ludzie wyglądali na amatorów, ale jeśli dalej będzie ich lekceważył, przyjdzie mu za to drogo zapłacić.

Nagle drzwi *palazzo* otworzyły się z rozmachem i dziewczyna, Rose Martin, pędem wybiegła z domu. W chwilę potem pojawił się Armatovani. Ale w Wenecji można zniknąć w mgnieniu oka. Roberto wrócił do środka. Jednakże brunet z lornetką dojrzał, gdzie skierowała się dziewczyna. Szybko dotarła do Ponte Dell' Accademia i – prawie nie mógł w to uwierzyć – ruszyła w jego stronę.

– Rose musiała nas zobaczyć – powiedziała Jeffowi Edie. Opadła na stojący pod gigantycznym złoconym lustrem fotel i wbiła wzrok w czarną marmurową podłogę. – Całowaliśmy się.
– Kapitalnie – skwitował to ponuro Jeff.
– Zaraz roześlę trochę ludzi – powiedział Roberto. – Vincent się przyda. Myślicie, że mogła z powrotem wrócić do mieszkania?
– Bóg wie. Zadzwonię do Marii, ale muszę stąd wyjść.
Nocne powietrze było lodowate. Jeff pobiegł wzdłuż kanału i skręcił w lewo, w oplatający kościół San Samuele labirynt uliczek. Mgła zgęstniała i wiatr ustał, tak że widoczność nie przekraczała kilku metrów. Pożyczona od Roberta latarka niewiele pomagała. Wyszedł z pasażu dochodzącego do Campo Francesco Morosini. Wiedział, że po lewej ma Campo Sant' Angelo, po prawej Ponte dell' Accademia. Zatrzymał się i kilka razy głęboko odetchnął, próbując opanować ogarniającą go panikę.

Czarnowłosy mężczyzna zobaczył, że dziewczyna skręca za Canal Grande i udaje się na lewo, mijając Gallerie. Opuścił miejsce obserwacyjne i szedł za nią, utrzymując dystans, gdyż mgła potęguje odgłosy.
Zobaczył, że mała skręca w boczną uliczkę. Na chwilę zwolniła, niepewna drogi. W końcu zatrzymała się, próbując ustalić swoje położenie. Skrył się w bramie domu, gdy błądziła wzrokiem po *campo*, i niemal ją zgubił, gdy nagle rzuciła się przed siebie wąskim chodnikiem. Zmie-

rzała do cypla na końcu Dorsoduro, który niemal stykał się z dzielnicą San Marco, tam gdzie południowa część Canal Grande łączyła się z Bacino di San Marco.

Tu mgła była gęstsza i znów stracił z oczu Rose, ale wyłoniła się na Fondamente Dogana Alla Salute, szerokim brzegu Dorsoduro. Po prawej mieściły się warsztaty, w których budowano gondole. Teraz wszystkie stały zamknięte, nie było żywego ducha.

Po prawej woda pluskała o kamień. Rynna biegnąca wzdłuż dachu jednego z warsztatów pękła i woda zamarzła, tworząc na całej szerokości Fondamente zdradliwą pokrywę cienkiego lodu. Dziewczyna zwolniła i ostrożnie przebyła przeszkodę, po czym ruszyła biegiem, znikając za cyplem przy Dogana di Mare, starej komorze celnej, ponurym budynku z kolumnadą i dwoma potężnymi atlasami na dachu, dźwigającymi złoty glob.

Skradał się, obserwując ją. Dziewczynka zwolniła, gdy przeszła na drugą stronę gmachu. Nagle usiadła na chodniku, objęła się ramionami i wpatrzyła w mgłę, w rozległą wodną przestrzeń, dzielącą ją od San Marco. Mężczyzna był tak blisko, że słyszał łkanie. Przy kolejnym bezgłośnym kroku wyobraził sobie, co zaraz nastąpi, i poczuł znajomy rozkoszny dreszcz.

Biegnąc obok bezkształtnego Muzeum Peggy Guggenheim, Jeff kluczył między budynkami, wybierając najkrótszą drogę i nie przejmując się bólem w piersiach. Teraz był pewien, dokąd powinien się udać. Uświadomił sobie, dokąd mogła uciec Rose. Do miejsca, które uwielbiała, miejsca, do którego zawsze wracała. Minął Palazzo Dario, które zaraz zniknęło we mgle, i wybiegł na Campo Salute. Plac północną stroną dotykał Canal Grande, który już niebawem przechodził w Bacino. Kolejne sto metrów i z szarego mroku wyłoniły się stopnie weneckiej bazyliki mniejszej, Santa Maria della Salute. Był na miejscu. Zwały mgły opasały kolumnadę starej komory celnej. Ujrzał Rose i serce przestało mu szaleńczo bić. Siedziała ze skrzyżowanymi nogami, zwrócona w kierunku San Marco.

– Hej.

Podskoczyła i odwróciła się. Wytrzeszczyła przerażone oczy, ale na widok ojca strach opadł.

Jeff usiadł przy niej. Przez chwilę nie mógł się odezwać, tylko łapał otwartymi ustami powietrze. Rose nagle objęła ojca, przytuliła głowę do jego piersi i rozpłakała się tak żałośnie, jakby jej serce miało pęknąć.

– To tak w gruncie rzeczy nie chodzi o Edie, prawda, Rose? – spytał po chwili. Odsunęła się i spojrzała mu w twarz. – Jesteś na nią zła, ale ona jest tylko kozłem ofiarnym.

Rose potrząsnęła głową.

– Ja nie...

– Ubierasz ją w kostium złej wiedźmy, ale naprawdę to jesteś zła na matkę i na mnie. Winisz nas za zamieszanie w swoim życiu i masz rację. Ludzie nie powinni mieć dzieci, jeśli nie są wystarczająco dojrzali, żeby poradzić sobie z problemami w małżeństwie. Wybacz, kochanie. Strasznie cię zawiodłem.

– Och, tatusiu... – Dziewczyna znów się rozszlochała.

Przez chwilę Jeff spoglądał na zasłaniający świetność miasta welon mgły. Gdzieś tam była Wenecja, osiągalna, ale tylko poprzez gęstą mgłę, jak wspomnienia dawnych wydarzeń.

– No, nie rozpaczaj. Wracajmy, co? – Jeff podniósł się na nogi.

Brunet wysunął broń z kabury i oderwał się od kolumny. Zrobił krok wzdłuż brzegu i raczej wyczuł, niż zobaczył, że ktoś się zbliża. Zmełł w ustach przekleństwo i wrócił w poprzednie miejsce. Pojawił się Jeff. Przywitał córkę i usiadł obok niej.

Mężczyzna obserwował ich, zaskoczony własną wściekłością. Wytrenowano go, by zabijał bez skrupułów i wiedział, jak z lodowatą obojętnością się wycofać, gdy wymagała tego sytuacja. Na kilka sekund zamknął oczy, zrobił kilka głębokich wdechów. Potem otworzył powieki i zaczął zaciskać palec na spuście.

Rozmyty promień białego światła przeniknął mętną zawiesinę i pokazała się policyjna motorówka. Kolejny raz kryjąc się za kolumną, skrytobójca przyglądał się szybkiej jednostce, gdy przybiła do brzegu kanału i dwaj funkcjonariusze wyskoczyli na nabrzeże. Nie mógł uwierzyć własnym oczom, że znów mu się nie udało.

Roberto czekał na schodach swojego *palazzo*. Jeff niósł otuloną w koc Rose i zabrał ją prosto do jej pokoju. Zasnęła prawie natychmiast, ledwo głową dotknęła poduszki. Jeff z wdzięcznością przyjął na dole wielką koniakówkę, napełnioną przez gospodarza.

– Jeff, naprawdę przepraszam... – zaczęła Edie.

Uniósł rękę, przerywając przyjaciółce.

– Nie przepraszaj. Myślę, że nie mamy się za co winić.

– Boże, jak ja się cieszę, że już nigdy nie będę miała czternastu lat.

– Ja też.

– Zmieniając temat – powiedział Roberto. – Edie i ja dokonaliśmy pewnego przełomu.

– Tak się to teraz nazywa? – spytał Jeff.

Roberto zignorował uszczypliwość przyjaciela i wrócił do strony z *Archiwów weneckiej inkwizycji*.

– Cieszę się, że Rose jest bezpieczna – wyznał. – Kamień spadł mi z serca. Ale my troje nadal mamy pracę do wykonania. I czuję, że nasz czas się kurczy.

– W porządku, Roberto. Słucham.

– Były dwa główne miejsca egzekucji – wyjaśnił Roberto. – Calle Santi, niedaleko stąd, blisko Akademii, i Calle della Morte, Uliczka Śmierci, na wschód od Palazzo Ducale, tuż przy Campo de la Bragora.

– Mogę przerwać? – zapytał Jeff. – Kiedy szukałem Rose, myślałem tylko o tym, żeby ją odnaleźć. Ale pamiętam, że kiedy we mgle dostrzegłem dach starej komory celnej, zauważyłem tamte dwie postaci, dwa atlasy podtrzymujące złoty glob.

– Co to ma do rzeczy? – spytała Edie.

– Niektórzy ludzie mówią, że to bliźniacy. Wers w zapisku Bruna. „Bliźniacy, ojcowie założyciele..." to musi oznaczać Kastora i Polluksa, bliźniaków z greckiej i rzymskiej mitologii, potomków Ledy i Zeusa-Jowisza.

– Dlaczego musi? Co to ma wspólnego z Wenecją, na litość boską? – Edie była wyraźnie zirytowana.

– Całkiem sporo. Pierwszymi osadnikami w lagunie byli uchodźcy z Rzymu, którzy uciekli przed inwazjami barbarzyńców. Przynieśli ze sobą archaiczne rzymskie rytuały, w tym tradycyjny kult Jowisza i jego potomków, Kastora i Polluksa. Ośrodkiem kultu bliźniaków była para wysepek, miejsce najwcześniejszego osadnictwa w czwartym i piątym stuleciu. W mieście roi się od wizerunków bliźniąt i te dwa atlasy również się do nich zaliczają.

– Więc myślisz, że ta linijka odnosi się do Calle Santi? To rzut kamieniem od starej komory celnej – powiedział Roberto.

– Nie, nie sądzę. Myślę, że chodzi o inny punkt miasta, Calle della Morte. Przypomniałem sobie to wszystko w motorówce. Przed kilku laty zwiedzałem pewien kościół, San Giovanni. Mieści się przy Campo de la Bragora, a „Bragora" pochodzi od słowa „b'ragal", które znaczy „dwóch mężczyzn".

– Błyskotliwe wnioskowanie! – Roberto pokręcił głową. – Albo kompletnie zwariowane!

Jeff był przy drugiej filiżance kawy, gdy do pokoju śniadaniowego weszła Edie.

– Dobrze spałeś? – spytała.

– Zaskakująco dobrze. A ty?

Powstrzymała ziewnięcie.

– Ledwo zmrużyłam oko.

– Proszę, to ci doda energii. – Nalał jej filiżankę mocnej kawy. – Słuchaj, Edie... – zaczął i przerwał, gdy do pokoju wszedł Roberto, poprzedzony przez Vincenta, który niósł tackę z dwoma wysokimi srebrnymi dzbankami i filiżanką. – Właśnie miałem to powiedzieć Edie – kontynuował Jeff. – Myślę, że po wydarzeniach ostatniej nocy dziś powinienem zostać z Rose.

– Oczywiście.

– Nie zgadzam się – sprzeciwiła się Edie. – Myślę, że wy dwaj powinniście udać się za wskazówką dotyczącą tajemnicy Medyceuszy, a to ja powinnam zostać z Rose.

– Ale...

– Żadnych ale, Jeff. Już z nią rozmawiałam.

– Naprawdę?

– Nie rób takiej zdziwionej miny. Kiedyś byłyśmy przyjaciółkami. Pamiętasz? Chciałabym, żeby wszystko wróciło do normy.

Jeff uniósł brew i wzruszył ramionami.

– Nie mam zastrzeżeń.

W nocy temperatura gwałtownie opadła i *campo* było zimne i bezludne. Po jednej stronie placu rosło kilka rozcapierzonych drzew. Po nierównym bruku, z dala od głodnych stad na San Marco, człapał samotny gołąb. Jeff i Roberto stali na środku placu, otuleni w grube zimowe płaszcze i szaliki.

– Chociaż to faktycznie miejsce egzekucji, jego historia ma jaśniejsze barwy – powiedział Roberto. – W tamtym kościele, pod wezwaniem San Giovanniego, ochrzczono

Vivaldiego. – Wskazał na fasadę, która niewątpliwie przeszła kolejne, niezbyt przekonujące renowacje i rozbudowy. – A tu – kontynuował – jest najbardziej interesujący budynek *campo*, Palazzo Gritti Badoer, dziś bardziej znany jako hotel La Residenza.

– Który ma pięć okien nad balkonem – zauważył Jeff i powtórzył drugą część wskazówki Bruna. – „Pięć okien nad balkonem. Punkt, co nieba tyka, półkula nad i półkula pod". I stał tu w tysiąc pięćset dziewięćdziesiątym?

– Z całą pewnością. To czternasty wiek. Świadczy o tym kształt okien i układ loggii. Tak więc twój pomysł wcale nie był taki zwariowany.

Jeff spojrzał na dach.

– Nie wątpiłem w to ani sekundę. Ale za to nie ma „punktu, co nieba tyka", hm?

– Niestety nie – potwierdził Roberto.

Ruszyli przez *campo* w kierunku *palazzo*. Na murze, wzdłuż wąskiego przejścia, dostrzegli tabliczkę z napisem „Calle della Morte".

Po wejściu do hotelu wkraczało się do rozległego, dudniącego echami westybulu. Po lewej stronie była duża recepcja z ciężkimi sztukateriami pod sufitem, ponurymi siedemnastowiecznymi malowidłami na ścianach, pełnymi wyniszczonych postaci, i pogrupowanymi krzesłami i stolikami. W głębi robotnicy aranżowali oświetlenie i dekorację. Jeden z nich balansował na drewnianej drabinie, próbując podwiesić na suficie sznur białych lampek.

Pojawił się portier, mężczyzna w średnim wieku, przyodziany w ciemnozielony uniform. Farbował na czarno włosy i nosił binokle.

– W czym mogę panom pomóc? – spytał.

– Dzień dobry – przywitał się Jeff. – Mają państwo jakieś wydarzenie natury towarzyskiej?

– Owszem, signor. Prawdę mówiąc, dziś wieczór. Mogę czymś służyć…?

– Jedynie tędy przechodziliśmy. Przyjaciel, pan Roberto Armatovani, zwrócił uwagę na przepiękną fasadę tego budynku, a tak się złożyło, że nigdy nie oglądał wnętrza.

– Signor Armatovani? – Portier wyprostował się sprężyście. – Ależ oczywiście. Proszę wybaczyć ten bałagan, dekoracje już dawno powinny być gotowe. Czy mogę panom zaproponować filiżankę kawy?

– To bardzo uprzejme z twojej strony, ale nie, dziękujemy – odparł Roberto. – Czy mogę zapytać, co za wydarzenie się szykuje?

– Ależ naturalnie, signor. Zapowiada się gala karnawałowa, organizowana przez Vivaldi Society. To prywatna zabawa, ale jestem przekonany, że mógłbym zamienić słówko z prezesem.

– To bardzo uprzejmie z twojej strony…

– Gianfrancesco… Francesco.

– Francesco… Znam dobrze prezesa, Giovanniego Tafaniego. Ktoś ode mnie się z nim skontaktuje.

Portier lekko się skłonił i odwrócili się do wyjścia.

Na dworze przystanęli obok siebie, patrząc na piękne barokowe stiuki nad głównym wejściem.

– Naprawdę znasz wszystkich w Wenecji, co? – zażartował Jeff.

– Nie wyzłośliwiaj się, to się bardzo przydaje.

– Więc co teraz?

– No cóż, jest oczywiste, że jakoś musimy się dostać na ten dach, i mam gorącą nadzieję, że przemiły prezes Vivaldi Society nam w tym pomoże.

Gdy Jeff, Edie i Roberto przybyli do Palazzo Gritti Badoer, tłoczno tam było od noszących maski, świetnie przebranych gości. Kwartet smyczkowy był w połowie energicznego wykonania kwartetu skrzypcowego Schuberta, a kelnerzy w liberiach sunęli z tacami szampana po sali. Jeff martwił się tym, że zostawił Rose bez opieki, ale obiecała, że pod żadnym pozorem nie wychyli nosa z *palazzo*. A Roberto zapewnił go, że Vincento poważnie potraktuje rolę ochroniarza.

Roberto miał na sobie klasyczny, szyty przy Saville Road frak odziedziczony po ojcu. Nosił maskę orła z czarnymi piórami i krótkim dziobem. Jeff, wyższy i bardziej barczysty, pożyczył od krawca Roberta, który miał pracownię przy via XXII Marzo, współcześniejszy strój, smoking, i wybrał prostą, elegancką srebrną maskę. Z pomocą Rose Edie przymierzyła w jednym z najekskluzywniejszych weneckich sklepów co najmniej tuzin kreacji, zanim zdecydowała się na ciemnozieloną jedwabną suknię tubę i ozdobną złotą maskę.

Przywitał ich mistrz ceremonii i natychmiast zaprowadził do gospodarza wieczoru, który stał z małą grupką gości blisko muzyków. Giovanni Tafani okazał się wysokim, dobrze zbudowanym mężczyzną liczącym sobie około pięćdziesięciu pięciu lat. Nosił wąską złotą maskę, która prawie nie zakrywała mu rysów. Uścisnął dłoń Roberta.

– Tak się cieszę, że mógł pan wpaść, maestro – powiedział.

– Oto moi przyjaciele, Jeff Martin, wybitny historyk z Anglii, i Edie Granger, wielkiej sławy paleopatolog.

Tafani lekko się skłonił Jeffowi, po czym ujął dłoń Edie i musnął ją wargami.

– *Enchanté*. – Prostując się, dodał: – Teraz pozwolą państwo, przedstawię wam moich towarzyszy.

Minęła prawie godzina, zanim Jeffowi i Edie udało się wymknąć. Zgodnie z planem pozostawili Roberta, któremu przypadła rola reprezentanta i tylnej straży. Wyszli z westybulu i krótkim pasażem przemknęli na dziedziniec. Na wprost nich ukazała się ogromna, pusta i ciemna jadalnia. Ominęli ją i niezauważeni weszli do korytarza. W głębi ujrzeli schody.

Edie szła pierwsza, ale w wąskiej sukni było jej niewygodnie.

– Niech to cholera – zaklęła po chwili. Zrzuciła buty, porwała je w dłonie i podciągnęła na biodrach suknię.

– Co ja widzę...! – szepnął Jeff.

– Patrz pod nogi, Jeff, pod nogi, bo się wyłożysz.

Dotarli na samą górę, nie napotykając żywej duszy. Ogarnęła ich cisza jak nie z tego świata. Odgłosy przyjęcia rozpłynęły się w powietrzu. U szczytu schodów był korytarz z trojgiem drzwi po każdej stronie, zapewne prowadzących do sypialni. W głębi było wyjście awaryjne. Drzwi do niego okazały się niezamknięte. Dalej była naga, szara klatka schodowa. Metalowa balustrada opadała spiralnie przez cztery kondygnacje, do samych piwnic. Niewyraźne echa głosów i metaliczne brzęki zdradzały, że stoją prawie dokładnie nad kuchnią.

W górę schody biegły jeszcze tylko pół piętra i kończyły się wyjściem na dach.

Kiedy się na nim znaleźli, natychmiast ogarnął ich chłód. Jeff zdjął smoking i okrył Edie.

– Niezbyt dobrze to zaplanowaliśmy, co? – powiedziała, gdy ruszyli wąskim przejściem między dwiema elewacjami. Doszli do szerszego miejsca. Miało postać kwadratu, którego bok liczył mniej więcej dziesięć metrów. W jego centrum stał wiekowy wiatrowskaz.

Pięciometrowa żerdź podtrzymywała umocowaną na dysku strzałę. Brąz, z którego wykonano poszczególne elementy, wyblakł, uległ zniszczeniu. W połowie żerdzi była półkula, duża głęboka misa, odwrócona do góry dnem. Jeff stanął na palcach, chcąc jej się lepiej przyjrzeć. Ona również była zniszczona, pokryta zieloną patyną i czarnymi zaciekami.

Uważnie obejrzał ze wszystkich stron wiatrowskaz. Zauważył coś po drugiej stronie półkuli.

– Tu są jakieś litery – powiedział i wyjętą z kieszeni

chusteczką spróbował zetrzeć brud, ale ten, jak się okazało, zbyt głęboko wżarł się w metal. Jeff ostrożnie wszedł na jeden ze wsporników i próbował przyjrzeć się bliżej.

– Widzisz coś? – spytała Edie.

– Widzę duże V, przerwa, potem małe v i... nie, zaczekaj. – Podrapał paznokciem. – Litera i.

– Vivaldi – poddała mu Edie, gdy zszedł na dół.

– Logiczne. Przecież to była jego rezydencja. Ale dlaczego?

Edie wzruszyła ramionami.

– I jest tylko jedna półkula. Jeśli ta jest nad, gdzie druga, ta pod?

Po północnej stronie nieba pojawił się księżyc, wąski, częściowo zasłonięty rzadkimi chmurami sierp.

– Chyba że... – nagle powiedział Jeff i równie nagle przerwał, po czym ruszył przed siebie. – To musi być to.

– Co? – spytała Edie, ale był już z powrotem przy drzwiach. – Dokąd...

– Chodź za mną. – Przytrzymał jej otwarte drzwi. – Tędy się schodzi prosto do piwnicy. Myślę, że powinniśmy tam sprawdzić.

W miarę jak byli coraz niżej, coraz wyraźniej słyszeli odgłosy z kuchni. Ktoś wykrzykiwał składane przez gości zamówienia. Na palcach przemknęli ostatnie półpiętro i dopadli ciemnych magazynów. W głębi, z boku otwarte dwuskrzydłowe drzwi prowadziły do szerokiego korytarza, kończącego się drewnianym pomostem, rampą dla dostawców.

Jeff szybko wepchnął Edie do bocznej niszy, gdyż w drzwiach jednego z pomieszczeń stanął dźwigający gigantyczny krąg sera kuchcik.

– Druga półkula musi być gdzieś tutaj – powiedział Jeff, gdy tamten poszedł swoją drogą.

– Jeśli masz rację, to powinna być dokładnie pod wiatrowskazem. Gdzie by to wypadało?

Jeff spojrzał na rampę, potem w odwrotnym kierunku.
– Gdzieś tam, w prawo.
Ostatnie drzwi, dokładnie naprzeciwko szerokiego korytarza, nie były zamknięte na klucz. Otworzyli je i Edie wymacała staromodny bakelitowy przełącznik. Pomieszczenie okazało się wilgotne i cuchnące. W głębi, na wysokości głowy, było wąskie zabrudzone okienko, wychodzące na wilgotną, zarosłą mchem ścianę. Z góry, z *campo*, snuło się wątłe światło. Po lewej, na metalowych półkach, stały różnego rodzaju skrzynie. Po prawej piętrzyły się pudła z wizerunkiem wielkiej rolki papieru toaletowego i czerwono-biało-zielonym firmowym napisem „Dolce vita".

Edie usiadła na stosie skrzynek, złożyła ręce na kolanach i rozejrzała się po magazynie.

Jeff westchnął.

– To musi być gdzieś tu – ocenił.

Porwał dwie leżące pod oknem skrzynie. Rzucił je na środek brudnej cementowej wylewki i wszedł na nie. Sięgnął po duży, prostokątny plafon, oderwał go i trzymając oburącz, przekazał Edie, która rzuciła go na metalową półkę. W suficie obok kostki z przewodami ukazał się spód metalowej półkuli.

– Alleluja! – wykrzyknął Jeff.

Była zabrudzona, ale znacznie czystsza niż jej bliźniacza część, wystawiona na działanie sił przyrody. Na powierzchni wyryto dwie rzymskie cyfry, IV i V. Tuż poniżej był ledwo widoczny zapis muzyczny, seria nut na delikatnie zaznaczonej pięciolinii. W dole umieszczono dwa słowa: ZACHÓD SŁOŃCA.

W przejściu rozległy się kroki. Jeff wyjął z kieszeni długopis i przepisał na dłoni wszystko, co było na półkuli, każdą nutę.

– Szybko – zasyczała Edie, ciągnąc go za rękaw.

Drzwi się otworzyły, zasłaniając Jeffa i Edie przed dwiema osobami, które weszły do środka. Stare skrzydło miało wąskie pęknięcie, od góry do połowy wysokości, akurat w takim miejscu, że Edie i Jeff widzieli, kto się zjawił. Jednym z przybyłych okazał się kelner, drugim – starszy człowiek w zabrudzonym niebieskim kombinezonie. Kelner był z niewiadomego powodu zły. Wszedł na środek magazynu, warknął ledwo zrozumiałe polecenie, po czym zaraz wyszedł.

Robotnik zaklął pod nosem i otworzył plastikowy pojemnik. Pogrzebał w nim, wyjął pompkę do zlewu i też zniknął.

– Przepisałeś wszystko? – spytała po chwili Edie.

– Tak, ale to się nie trzyma kupy.

– Lepiej wyjdźmy osobno – powiedziała, gdy wrócili do westybulu.

Śmiechy gości zagłuszały muzykę. Jeff spojrzał na dłoń. Obok miał stoliczek z hotelową papeterią w skórzanym pudełku. Porwał kartkę z hotelowym logo, szybko przepisał to, co wcześniej zapisał na dłoni, złożył ją i schował do kieszeni na piersi. Po chwili przeciskał się przez tłum, szukając wzrokiem Roberta i Edie.

Wyszli na dwór, nie zwracając na siebie uwagi. Roberto posłał krótkiego SMS-a kierowcy i sternikowi, który zastąpił Antonia, i ruszyli do wyznaczonego miejsca spotkania. Zimną nocą nie było słychać prawie żadnych odgłosów.

– Sukces? – Ciepły oddech Roberta ścinał się w białe obłoczki w lodowatym powietrzu.

– Może – powiedział Jeff.

Nagle za ich plecami rozległ się odgłos kroków. Odwracając się, zobaczyli, że dziesięć metrów dalej jakaś postać błyskawicznie chowa się w drzwiach. Bez słowa rzucili się do biegu.

Prosto przed nimi był mroczny, kryty pasaż. Jeff pędził pierwszy. Dobiegli do skrzyżowania w kształcie litery „T". Wysoko na murze żółta strzałka z napisem „San Marco" wskazywała na zachód. Sternik miał czekać z motorówką w wąskim kanale Rio San Martin.

Kiedy skręcali w prawo, Edie się obejrzała. Zobaczyła czarny kształt, mężczyznę w rozwianym płaszczu i czarnej masce, która zakrywała niemal całą twarz. Długie czarne pióra nad uszami powiewały do tyłu. W dłoni trzymał broń.

Wbiegli na brukowany placyk. Pośrodku, na skrawku ziemi, rosło tam pojedyncze, nagie drzewo. Edie odstała z tyłu, gdy zrzucała buty i podkasywała suknię. Uzbrojony człowiek pojawił się na *campo* w tej samej chwili, w której zrównała się z Jeffem i Robertem. Byli po drugiej stronie placyku. Napastnik uniósł broń i strzelił.

Tłumik zagłuszył huk. Pocisk uderzył w ścianę kilka centymetrów nad głową Roberta. Poszedł rykoszetem, zrywając kawałki gipsu.

– Ruszajcie się... Już niedaleko! – zawołał Roberto.

Napastnik strzelił po raz drugi. Kawałek gipsu trafił w ramię Edie. Krzyknęła, ale nie przestała biec, jedynie schyliła kurczowo głowę. Kiedy dotarli do kanału, kolejny pocisk zaświstał obok ucha Jeffa.

Około stu metrów dalej płynęła barka, udając się na północ. Po drugiej stronie kanału mała łódź wiosłowa kierowała się do kanału dopływowego, ale siedzący tyłem do ściganych wioślarz nie widział, co się dzieje.

Przebiegli w kierunku Ponte Arco, gdzie miała czekać na nich motorówka. Napastnik siedział im na karku. Rozległ się kolejny przytłumiony strzał. Roberto zatoczył się, jakby potknął się o kamień. Z lewego ramienia trysnęła mu krew. Kolejny strzał. Roberto w pełnym biegu wykręcił piruet. Złożył się wpół i padając, runął do kanału.

– Nie! – przeraźliwie krzyknęła Edie i zwolniła.

Jeff złapał ją za ramię i popchnął przed siebie. Nie mieli czasu na namysł. Działał odruchowo, pchany zwierzęcym strachem.

Skręcili w lewo, znowu w lewo... prosto w ślepy zaułek.

Jeff starał się osłonić Edie, gdy napastnik zwolnił do spacerowego tempa. Był wysoki, dobrze zbudowany. Chociaż miał na sobie kostium, rozpoznali go z łatwością. Mieli przed sobą mordercę Antonia, mężczyznę, który trzymał ich pod bronią na motorówce. Zatrzymał się i uniósł broń, owijając drugą dłoń wokół chwytu. Patrząc przez szczerbinkę, rozkazał:

– Podajcie mi wskazówkę. Już. Albo was zabiję. Podajcie mi wskazówkę. Nie macie żadnych szans. – Jeff sięgnął do kieszeni, grając na czas. – Powoli.

Jeff już wyjmował kawałek papieru, gdy w ciemności zaułka coś zalśniło i nad głową napastnika wyrósł ciemny przedmiot. Ten stęknął i padł na kamienie jak szmata. Zadźwięczała upuszczona broń, ślizgając się po bruku.

Niska, krępa postać w podartym płaszczu i starych rozlatujących się butach, obwiązanych sznurkami, przyklękła, oceniając, czy nie posunęła się za daleko.

– Dino – powiedział osłupiały Jeff, nie wierząc własnym oczom.

# ROZDZIAŁ 16

Północna Italia, maj 1410 roku

Podróż z Brisighelli do Wenecji zajęła sześć dni. Wiele lat później Kosma wspominał złe przeczucia, jakie ogarnęły kierującą się na północ grupę. Z każdą kolejną milą, która oddalała ich od Florencji, zanurzali się w coraz posępniejsze, coraz bardziej nieprzychylne mroki. Ścigały ich plotki o zarazie wyciągające zabójcze macki przez wsie, niepokoiły wieści o rozbójnikach, którzy ośmielali się napadać nawet na głównych gościńcach.

Jedną noc spędzili pod murami Modeny, wraz z wędrowną trupą rybałtów. Była to wesoła kompania, lecz nie ulegało wątpliwości, że poprawiają sobie nastrój nie tylko miodem, ale i czymś jeszcze, przedziwnym zielem, którym podzieliła się z nimi inna trupa, poznana w Wenecji. Twierdzili, że ów specjał pochodzi z Chin. Przywódca trefnisiów, wielki jak niedźwiedź mąż imieniem Trojan, pokazał Kosmie i jego towarzyszom, jak się roluje liście ziela, by wymięte i pociemniałe żuć. Smakowało niczym tymianek, ale rozbudzało falę wielkiej euforii, która trwała dobrą chwilę.

Spotkanie ze sztukmistrzami było jednym z rzadkich miłych wydarzeń, jakie przytrafiły im się podczas podróży. Kiedy rozstali się z nimi na skrzyżowaniu dróg na północ od Modeny, znów okrył ich czarny welon niepokoju.

Po długiej nocnej jeździe dotarli do Copparo, miasteczka pod Ferrarą. Słońce dopiero wstawało nad niskimi wzgórzami, oświetlając zielone pędy jęczmienia. Zakurzony szlak wiódł do ryneczku. Pokonali zakręt i trafili na kościół. Zebrał się pod nim spory tłum, który zaczął głośno wiwatować, gdy zapłonął stos. Nie minęła chwila, a płomienie zaczęły chciwie lizać rąbek habitu, w który był odziany przywiązany do byle jak ociosanego słupa człowiek. Duchowną szatę miał szarą, ręce związane, głowę ogoloną. Oczy pełne grozy.

Kat celowo użył mokrego drewna, by stos dłużej płonął. Kosma i Niccolò Niccoli odwrócili twarze, gdy zakonnik zaczął przeraźliwie wyć. Później się dowiedzieli, że nasienie, które złożył w łonach trzech młodych mieszczek, dało owoce.

Grupa zatrzymała się w tawernie na obrzeżu miasta. Przespali dzień, dręczeni smrodem wędzonego ludzkiego mięsa. Wrócili na drogę godzinę po zachodzie słońca, z ulgą żegnając miejsce wątpliwego odpoczynku. Kości zakonnika już zmiażdżono i miejski ludek rozrzucił popiół na jęczmiennym polu.

Kosma i jego otoczenie przywykli oglądać śmierć, ale mimo to żaden z nich nie potrafił się wyzwolić z coraz silniejszego uścisku grozy, z którą budzili się każdego kolejnego dnia. Niebo było ołowiane, ziemia zszarzała. Zaraza buszowała po okolicy, ale kostucha równie łatwo wyręczała się ludźmi. Dopiero gdy wjechali do Veneto, poczuli się pokrzepieni na duchu. Niecałą dobę później, dwie godziny przed zachodem słońca, dotarli do Mester.

Wysłali przodem posłańca. Miał zgłosić ich bliskie przybycie doży. W godzinę później, gdy dotarli do nabrzeża, podpłynęła do nich lekka galera z niewielką grupą na pokładzie. Jeden z mężczyzn wyskoczył na brzeg.

Kosma zsunął się z konia i podbiegł do niego, chwytając go w objęcia.

– Witaj, Ambrogio. Jak dobrze cię znów widzieć.

Ambrogio Tommasini odsunął przyjaciela na odległość wyciągniętej ręki i bacznie się mu przyjrzał piwnymi oczami.

– Musieliście mieć ciężką podróż. – Sam również wyglądał na zmęczonego, starszego niż w rzeczywistości, jakby dźwigał więcej niż swoje trzydzieści lat, lecz jego zaraźliwa energia natychmiast dała o sobie znać. – Z ulgą cię widzę, Kosi – mówił dalej – ale pojawiłeś się w najmniej sprzyjającej chwili.

Podjechał Niccolò Niccoli i przywitał się z Tommasinim, całując go w oba policzki. Ambrogio był jednym z najbardziej szanowanych członków ich kręgu. Szczególne więzy przyjaźni łączyły go z Kosmą, ale cała Liga Humanistów lubiła go i szanowała. Chociaż przebywał w Wenecji nie dłużej niż tydzień, pełnił ważną funkcję na dworze, był doradcą doży, wiekowego Michele Steno. Szeroko znany jako kopista i renowator antycznych pism, Tommasini przedtem pracował dla kurii rzymskiej i zaledwie pięć lat wcześniej wsławił się w świecie europejskiej nauki, odkrywszy krótką sztukę autorstwa Homera, przez większość uczonych uznaną za zaginioną w odmętach historii. Usługi Tommasiniego nie były tanie, mimo to był tak poszukiwany, że przebierał w oferujących patronat możnych jak w ulęgałkach.

– Rzadko widuję cię tak zasępionego, Ambrogio – zauważył Niccoli.

– Właśnie miałem to powiedzieć Kosiemu. Dżuma. Uderzyła dwa dni po moim przybyciu do miasta. Jest straszliwsza ponad wszelkie wyobrażenia. Zmarło już tysiąc ludzi i każdego dnia kolejne setki żegnają się z życiem. Miasto jest zamknięte dla przybyszów. Statki przechodzą kwarantannę przy San Lazzaretto Nuovo. Waszego posłańca zatrzymano, zanim wpłynął do miasta, i wieści o waszym przybyciu trafiły do doży. Goniec jest na moim statku…

– Ale...?

Tommasini uniósł dłoń.

– Nie martwcie się. Zwróciłem się do samego doży o nadzwyczajną przepustkę dla was dwóch, żebyście mogli ominąć kwarantannę. Wasi słudzy zostaną zawróceni do Florencji.

– To zaiste gorzkie wieści.

– Doża ma dla was zaproszenie, oferuje lokum w swoim pałacu. I ja mam tam komnatkę. To najbezpieczniejsze miejsce. Jednakże nadmienił, iż gdybyście zawrócili i powrócili do ojczyzny, przyjmie to ze zrozumieniem. Prawdę mówiąc, twój ojciec naciska go, aby bez względu na wszystko odmówił wam pozwolenia na wpłynięcie do miasta.

Kosma potrząsnął głową.

– Jestem pewien, że myśli tylko o...

– Na pewno, Ambrogio – warknął Kosma, patrząc na oranżową lagunę. Odwrócił się do Niccolego. – Muszę podążyć dalej. Nie mam wyboru, ale nie wymagam od ciebie, byś mi dalej towarzyszył.

– Kosma, nie gadaj bzdur – zbeształ go Niccoli i wziął się do zdejmowania saków, które do tej pory dźwigała jego klacz.

Po kilku milach z wody zaczęły wyrastać czarne kształty miasta. Wenecja wyglądała jak ogarnięta pożarem, światło zachodzącego za plecami podróżnych słońca odbijało się od starych murów i ścian, błyskało na dziesiątkach wieżyczek i krzyży. Kosma stał blisko steru zagubiony w myślach. Byłoby straszne, gdyby cały czas, który poświęcił do tej pory, poszedł na marne i wyłącznym zyskiem, jaki wyniósłby z przerwanej wyprawy, miałaby być przepaść powstała między nim i ojcem. Ich jedyny kontakt w Wenecji, nieznajomy imieniem Luigi, którego nakazał im odszukać Francesco Valiani, równie dobrze mógł nie żyć, zabrany przez zarazę. Jeśliby do tego doszło, jak odszuka brakującą część mapy, jak dotrze do monastyru Golem Korab?

Przybili do brzegu kawałek przed Piazza San Marco, przy cichym nabrzeżu kanału, który opływał tyły pałacu doży. Słudzy zabrali bagaże i do nabrzeża zbliżył się mężczyzna w pysznej szubie. Towarzyszyło mu czterech pikinierów w lśniących metalowych hełmach. Bogato przybrany pan przedstawił się jako Servo Zamboldi, osobisty sekretarz doży. Skłonił się nisko, ale trzymał się na dystans i nie podał dłoni podróżnym. Zaprowadził ich wąską kamienną dróżką, równoległą do kanału, która wiodła na pałacowy dziedziniec.

Pałac tchnął smutną, żałobną atmosferą. Kiedy mijali drzwi, Zamboldi skinął głową wartownikom, którzy stanęli na baczność. Pokonawszy za sekretarzem doży wielki łuk marmurowych schodów, Kosma i jego przyjaciele udali się majestatyczną galerią. Jej ściany zdobiły bogate dywany, a samą podłogę – piękne mozaiki; szpalery wspaniałych rzeźb ludzi i mitycznych stworów biegły z obu stron przejścia. Była to pierwsza wizyta Kosmy w Wenecji i chociaż słyszał o jej wielu wspaniałościach, przepych gmachu wprawił go w oszołomienie.

Doża Michele Steno okazał się wysokim, muskularnym mężczyzną. Miał dziewiąty krzyżyk na karku, twarz wąską, głęboko pomarszczoną, skórę białości ostrygi i siwe włosy wymykające się spod niebieskiej aksamitnej czapki do ramion. Nosił długi czarno-złoty płaszcz ze złotymi guzikami, biegnącymi od szyi do kostek u nóg. Kiedyś wielce zasłużony żołnierz, stał się potężnym politykiem, który od dziesiątek lat zdominował publiczne życie Wenecji. Siedział na kamiennym tronie, pod szkarłatnym baldachimem z weneckim lwem, i przyglądał się nadchodzącym gościom, po czym wstał i przywitał ich u stóp podwyższenia. Ale przezornie powstrzymał się od uściśnięcia dłoni lub objęcia przybyszów.

– Witaj, Kosmo Medyceuszu – rzekł, mierząc młodzieńca spojrzeniem szarostalowych źrenic. – Masz postawę i godne obejście twego prześwietnego rodziciela. To dobrze.

Kosma uśmiechnął się i skłonił, zanim przedstawił towarzyszy. Doża już nieraz spotkał się z Niccolem Niccolim.

– Oczywiście, uprzedzono mnie, że przybywacie – powiedział.

– Tak się domyślam – odparł na to Kosma, zerkając na Ambrogia.

– Ale najwyraźniej nie masz zamiaru usłuchać woli ojca. Twoja podróż musi być przedsięwzięciem wielkiej wagi.

– To prawda – powiedział krótko i szczerze Kosma. – I jesteśmy ci bardzo wdzięczni za gościnę, panie.

– Nie zakładaj z góry niczego, młody człowieku – cicho odparł doża. – Chcielibyśmy cię przyjąć jak najlepiej, ale przybyłeś o wielce niefortunnej porze. – Miał powagę na twarzy. – Ta zaraz morowa jest równie zawzięta jak wtedy, gdy nawiedziła nasze miasto w czasach mej młodości, niemal pół wieku temu. Dziś rano przekazano mi, że ponad tysiąc dusz pożegnało się z tym padołem. Próbowaliśmy czego się tylko dało: aromatycznych olejków, bicia we wszystkie dzwony Republiki i salw armatnich ze wszystkich dział Arsenału. Wszelkie nasze wysiłki poszły na marne.

– Przykro mi słyszeć o waszej niedoli, panie. I nasza sprawa zatrzyma nas tu najkrócej, jak to możliwe. Pragnąłbym przy najbliższej sposobności udać się do Ragusy\*.

– Do Ragusy? – Doża przez chwilę wbijał wzrok w Kosmę, po czym uciekł spojrzeniem w bok. – Ty i twoi towarzysze jesteście tu jak najmilej witani. Przygotowano dla was komnaty w pałacu. Pomogę wam we wszystkim,

---

\* Obecnie Dubrownik.

aby tylko uprzyjemnić wasz pobyt, i każę moim ludziom przysposobić dla was statek. Nie muszę przypominać, że przez wzgląd na własne dobro musicie postępować z najwyższą ostrożnością. Proszę, nie opuszczajcie pałacu, nie zabierając przewodnika spomiędzy moich sekretarzy. Życzę wam miłego wieczoru.

Po tym jak trzej Florentczycy zostali wyprowadzeni z komnaty, doża wrócił na tron i przyzwał gestem Zamboldiego. Wartownicy stali pod ścianami, daleko poza zasięgiem głosu.

– Chcę wiedzieć o wszystkim, co robią, w każdej chwili – rozkazał Steno. – I to obejmuje Tommasiniego.

– Oczywiście, mój panie. Ale nadal nie pojmuję, dlaczego zdecydowałeś się na to ryzyko i pozwoliłeś tym ludziom przekroczyć mury miasta.

– Tacy mężowie jak młody Medyceusz i jego przyjaciele nie udają się w tak daleką podróż bez poważnego powodu. Zwłaszcza do miasta nawiedzonego morem. Zależy mu wielce na czymś, co znajduje się w Wenecji, i chociaż prosiłem go, by się nie oddalał bez przewodnika z pałacu, oczywiście właśnie tak uczyni i to przy pierwszej sposobności.

Zamboldi skinieniem głowy przyznał rację zwierzchnikowi.

– Ale skąd mamy wiedzieć, czy nie są zarażeni? Skąd mamy wiedzieć, czy nie pogorszą naszej sytuacji?

– Nie wiemy. – Doża uśmiechnął się niewesoło. – Ale też z drugiej strony... czy nasza sytuacja może się jeszcze pogorszyć? Nie wydaje mi się. Czasem ryzyko jest konieczne.

– Ale...

Steno spiorunował wzrokiem podwładnego.

– Dość. Teraz zrób, jak każę. Jeśli ktoś z tego towarzystwa choćby pierdnie, chcę zaraz o tym wiedzieć. Rozumiesz?

Zamboldi skłonił się.
– Wykonać natychmiast – zakończył spotkanie doża.

– Więc jaki masz plan, Kosmo?
Zapytany i Niccolò Niccoli siedzieli przy stole w wystawnym pokoju w oddzielnym skrzydle pałacu. Podłoga była goła, jeśli nie liczyć pięknego czerwonego dywanu na samym środku komnaty. Krótki korytarzyk wiódł od drzwi do dużej sypialni.
Rozległo się ciche pukanie do drzwi.
– Wejść.
Szybko wkroczył Ambrogio Tommasini.
– Ach, w samą porę. Niccolò właśnie mnie pytał, jaki mam plan.
Tommasini odsunął krzesło i wyprostował długie nogi.
– Myślę, że się zgodzicie, panowie – ciągnął dalej Kosma – że bez zwłoki powinniśmy wypełnić nasze zadanie w tym mieście.
– Zacny doża postawił na końcu korytarza warty – zauważył Tommasini.
– Naturalnie obawia się, że możemy wystawić na szwank zdrowie tych, którzy ukryli się za zamkniętymi drzwiami tego pałacu – odparł Kosma.
– Z drugiej strony... – zaczął Niccoli.
– Myślę, że rozsądnie będzie założyć – przerwał mu z uśmiechem Kosma – że doża jest co najmniej ciekaw celu naszego przybycia do jego miasta. Jeśli nie, to czemuż by ryzykował wyjęcie nas spod kwarantanny? Nieważne. Przed chwilą mieliśmy gońca. Wygląda na to, że nasz kontakt, Luigi, jest cały i zdrów i oczekuje mnie.
– Oczekuje ciebie?
– Upiera się, bym sam przyszedł na spotkanie.
– Ale Kosmo...! – wykrzyknął Niccolò.
– Doceniam twoją troskę, Niccolò, ale tu niczego się nie starguje. Jeśli nie przystanę na warunki Luigiego, nie za-

prowadzi nas do miejsca, w którym spoczywa brakujący skrawek mapy. Bez tego czas, który do tej pory poświęciliśmy, okaże się stracony, a ryzyko, na jakie naraziliśmy życie, bezpłodnym igraniem z losem. Poza tym zadanie wydaje się dziecinnie proste. Nie traćmy czasu na próżne rozważania. Ambrogio, wiem, że przebywasz tu krótko, ale wyobrażam sobie, że po spotkaniu z Valianim postarałeś się odszukać I Cinque Canali.

Tommasini skinął głową i rzekł:

– Narysuję ci mapę.

– Brawo. Niccolò, musisz odwrócić uwagę wartowników, żebym mógł się wymknąć z pałacu. Daj mi dwie godziny, byśmy mogli się spotkać w umówionym miejscu. Musisz nam znaleźć odpowiedni statek i załogę, tak byśmy przed świtem wyruszyli morzem do Ragusy. To krótka przeprawa, ale wyjątkowo ryzykowna. Jeśli nie stawię się do kresu trzeciej godziny nocy, musisz podążyć moim śladem. Najdokładniej jak zdołasz.

– Ja też płynę do Ragusy – oświadczył Tommasini, zaskakując pozostałą dwójkę.

– Ale nie masz powodu...

– Kosmo, jestem tak samo ciekaw jak ty. Poza tym chcę się wydostać z tego zapomnianego przez Boga miasta.

Kosma pokiwał głową.

– No, tak – powiedział.

Zawiązując mocno na ustach i nosie zamoczoną w soku jałowca chustę, Kosma wyszedł na dwór. Była noc. Miał na sobie tunikę, pludry, mocne skórzane buty i długi prosty płaszcz. Do boku przypasał jednoręczny miecz. Przed wyjściem jeszcze pociągnął tęgi łyk z porcelanowej butli, którą wcisnął mu w rękę Ambrogio.

– To *triaca* – wyjaśnił. – Miażdżony bursztyn i starte orientalne przyprawy. Może choć trochę ochroni cię przed dżumą.

Przestrzeń San Marco była zbyt otwarta nawet w ciemnościach bezksiężycowej nocy, tak więc Kosma przebiegł chyłkiem wąską dróżką, która doprowadziła go do północnego boku placu. I Cinque Canali było blisko Campo Santa Luca, w równej odległości od San Marco oraz Canal Grande, i Kosma ostrożnie pokonał biegnącą wzdłuż szarej koronki wody drogę.

Domy były ciemne. Stwarzały takie wrażenie, jakby wyciekło z nich wszelkie życie. Wielekroć tak było. Wiele drzwi naznaczono byle jak namalowanym białym krzyżem i zabito deskami, odcinając mieszkańców od świata i skazując ich na chorobę i śmierć.

Szlak Kosmy kończył się na małym placu, w którego centrum stał kosz z płonącym drewnem. Posypane kadzidłami bierwiona gorzały oranżem i różem, napełniając powietrze gryzącym aromatem i rzucając żałobne cienie na mroczne ściany okolicznych domów. Kosma za plecami usłyszał jakiś dźwięk. Zaskoczony odwrócił się w samą porę, by ujrzeć, jak z dróżki, którą przyszedł, wyłania się jakaś postać. Na placyk wkroczył wysoki mężczyzna. Nosił białą maskę z nosem w kształcie zakrzywionego dzioba, która zasłaniała mu całą twarz, czarną czapkę z nausznikami oraz karczkiem. Dźwigał ogromną czarną torbę. Był to medyk morowy, rzadki egzemplarz człowieka, który decyzją samego doży miał zakaz opuszczania miasta i nakaz opiekowania się chorymi. W milczeniu minął Kosmę i zniknął w wąskim przejściu po południowej stronie placu.

Ambrogio poinstruował Kosmę, by opuścił plac po stronie północnej. Szedł pośpiesznie, trzymając się cieni. Dyszał i zaczęła go piec twarz, spocona pod chustą. W końcu dotarł przed wysoki narożny dom. Jego fasadę pokrywały liszaje, a górne okna szczelnie zatrzaśnięto. Nad drzwiami wisiał szyld z napisem „I Cinque Canali".

Kosma, już zbliżając się, słyszał strzępy muzyki i głosy. Pchnął drzwi i znalazł się w długim wąskim pomieszczeniu. W głębi widniał mały kontuar, na nim metalowe tacki z zapalonymi świecami, rzucającymi mętne, kremowe światło. Przy kontuarze stało dwóch pijących mężczyzn, trzeci siedział w kącie, grając na lutni. Kiedy wszedł nieznajomy, wszyscy niespokojnie odwrócili się ku niemu.

Kosma miał do nich przemówić, gdy zza kontuaru pojawiła się marnie ubrana postać.

– To mnie szukasz – powiedział siwy, rozkudłany karzeł okryty byle szmatami i wsparty na koślawej lasce. Światło świec rzucało na jego twarz białe, poszczerbione plamy. Kosma ze zdumieniem ujrzał, że jego oczy są pokryte bielmem. – Pewnie jesteś zaskoczony – zachichotał Luigi. – Odgaduję to po tym, jak się ruszasz. Słyszę, że przestępujesz z nogi na nogę. – Skierował niewidzący wzrok na skórzane buty Kosmy.

– Znasz człowieka, który mi podał twoje imię?

– Znam Francesca długie lata – odparł Luigi. – Przebyliśmy razem wiele mil. Nie zawsze byłem ślepy. – Starzec roześmiał się. Twarz mu się zmarszczyła jak gnijące jabłko, bezzębne usta odsłoniły wiśniowe dziąsła.

– Wybacz – rzekł Kosma, ocierając czoło. – Nasz wspólny przyjaciel powiedział mi, że mógłbyś mi pomóc.

– A mogę, zaiste, mogę – stwierdził Luigi i mijając Kosmę, prosto jak po sznurku podążył do drzwi gospody. – A więc ruszajmy.

Jak na ślepca Luigi poruszał się z zaskakującą szybkością i zręcznością. Drobił wzdłuż pasaży i placów z pewnością obdarzonego wzrokiem człowieka, poruszającego się w biały dzień. Wydawało się, że dysponuje szóstym zmysłem, lub też może utrata jednego z posiadanych zwykłą koleją rzeczy wyostrzyła pozostałe.

Kosma z trudem dotrzymywał mu kroku. Szli ciemnymi zaułkami. Zewsząd napierały na nich domy, ciche jak sarkofagi. Nagle w oddali rozległ się długi krzyk, jakby przemówiły czeluście piekła.

Luigi odwrócił się w tamtym kierunku, nie zwalniając tempa.

– Wszyscy umieramy, jeden po drugim – mruknął.

Przeszli wąskim drewnianym mostem i wkroczyli na małe *campo*. Również tu płonął kosz. Bierwiona ledwo się tliły, rzucając mglistą poświatę, tchnącą woniami buczynowego i cytrynowego drewna. Setki komarów i ciem krążyły wokół gasnących płomieni. Dalej była kaplica.

– Rzecz, której szukasz, jest w środku tego domu – powiedział obojętnym tonem Luigi. – Chodź.

Przekręcił i pociągnął ciężki żelazny pierścień w drzwiach. Wślizgnęli się do środka i drzwi z hukiem zatrzasnęły się za nimi. Wnętrze kaplicy gorzało od światła. Rzucały je świece, setki świec, rozstawionych byle jak w świecznikach i płytkich talerzach w nawie głównej oraz w bocznych niszach. Luigi poszedł wolno środkiem i Kosma ruszył za nim. Stukot butów odbijał się echem od ścian. Na wprost przed Luigim i Kosmą stał ozdobny parawan, opisujący ukrzyżowanie. Był nowy, buchał kolorami. Kapiąca z dłoni Chrystusa krew wydawała się niemal prawdziwa.

Za parawanem rozległy się szelesty i wyłonił się zza niego ksiądz. Wysoki, wychudły. Kapłański strój wisiał na szczupłej postaci i wydawał się niemal komiczny. Oblicze księdza było ściągnięte, oczy – umęczone.

– Witajcie, panie – skłonił się niezręcznie. – Jestem ojciec Enrico. Nasz wspólny przyjaciel, Francesco Valiani, zostawił instrukcje. – Zupełnie nie zwracał uwagi na Luigiego. – Zechciejcie iść za mną.

– Ja też mam swoje instrukcje, księże – oznajmił Luigi.

– Tego nie było...

– Będę towarzyszył wielmożnemu Medyceuszowi.

– Nie ma potrzeby... – zaczął Kosma.

– Będę wam towarzyszyć, wielmożny panie – powtórzył Luigi i pewnie ścisnął ramię szlachcica. Ksiądz zawahał się, ale zanim zdążył coś dodać, Luigi uśmiechnął się do niego bezzębnymi ustami i rzekł: – A więc osiągnęliśmy porozumienie.

Ojciec Enrico pierwszy ruszył do bocznych drzwi w nawie. Za nimi pokazała się wąska klatka schodowa, ledwo mieszcząca dorosłego mężczyznę. Na dole ksiądz otworzył kluczem ciężkie drewniane drzwi. Kosma oraz Luigi minęli za nim próg i wszyscy trzej stanęli w długim korytarzu, oświetlonym jedną oliwną lampą, wiszącą u sufitu. Czuć było wonie wilgoci i zgnilizny.

– Ten korytarz wiedzie do pierwotnej kaplicy – wyjaśnił ksiądz, ruszając dalej. – To jedna z pierwszych budowli wzniesionych w Wenecji. Powstała tysiąc lat temu i poświęcił ją wielki ojciec Kościoła, sam biskup Atanazy. Kaplicę, którą widzieliście, panie, zbudowano na starej. Tej moi bracia i ja używamy do wyjątkowych obrzędów.

Kaplicę tworzyła jedna, skromna komora. Jej krzyżowe sklepienie wspierało się na czterech grubych filarach. Środek posadzki zdobiła szeroka na tęgi krok, skomplikowana mozaika. Światło dawały świece, rozmieszczone w obiegających komorę niszach.

– Piękna – powiedział Kosma.

– Cieszę się, że doceniacie jej prostą urodę, wielmożny panie – rzekł ksiądz, patrząc mu prosto w oczy. – Oczywiście wasz wzrok przyciąga ta podłogowa mozaika z piątego wieku, opisująca narodzenie Naszego Pana, Jezusa Chrystusa. Ale kryje ona nieoczekiwane sekrety. Mistrz Valiani dał wam klucz, czyż nie tak?

Kosma sięgnął pod tunikę.

– Ach! – wykrzyknął ojciec Enrico i podszedł do sobie wiadomego miejsca w posadzce. – Rzemieślnicy z dawnych wieków byli mistrzami swego fachu. Ta mozaika to nie tylko piękna dekoracja, ale również skrytka artefaktów należących do mego zakonu. Jesteśmy arianami, wyklętą chrześcijańską sektą. Mistrz Valiani jest starszym rangą członkiem zakonu. Zostawił tu rzecz, której, panie, szukacie. – Wskazał w dół. – Mogę prosić o klucz?

Kosma dał mu go. Ojciec Enrico wsunął złoty klucz do dziurki w oku stojącej przy świętej kołysce postaci. Po obróceniu go w mozaice ujawniły się rysy. Kosma przyklęknął i pomógł księdzu ostrożnie odsunąć kamienną płytę.

Ukazało się zagłębienie, a w nim – pudło ze zwykłego drewna. Kosma wyjął je, położył na podłodze i uchylił wieko. W środku bielała kość.

– Co to jest? – spytał Luigi. – Dajcie, niech pomacam. – Delikatnie dotknął kości, przeciągając palcami wzdłuż jej długości. – Francesco Valiani opowiedział mi o tej świętej relikwii. To kość łokciowa świętego Benedykta. Francesco kupił ją, wracając ze Wschodu do ojczyzny.

– Nie tego się spodziewałem – wyznał Kosma. Obrócił w rękach relikwię. Wtedy dopiero dostrzegł, że jest w niej otwór. Podbiegł do najbliższej niszy, w której stała najgrubsza świeca, rzucająca najsilniejsze światło. Wsadził w otwór palec i wyczuł coś szorującego o szorstkie wnętrze. Z wielką ostrożnością wysunął zawartość makabrycznego schowka.

Był to brakujący fragment mapy Valianiego, krążek pergaminu średnicy małego palca, na którym widniały sporządzone wypełzłym inkaustem napisy i drobne rysunki. Kosma pozwolił sobie na lekki uśmiech.

– Dzięki Ci, Panie – wyszeptał.

Przy wejściu rozległ się szelest i Kosma szybko się odwrócił. Ale Luigi był jeszcze szybszy. Wyskoczył przed niego.

– Cofnijcie się, panie! – wykrzyknął.

Do komory wbiegli dwaj mężczyźni, ubrani w proste habity przewiązane grubym sznurem. W półmroku zakapturzone twarze były niewidoczne. Każdy dzierżył miecz.

Luigi zepchnął Kosmę pod ścianę i osłaniając go własnym ciałem, wyszarpnął spod zwojów zatłuszczonego przyodziewku krótki miecz. Ojciec Enrico ostrożnie wycofał się pod ścianę. Był całkowicie spokojny.

– Jeszcze krok, a zginiecie – syknął Luigi.

To rozbawiło jednego z zakapturzonych osobników. Wybuchnął śmiechem.

Luigi zaskakująco żwawo skoczył przed siebie, unosząc miecz. Rozciął ramię jednemu z napastników. Ten zatoczył się w tył. Kaptur opadł mu z głowy, odsłaniając młodą przystojną twarz, okoloną czarnymi lokami. Luigi machnął mieczem po raz drugi, tnąc jedynie powietrze.

Kosma dobył ostrza i zrobił krok w przód. Kątem oka zauważył, że ksiądz chyłkiem podpełzł do drzwi i wyślizgnął się do korytarza.

Luigi machał mieczem, zataczając nim wielki krąg. Kosma zaatakował drugiego napastnika.

W tym momencie zraniony młodzieniec głęboko wbił miecz w pierś Luigiego. Siwy starzec padł na wznak. Jego broń z brzękiem odbiła się od posadzki. Drugi zakapturzony napastnik z zimną zaciekłością przyszpilił leżącego do kamieni. Luigi ni to kaszlnął, ni to westchnął. Znieruchomiał.

Ogarnięty gniewem Kosma kontynuował atak. Stal zadźwięczała o stal. Dwaj napastnicy podali tyły, ale tylko chwilowo. Rozdzielili się, biorąc Kosmę w dwa ognie. Kątem oka dostrzegł białą postać w kapturze, wyrosłą na progu komory. W tej samej chwili ledwo zdołał wziąć zasłonę, by powstrzymać potężne cięcie na głowę. Jeden z napastników odwrócił się, by odeprzeć przybysza, podczas gdy drugi dalej atakował. W komorze rozległ się nie dający się z niczym pomylić trzask, jaki wydaje stal, gdy rozdzielając skórę, mięśnie i kości, toruje sobie drogę w głąb ciała, i zabójca Luigiego z wrzaskiem upuścił oręż, łapiąc się za brzuch. Krew obficie siknęła przez drżące palce.

Śmiertelnie ranny, padając, wpadł na kompana. To dało

Kosmie znaczną przewagę i runął przed siebie. Ale przeciwnik, mimo że potrącony, nie stracił zręczności i determinacji. Unikiem uciekł pchnięciu Kosmy i odpowiedział kontratakiem.

Kosma poczuł palący ból w ramieniu. Zatoczył się w tył i wpadł na filar. Nagle dojrzał pod kapturem oblicze wroga: długi nos, brodę, płonące czarne oczy. Lecz wtem tkaninę habitu napastnika rozdarło ostrze miecza. Wyłaniał się, opleciony czerwienią. Oszołomiony skrytobójca opuścił głowę, gapiąc się na wystający z torsu kawał metalu. Runął na twarz. Kosma nie zdążył zejść z linii, którą siłą bezwładu spadał uniesiony miecz już martwego wroga, i przyjął cios na głowę.

# ROZDZIAŁ 17

Środkowy Atlantyk, wysokość 10 000 m, obecnie

Gulfstream G500 przebił granicę chmur i wpadł na otwartą przestrzeń lazuru nieba. Przestrzeń, którą za sobą zostawił, przypominała śpiące w szklanej kuli zimowe królestwo tuż przed tym, zanim je ktoś obudzi. Luc Fournier odstawił na szeroką poręcz skórzanego fotela kieliszek dobrze schłodzonego Cristala i zaczął rozmyślać nad rzadkim przypadkiem w swojej karierze: porażką, której ostatnio zaznał. Dwa dni temu był o krok od przekazania odbiorcy dużej dostawy, części atomowego reaktora dla jego irańskich przyjaciół, gdy służba ochrony bezpieczeństwa Wielkiej Brytanii, MI5, przejęła ładunek na międzynarodowych wodach, rozpiepniając w drobny mak jego operację. Cargo, specjalistyczne urządzenia, za które zapłacił, miało wartość ponad dziesięciu milionów funtów. Naturalnie nie było żadnych śladów mogących zaprowadzić do niego lub jego firm, ale takie potknięcia zagrażały jego reputacji, a to właśnie ona była najcenniejszym elementem jego aktywów, nie pieniądze, akcje czy nieruchomości.

Telefon komórkowy Fourniera zapiszczał, informując, że na prywatny numer, znany bardzo wąskiej grupie ludzi, przyszła wiadomość tekstowa. Sięgnął po niego i przeczytał: SKY NEWS. PRZYDATNE. Nacisnął guzik pilota. Rozświetlił się szeroki ekran. Fournier wzmocnił głośność.

– Pierwsze raporty wskazują, że ta komórka pełniła zasadniczą rolę w rozległej operacji. Funkcjonariusze służb antyterrorystycznych uważają, że całkowita masa ładunku to ponad dwa kilogramy zabójczego środka biochemicznego. Nie wiadomo dokładnie, jak zamierzano go użyć. Jest na ten temat wiele teorii, ale zapewne minie trochę czasu, zanim ustali się dokładnie, jak można było użyć tej broni oraz przeciwko komu tak naprawdę mogła być zastosowana. Jedno jest pewne. Po tym, jak policja i służby bezpieczeństwa dwa dni temu zlikwidowały podobną komórkę, zajmującą się technologią nuklearną, zaliczyły drugie poważne zwycięstwo w wojnie wywiadów z ośrodkami terrorystycznymi. Z Londynu mówiła Victoria Manley...

Fournier z ledwo powstrzymywaną wściekłością nacisnął pilota, po czym cisnął go na drugą stronę kabiny samolotu, patrząc, jak odbija się od drzwi i sunie po wykładzinie podłogi.

# ROZDZIAŁ 18

Wenecja, obecnie

Zostawiwszy Dina obok leżącego napastnika, Edie i Jeff wrócili biegiem do kanału. Nowy sternik wyciągał na pokład cumującej motorówki bezwładnego Roberta.
– Żyje? – krzyknęła Edie.
Służący nie odpowiedział. Roberto leżał na plecach. Miał zakrwawioną koszulę i otwartą krwawiącą ranę na lewym ramieniu. Twarz rannego była sina, wargi – białe. Leżał bez życia.
Edie rzuciła się do masażu serca, kilkakrotnie nacisnęła klatkę piersiową nieprzytomnego, zrobiła oddychanie usta-usta. Nadal nic. Powtórzyła oba zabiegi. Nagle Roberto dźwignął głowę i zakaszlał, wypluwając wodę na suknię Edie. Otworzył powieki.
– Szybko... do szpitala! – zawołała Edie.
Jeff z powrotem wyskoczył na brzeg. Sternik przerzucił koło sterowe, włączył silnik i skierował motorówkę na środek kanału.
Jeff odprowadził ją wzrokiem, po czym pędem wrócił w zaułek. Był już prawie na miejscu, gdy z mroku wyskoczył czarny kształt i potrącił go tak, że Jeff wpadł na ścianę. Postać w długim płaszczu zniknęła w wąskim pasażu.
Z zaułka dobiegał cichy jęk. Jeff pobiegł po kocich łbach i zastał Dina siedzącego pod murem. Dyszał z trudem.
– Dino... jesteś ranny.

Jego przyjaciel trzymał się za brzuch, ubranie miał zbroczone krwią.
– Jeff – jęknął.
Jeff poszukał po kieszeniach komórki, wyciągnął ją i zadzwonił na numer pogotowia.
– Uratowałeś nam życie – powiedział.
Dino wolno rozwarł powieki i słabo się uśmiechnął.
– Zaraz przypłyną ratownicy...
Ranny dostał spazmatycznych drgawek.
Jeff zerwał z siebie smoking i okrył rannego.
– Trzymaj się – dodawał mu sił. – Proszę, tylko wytrzymaj.
Kiedy się pochylił, zobaczył, że Dino szarpie srebrny łańcuszek na szyi.
– Jeff, weź to. Jesteś moim jedynym przyjacielem. – Łańcuszek pękł. Dino wepchnął go w dłoń Jeffa i owalny srebrny medalion sam się otworzył. W środku były dwie miniaturowe fotografie: czarnowłosej kobiety i dziewczynki o piwnych oczach. Miała może sześć, siedem lat, szpary między zębami i uroczy uśmiech. – Jeff, przyjacielu. Mnie on niepotrzebny. Spotkam się z moimi dziewczynami już zaraz, już...

Jeff nie miał pojęcia, jak długo siedział tak przy ciele Dina. Nagle silne ramiona szorstko poderwały go w górę i ktoś wrzeszczał mu do ucha. Dwaj policjanci wyłamali mu do tyłu ręce i założyli kajdanki. Jeff protestował, ale nie zwracano na to uwagi. Zaprowadzono go do kanału, gdzie na falach unosiły się dwie motorówki policyjne i motorówka-karetka. Kiedy przeprowadzano go na pokład pierwszej, zauważył transportowane do karetki nosze na kółkach.
Przesłuchanie ciągnęło się dwie godziny. Co robił obok zabitego? Skąd go znał? Gdzie broń? Czy działał sam? Jaki miał motyw? Ale wtem, gdy już miano go od-

prowadzić do celi aresztantów, został wypuszczony. Pojawił się świadek, mieszkaniec zaułka, w którym zginął Dino. Widział wszystko, co się wydarzyło. Od chwili, w której Jeff i Edie zostali osaczeni, do przybycia policji. Tajemniczy napastnik postrzelił z przyłożenia Dina i uciekł, gdy Jeff wracał do zaułka.

Podczas całego przesłuchania Jeff z trwogą myślał o Rose. Nie zaoferowano im ochrony policyjnej; funkcjonariusze, którzy go przesłuchiwali, wciąż byli przekonani, że tak czy inaczej jest zamieszany w zabójstwo, ale nie mieli żadnej podstawy, by go zatrzymać. Pozwolono mu na jeden telefon do Roberta, ale w *palazzo* nikt nie podniósł słuchawki. Kazano mu wyłączyć komórkę. Po wyjściu z komisariatu włączył ją i znów zadzwonił. Tym razem Vincent niemal natychmiast odpowiedział i zapewnił go, że Rose bezpiecznie śpi. Zadzwonił po wodną taksówkę i po dziesięciu minutach pędził Canal Grande blisko Ferrovii.

Ospedale Civile, główny szpital obsługujący wyspę Rialto, wyglądał jak wiele innych pięknych, dobrze zachowanych budynków upakowanych z właściwą temu miastu elegancją w sercu Wenecji. Niemal osiem wieków temu, za czasów doży Reniera Zeno, służył sześciu ważnym miejskim konfraterniom i znano go pod nazwą Scuola Grande di San Marco. Po bokach łukowatego wejścia, wykończonego dwiema głębokimi niszami, które również wieńczyły łuki, były malowidła iluzjonistyczne, opisujące sceny z życia świętego Marka. Kursowali tamtędy dzielnicowi urzędnicy.

Wodna karetka przybiła do brzegu nieopodal gmachu. Nosze wniesiono na oddział ratunkowy. W środku budynek wyglądał już całkiem podobnie jak każdy zachodni szpital o pierwszej w nocy w karnawałową niedzielę, tak że gdy Jeff wszedł tam bez tchu i bezgranicznie przybity, ujrzał całkowicie przygnębiający widok.

Znalazł Edie. Siedziała w najdalszym kącie poczekalni, przy automacie z napojami orzeźwiającymi. Nowoczesne okno z metalowymi ramami i aluminiową żaluzją oddzielało ją od wiekowego *campo*. Uściskali się i Jeff dostrzegł, że płakała.

– Jest wciąż na sali operacyjnej – powiedziała, gdy prawie bez życia padł na krzesło obok.

– Co mówią lekarze?

– Nic.

– Dino nie żyje.

– Dino?

– Człowiek, który uratował nam życie. Był bezdomnym, żebrakiem. Znałem go od wieków.

– Tak bardzo ci współczuję – cicho powiedziała Edie i uścisnęła mu dłoń.

Z hukiem otworzyły się drzwi, popchnięte noszami. Dwaj sanitariusze w zielonych strojach operacyjnych próbowali uspokoić mężczyznę, który miotał się, usiłując wyrwać kroplówkę i ściągnąć z twarzy maskę tlenową. Jeff przeciągnął palcami po włosach, wziął głęboki oddech i spuścił wzrok. Był załamany.

Usłyszał ciche kaszlnięcie i podniósł głowę.

– Signor Martin, signorina Granger, witam. – Aldo Candotti patrzył na nich, założywszy ręce za plecy. – Muszę z państwem porozmawiać.

Zaprowadził ich do prostego pokoju, w którym stał stół i kilka niewygodnych krzeseł. Szare ściany kiedyś były białe, na wysokim suficie płonęła jarzeniówka, podłoga była z nagiego betonu. Candotti wskazał im krzesła.

– Rozumieją państwo, że mam obowiązki do wykonania i potrzebuję odpowiedzi na pewne bardzo niepokojące pytania. Kiedy ostatnim razem się spotkaliśmy, powiedziałem, że się o was martwię, gdyż tam, gdzie się pojawiacie, są mordowani ludzie. Teraz trafił się nam kolejny trup.

– Panie prefekcie – powiedziała z westchnieniem Edie – czy panu się wydaje, że nie chcielibyśmy panu pomóc? Byliśmy na przyjęciu w Gritti Badoer. Wypiliśmy kilka drinków i wyszliśmy około jedenastej. Kiedy szliśmy, zaczął nas gonić jakiś mężczyzna z bronią, ubrany w karnawałowy strój. Roberto został postrzelony.

– Tak, tak, rozmawiałem z funkcjonariuszami, którzy zdjęli pana Martina. Jakiś szalony zabójca gonił was przez pół Wenecji. Ni stąd, ni zowąd uratował was szlachetny żebrak, który, tak się złożyło, był waszym przyjacielem, dobrze mówię?

– Złożyłem szczegółowe zeznanie – powiedział Jeff.

– I nie ma pan pojęcia, kim był uzbrojony napastnik?

Jeff wytrzymał spojrzenie Candottiego.

– Absolutnie żadnego.

Candotti prychnął.

– Panie prefekcie – znów zabrała głos Edie. – Proszę mi uwierzyć, kiedy mówię, że mam takie wrażenie, jakbym od kilku dni została wessana w jakiś koszmar. Do zeszłego tygodnia żyłam spokojnie we Florencji, wykonując swoją pracę. Moim największym problemem było to, czy spektrometr na promienie podczerwone działa i czy właściwie odmierzyłam czynniki. Od tamtej pory zamordowano mojego wujka i moje życie było w niebezpieczeństwie więcej niż raz.

– A jak było w pańskim wypadku? – spytał Candotti, zwracając się do Jeffa. – Czy pańskie życie również było wzorcem normalności?

Zapytany wzruszył ramionami i odparł:

– Nie strzelano do mnie, jeśli o to panu chodzi.

Candotti nagle się zerwał. Gniew i frustracja wykrzywiły mu twarz.

– Na Boga żywego! – wykrzyknął. – Nic mi się tak nie uśmiecha, jak wsadzić was za kratki na tak długo, aż dojdziecie do wniosku, że macie mi coś ciekawszego do powiedzenia.

– Przykro mi – westchnął Jeff. – Z chęcią pomógłbym panu.
Candotti wziął głęboki oddech, po czym rzekł:
– Znakomicie. Nie mogę wydusić z was informacji, chociaż są chwile, że bardzo chętnie bym to zrobił. Ale uważam, że należałoby wam przypomnieć, że jesteście w naszym kraju gośćmi. Wasza sytuacja jest... powiedzmy... delikatna. Ukrywacie informację ważną dla dobra śledztwa i na której mi zależy. Może tej nocy nie zaoferowałem wam marchewki, ale wierzcie mi, następnym razem będę miał bardzo, bardzo gruby kij.

Candotti zatrzasnął za sobą drzwi, a Jeff i Edie wrócili na pogrążony w chaosie oddział ratunkowy. Rzadko odzywali się do siebie, zagubieni w myślach. Godzina minęła, wlokąc się minuta po minucie, zanim podszedł do nich młody lekarz w nieskazitelnie czystym kitlu, niosąc plik dokumentów szpitalnych.
– Jesteście państwo przyjaciółmi pana Armatovaniego, prawda? – Usiadł naprzeciwko. – Miał ogromne szczęście. Jeden pocisk roztrzaskał kość lewego ramienia i doprowadził do przemieszczenia barku. Wydobycie pocisku zajęło sporo czasu i natrafiliśmy na poważne uszkodzenie nerwów. Drugi pocisk przeszedł na wylot. Cudownym zbiegiem okoliczności ominął kręgosłup i wszystkie najważniejsze organy wewnętrzne. Doszło do pewnego zniszczenia tkanek, ale połataliśmy je. Spodziewamy się pełnego powrotu do zdrowia.
– Czy możemy się z nim zobaczyć? – spytała Edie.
– Jest wciąż nieprzytomny i utrzymamy go w tym stanie mniej więcej osiem godzin, by wspomóc proces leczenia. Na państwa miejscu udałbym się do domu, odpoczął. Odwiedziny zaczynają się od południa. Jestem pewien, że przyjaciel państwa będzie zachwycony, widząc was jutro po południu.

*Campo* było dziwnie spokojne. Kolejna fala mgły napłynęła z laguny, okrywając wszystko cienkim jak pajęczyna welonem. Jeff spojrzał na zegarek; był kwadrans po drugiej.

– Chodź, do mnie jest niedaleko.

W tej dzielnicy paliło się niewiele latarni. Edie drżała i Jeff objął ją i mocno przytulił.

Skręcili z głównego traktu komunikacyjnego w wąską dróżkę, która prowadziła do skrzyżowania. Jeff co rusz oglądał się za siebie. Przed sobą mieli słabo migoczący wąski kanał i most; po obu stronach chodnika wisiały rzędy prania. Słysząc dobiegające z boku szuranie, podskoczyli nerwowo. Z mgły i cieni wynurzył się pręgowany kot, spojrzał na nich z pogardą i zniknął.

– Cholera! – Jeff głośno odetchnął i roześmiał się.

Po chwili dotarli do Palazzo Ducale. Włóczyło się tam kilku imprezujących nocnych marków, a mała grupka dobrze wstawionych wenecjan stała pod Torre dell'Orologio, prowadząc hałaśliwy spór. Jeff i Edie przecięli San Marco i weszli w wąski pasaż, prowadzący do drzwi mieszkania Jeffa.

Ledwo Jeff otworzył drzwi, Edie rzuciła się na kanapę i ziewnęła. Jeff wyjął filiżanki do kawy i włączył ekspres.

– Wiesz co, myślałam... – zaczęła. – Jak Bruno, który umarł w tysiąc sześćsetnym roku, mógł zaprowadzić nas do wskazówki mówiącej o Vivaldim, który urodził się prawie wiek potem?

– Brawo, Watsonie – powiedział Jeff. Skupiając się na łańcuchu tajemniczych wskazówek, wiodących do tajemnicy Medyceuszy, z przyjemnością oderwał się od myślenia o potwornościach tej nocy.

– Jest jedna możliwość. Vivaldi lub jakiś jego współpracownik znał wskazówkę Bruna i zmienił ją. Tak jak Bruno zmienił wskazówkę Contessiny Medycejskiej na San Michele.

– Ale dlaczego miałby to uczynić?

– Może był członkiem I Seguicamme.

– To niewykluczone – przyznał Jeff. – Roberto powiedział, że stowarzyszenie się rozpadło. Kiedy to...? W końcu osiemnastego wieku?

– A kiedy umarł Vivaldi?

– Nie jestem pewien. W latach czterdziestych, pięćdziesiątych osiemnastego wieku?

– I spędził większość życia tu, w Wenecji, prawda? – kontynuowała Edie.

– Więc sugerujesz jakieś powiązanie, uważasz, że I Seguicamme było stowarzyszeniem strzegącym tajemnicy Medyceuszy, o której mówił Mario Sporani? I każde pokolenie jego członków uważało za swój obowiązek poprawić wskazówki, a raczej jeszcze bardziej je zaciemnić?

– Może. Ale bez względu na to, czy Vivaldi miał kontakty z I Seguicamme czy nie, ktoś z nim związany musiał przeniknąć sens wskazówki Bruna.

Jeff przyniósł filiżankę z kawą i postawił ją na niskim stoliczku przy kanapie. Edie leżała wygodnie wyciągnięta, oparłszy głowę na poduszkach, wpatrzona w sufit.

– Dzięki – zamruczała.

Jeff podszedł z filiżanką w dłoni do szerokiego okna i wyjrzał na niemal pusty plac. Ozdobne frontony herbaciarni i drogich cukierni były ciemne. Campanilla wyglądała jak niesamowita, zamieniona w kamień rakieta. Wracając w myślach do wydarzeń nocy, Jeff poczuł w brzuchu nagły skurcz niepokoju. Wszyscy tak blisko, tak bardzo blisko otarli się o śmierć... i Dino, biedny Dino.

Obejrzał się na Edie. Zasnęła na kanapie, nie tknąwszy kawy. Uśmiechnął się do siebie. Nie widział jej śpiącej od czasów college'u, gdy regularnie zapadała w drzemkę na kanapie u znajomych, mimo że wokół impreza trwała w najlepsze. Poszedł do sypialni po koc, okrył nim przyjaciółkę i musnął wargami jej czoło.

Co tak naprawdę się działo? Tyle spraw nakładało się jedna na drugą. Początkowo zajmowali się Contessiną, potem Brunem, teraz Vivaldim. Jakby przeglądali katalog wybitnych i wartościowych osób. A jednak wyglądało na to, że nic ich nie łączy poza mglistą wzmianką o tajnym stowarzyszeniu, I Seguicamme, „Wyznawcach". Czyżby to była ta wątła nić, która łączyła superbogatą żonę władcy miasta-państwa, na wpół szalonego heretyka i kompozytora *Czterech pór roku*?

Vivaldi! Musiał się skupić na Vivaldim. Contessina Medycejska zaprowadziła ich do Giordana Bruna, a ten zaprowadził ich do Vivaldiego. Biografia rudego księdza zawierała nowy drogowskaz w ich poszukiwaniach i wskazówka, którą on lub ktoś z nim związany zostawił, mogła ich zaprowadzić do następnego kawałka układanki. Tylko że nic nie wiedział o sławnym kompozytorze.

Pociągnął łyk kawy i w tym momencie znacznie lepszy pomysł wpadł mu do głowy.

– Oczywiście – powiedział na głos. – Oczywiście.

# ROZDZIAŁ 19

Wenecja, maj 1410 roku

Unosił się. Było cudownie; nie czuł żadnego bólu. Wszelki strach zniknął. Ale przede wszystkim doświadczał wszechogarniającej ulgi. Zniknęła presja, a wraz z nią wszystkie oczekiwania, jakie z nim łączono. W tym raju nikt nie mógł go dosięgnąć. Nikt nie mógł kazać mu walczyć. Ale też teraz nie było o co walczyć, bo nic nie miało znaczenia. Mógł tak żyć wiecznie, jedynie się unosząc. Jakby wrócił do stanu błogości tuż po narodzeniu.

Potem pojawiła się jakaś twarz. Czy to była matka? Stała nad nim. Wzywała go po imieniu. Poczuł na policzku jej delikatną rękę. Gładziła mu twarz, odgarniała włosy z czoła. Usłyszał, jak mówi: „Kosmo". Ale głos ścichł i on znów się unosił, unosił w ciepłym oceanie szczęścia, które szybko zaczął cenić ponad wszystko w świecie.

Tommasini i Niccoli siedzieli w małej łodzi w ustalonym miejscu spotkania, San Silvestro na Canal Grande, na krańcu dzielnicy San Polo. Noc była spokojna i cicha. W oddali na brzegu kanału płonęły światła rezydencji.

Niccolò Niccoli pierwszy zauważył tę niewiastę. Otulona długim szarym szalem, który okrywał również głowę, niosła rzucającą skąpe światło latarnię.

– Ty jesteś Niccolò Niccoli? – spytała rzeczowo.

Kiwnął głową.

– Mam pilne wieści.

– Od kogo?

– Tego nie mogę wyjawić. Oto one: twój przyjaciel, Kosma, ma rzecz, której szukacie, ale jest ranny. Przebywa w dobrych rękach. Czeka na was statek. – I popatrzyła na drugiego mężczyznę w łódce.

– Kosma jest ranny? – spytał Niccoli.

– Niegroźnie.

Niccoli poczuł falę ulgi.

– Kim jesteś?

– Nazywam się Caterina Galbaoi. Koniecznie muszę zabrać was do tego, kto mnie przysłał. Nie ma czasu do stracenia.

Ambrogio dołączył do nich, gdy ruszyli za kobietą.

– To może być pułapka, Niccolò – powiedział, nie spuszczając oka z kobiety.

– To nie pułapka – odparła ze spokojem. – Tej nocy polała się krew. Nim wstanie świt, wasz przyjaciel Kosma będzie poszukiwany za morderstwo. Wy zostaniecie aresztowani i osądzeni jako współsprawcy. Doża jest naciskany, a to szczwany lis. Nie macie szansy przeżyć i wszystko, co maestro Valiani dla was uczynił, pójdzie na marne.

– Valiani?

– Maestro Valiani to mój wuj.

Niccoli błyskawicznym ruchem dobył miecza i przytknął sztych ostrza do gardła niewiasty.

– Udowodnij – zasyczał.

Kobieta wciągnęła głęboki oddech i wysunęła spod szala rękę. Na palcu miała srebrny pierścień z dużym prostokątnym granatem.

Chowając miecz do pochwy, Niccoli nisko się skłonił.

– Proszę, zechciej przyjąć moje pokorne przeprosiny, signora.

Łódź dotarła do wyspy Giudecca na szerokim kanale, płynącym na południe od głównych wysp republiki. Dwaj mężczyźni pracowali przy wiosłach, podczas gdy Caterina prowadziła ich wodną drogą ku otwartym wodom laguny. Woda była spokojna jak tafla szkła i smoliście czarna, ale tutaj, z dala od ciasnoty dotkniętego chorobą miasta, powietrze wydawało się świeższe.

Za murami stały niektóre z najwspanialszych pałaców Wenecji, otulone przepysznymi ogrodami gniazda najszlachetniejszych rodzin Italii. Mieszkańcy tych rezydencji rzadko pokazywali się zwykłym śmiertelnikom. Z pierwszymi wieściami o dżumie całkowicie zniknęli, wierząc, że u siebie będą bezpieczni.

Było bardzo ciemno, lecz gdy minęli przylądek, ujrzeli światła i stopniowo wyłaniający się z mroku maszt statku. Kiedy podpłynęli jeszcze bliżej, zaczęli rozróżniać kształt kadłuba. Była to dwudziestopięciołasztowa* karawela. Dwa trójkątne żagle zwisały martwo, bezradne w nieprzyjaznej ciszy morskiej.

Za plecami wiosłujących wyrosła duża birema. Na dziobie stali dwaj kusznicy z bronią gotową do strzału. Byli w barwach floty weneckiej, ozdobionych złotym lwem świętego Marka na czerwonym tle. Za nimi stało kilku innych.

– Niech to diabli! – wykrzyknął Niccoli, gdy bełt klasnął o wodę tuż obok nich.

Odległość między łodziami malała w oczach. Kilkanaście bełtów przeszyło powietrze. Jeden trafił w burtę, reszta przeleciała nisko nad ich głowami. Wtem kilka strzał śmignęło w odwrotnym kierunku, wpadając do wody tuż przed burtą biremy. Ścigający kusznicy weszli pod ostrzał z karaweli.

Druga seria strzał przeleciała nad wodą. Jeden z kusz-

---

* Łaszt – dawna miara objętości (od 3 tys. l) i tonażu – ok. 2 t.

ników krzyknął i padł twarzą w zimną lagunę. Lunęła trzecia, większa ulewa pocisków i z biremy w odpowiedzi padło kilka bełtów. Rozległy się kolejne wrzaski, groty zagnieździły się w ciałach.

Ostatnim rozpaczliwym wysiłkiem Florentczycy ustawili łódkę burta w burtę z karawelą. Niccoli uniósł Caterinę do sznurowej drabinki, zwisającej z burty statku, i gdy już nawała bełtów uderzyła w twarde deski i odbiła się od nich, kobieta wdrapała się na pokład. Tommasini najszybciej, jak mógł, wspiął się po drabinie. Bełt minął go o dłoń. Zanim ostatni z kompanów dotknął stopą pokładu, kotwica poszła w górę i karawela ruszyła z miejsca.

– Szczęśliwie udało się wam zbiec, przyjaciele.
Niccoli pierwszy znalazł się przy Kosmie.
– Ta młoda niewiasta powiedziała, że zostałeś ranny.
– Drobne stłuczenie łba, nic poważnego.
Niccoli popatrzył na szerokie rozcięcie na czole przyjaciela, który poza tym miał podbite oko i ramię owinięte rękawem tuniki.
– Widzi mi się, że nieco poważniejsze – rzekł Niccoli i łagodnie potarmosił Kosmę za włosy. – Ale wygląda na to, że dobrze się tobą zajęto.
Kosma klepnął w plecy przyjaciela.
– Więc co się dzieje, na Boga? – spytał Tommasini. Morska piana skleiła mu blond kędziory, a policzki miał wciąż zaczerwienione po trudach udanej ucieczki.
– Wiem niewiele więcej niż wy – zaczął Kosma. Opowiedział im najważniejsze szczegóły tego, co się wydarzyło, od opuszczenia Palazzo Ducale aż po przybycie na pokład statku, niecałe pół godziny wcześniej. – Zanim spytacie, mówię wam, że nie mam absolutnie pojęcia, kim jest mój wybawca. Ale wiem, że zawdzięczam mu moje...
Przerwał, widząc głęboką ciekawość na twarzach przyjaciół. Patrzyli na kogoś, kto pojawił się za nim. Odwrócił

się i ujrzał Caterinę. Tuż za jej plecami stała biało odziana postać, unosząca na wysokość ramienia latarnię.

– Wydaje mi się, panie Kosmo, że to jej zawdzięczasz życie – poprawiła go Caterina.

Przyglądali się postaci w bieli, gdy zsuwała kaptur. Długie czarne loki opadły na biały materiał.

Kosma trzema susami przebiegł pokład.

– Contessina! – wykrzyknął. – Moja kochana, Contessina… – Zatrzymał się. – Nie wiem, czy powinienem się uszczypnąć, czy szukać medyka. Czy mam zwidy? Może to tamto uderzenie w głowę?

– Miłości moja – przywitała go Contessina. – Nie jestem zjawą.

Krew odpłynęła z twarzy Kosmy.

– Panowie, zechciejcie nam wybaczyć, ale wydaje mi się, że moja pani i ja powinniśmy porozmawiać.

Usiedli w kajucie kapitańskiej, wąskiej izdebce, w której nie pomieściło się nic poza stołem mapowym, wąską koją i niewygodną dębową ławką.

– Tej nocy zabiłaś dwóch mężów – powiedział Kosma.

– Trzech. Nie mogłam pozwolić, żeby ten ksiądz uszedł z życiem.

– Ta Contessina, którą niecałe dwa tygodnie temu zostawiłem we Florencji, nie potrafiłaby zabić muchy.

– Kosi, wybacz mi, że nie byłam z tobą szczera.

– Już nie wiem, kim jesteś.

– Wciąż jestem tą samą kobietą, twoją narzeczoną, kobietą, którą kochasz, jak twierdzisz.

– Contessino…

Pochyliła się i położyła mu palec na ustach.

– Pozwól, że opowiem ci całą historię, ukochany. Wiesz, że mistrz Valiani był preceptorem Niccolego. Tak się składa, że uczył również mojego brata, Marca, który jest starszy ode mnie. Pewnego dnia, kiedy Marco miał lekcję, bawiłam się w bibliotece. Valiani spytał brata o pewną rzecz z matematyki i Marco nie umiał odpowiedzieć. Valiani zadał mu inne pytanie. Marco znów nie wiedział. Był zupełnie nieprzygotowany. W końcu Valiani okropnie się zdenerwował. Bałam się, że brat zaraz dostanie za swoje, gdy nagle Valiani odwrócił się do mnie i powiedział: „Ty głupcze. Nawet twoja mała siostrzyczka potrafiłaby na to odpowiedzieć". Nie mam pojęcia, co mnie naszło. Może bałam się o brata, może o własną skórę. Tylko wybąkałam: „Sześć i cztery". Nagle Valiani się uśmiechnął. „Znakomicie – pochwalił mnie. – Spróbujmy jeszcze raz". Pewnie musiałam mu udzielić dobrej odpowiedzi, bo się znów uśmiechnął. Mistrz był mną zafascynowany. Odesłał brata, zadawszy mu jakieś zadanie domowe, i przepytał mnie dokładniej. Widzisz, Valiani to złożona osobowość. Oczywiście, jest humanistą, ale również starszym rangą członkiem heretyckiej sekty, arian, która odrzuca pojęcie Trójcy Świętej i w związku z tym jest potępiona przez Rzym. Valiani jest również mistrzem wielu nieznanych w Italii sztuk Wschodu, fechmistrzem i mężem wtajemniczonym w wiele gałęzi tajnej wiedzy. Stał się moim nauczycielem i przewodnikiem. Zawsze okazywał mi uprzejmość, łagodność, ale zdawałam sobie sprawę, że jestem dla niego jedynie okazem, który poddaje badaniu. Wyszkolił mnie w łacinie, grece, matematyce, filozofii i historii. Nauczył mnie władać mieczem i łukiem. Umiem dosiąść rumaka i poprowadzić łódź żaglową. To była nasza tajemnica i jak mówię, w oczach mistrza byłam ledwie przedmiotem eksperymentu. Po czym może pięć lat temu rzekł mi, iż wybiera się w podróż, która niemal na pewno będzie jego ostatnią wielką wyprawą. Nigdy nie miał żony ani potomka. Żartował, że gdybym tylko była chłopcem, wszystko byłoby dużo łatwiejsze. I prosił mnie, bym nigdy nie pozwoliła, aby moje umiejętności się zmarnowały, gdyż wierzył, iż pewnego dnia coś się wydarzy, stan rzeczy się zmieni i stanę się kimś ważnym w jego życiu, ważnym dla sprawy humanistów, ważnym dla świata nauki. Dwa tygodnie temu Valiani znów pojawił się w moim życiu. Opowiedział mi o swoich odkryciach i tajemnicy, której sercem jest znana ci mapa. Wyjaśnił, jaką wizję roztoczył przed tobą i twoimi przyjaciółmi, oferując wam możliwość udania się na poszukiwanie Golem Korab, ale przy tym pragnął, abym została, jak to nazwał „jego ostatnią deską ratunku".

Nie, Kosi, nie zrozum mnie źle – powiedziała szybko Contessina i położyła dłoń na ręce Kosmy. – Rzecz nie w tym, iżby mistrz Valiani ci nie ufał lub nie wierzył w twoje zdolności, ale był przekonany, że co dwie głowy to nie jedna. Zdawał sobie sprawę, że nie może ci o mnie powiedzieć, i poza tym wiedział, że nie jest to dobry czas, bym sama złożyła ci ze wszystkiego relację. Nie wtedy, nie we Florencji.

– Ale...

– Kosi, chcę, żebyś przede wszystkim zrozumiał jedno. Nie wysłano mnie po to, abym w taki czy inny sposób zastępowała ciebie czy Niccolò. Jednak mistrz zdawał sobie też sprawę, że po drodze będą czyhały na ciebie niebezpieczeństwa. Wiedział, że jakiś strzęp informacji o tym, czego szukasz, znajdzie drogę do chciwych i niegodziwych uszu. Słyszał wieści o dżumie i niepokojach, a dzięki walecznemu i szlachetnemu Luigiemu także miał swoje podejrzenia względem ojca Enrica. Lecz o tym wszystkim dowiedział się dopiero niedawno i będąc we Florencji, nie mógł w żaden sposób przenieść fragmentu mapy do innej kryjówki.

– A co z twoją rodziną, Contessino? Nie mogłaś tak po prostu wyjść z domu.

– Valiani mi to ułatwił. Rodzice są przekonani, że przebywam u brata w Padwie.

– Zwiodłaś ich?

– Oboje jesteśmy do tego zdolni, Kosmo.

– A jak się dostałaś do Wenecji?
– Udałam się z Valianim do Rawenny. Ten statek, *La Bella Gisela*, jest własnością bogatego genueńskiego kupca, również ucznia Valianiego i brata arianina. Zmierza do Ragusy z ładunkiem świetnych sukien, ałunu i soli.
– Skąd wiedziałaś, że będę celem ataku?
– Nie miałam o tym pojęcia, ale mistrz Valiani wie, że doża to chytry i wyrachowany człowiek. Napadli cię ludzie z osobistej gwardii Steny. Doża opłacał również zdradzieckiego księżulka.

Między parą młodych ludzi zapadła lodowata cisza.

– Wygląda na to – rzekł w końcu Kosma – że zostałem uznany za głupca i nabrany. Przez wszystkich.

Przez kolejne dwa dni Kosma przebywał samotnie w swojej kabinie. Tak zwykł rozwiązywać problemy. Odcinał się od całego świata i nikomu nie zdradzał, co myśli. Jego przyjaciele wiedzieli, że nie należy mu wtedy przeszkadzać. Ambrogio miał inne zmartwienia; całą przeprawę przesiedział na pokładzie, z wiadrem między kolanami. Niccolò miał sporo doświadczenia w podróżach morskich, jego krewni byli wprawnymi żeglarzami, tak więc ku wielkiemu smutkowi Ambrogia, jego przyjaciel czuł się na pokładzie tak wygodnie jak w swojej wytwornej rezydencji.

Contessina nigdy nie widziała, by Kosmo tak się w sobie zamknął. To ją martwiło, niepokoiło, chociaż rozumiała jego uczucia. Uznał, że go zdradziła, że nosiła maskę bardziej oszukańczą niż jakiekolwiek karnawałowe weneckie przebranie, że oszustwem rozbudziła w nim miłość, ukazując mu się w nieprawdziwej postaci.

*La Bella Gisela* trzymała się dalmatyńskiego wybrzeża. Była dużym, ale szybkim statkiem, i gdy płynęli na wschód, Kosma pod czujnym okiem kapitana pilnował kursu. Był to region podporządkowany Wenecji, na który mieli chrapkę Turcy. Przepłynęli Zatokę Wenecką jakieś dwadzieścia mil morskich na zachód od Triestu i minąwszy przylądek Savudrija na Istrii, wyszli z cienia półwyspu i płynęli wzdłuż wysp leżących na zachód od zatoki Kvarnerić. Tu wiele wysepek i osłoniętych grot oferowało bezpieczne schronienie rywalizującym bandom bezlitosnych piratów, którzy od dawna przeczesywali te wody, od Triestu po Split.

Był wczesny ranek, gdy Kosma ocknął się z głębokiego snu, czując, jak statek unosi się na fali i opada. Postawiona na roboczym narożnym stoliku klepsydra przeleciała w powietrzu, mijając o włos jego głowę. Wygrzebując się z koi, stracił równowagę i upadł plecami na stolik.

Pokład był zalany wodą i załoga rozpaczliwie usiłowała uszczelnić luki. Kosma powoli przedostał się na mostek, na którym kapitan na próżno walczył ze sztormem, pragnąc utrzymać kurs. Wiatr wył, targając żagle. Kosma mógł ustać tylko dzięki temu, że złapał się przeciągniętych wzdłuż pokładu lin.

Kolejna fala wyniosła statek jak byle deseczkę. Morskie bałwany przetaczały się przez pokład, wbijając statek w dno, rozpruwając żagle i miażdżąc wszystko na pokładzie.

Z dziobu rozległ się dziki wrzask. Kosma dostrzegł, że jeden z załogi wypada za burtę. Wielka fala szaleńczo wyrzuciła statek w górę, ciskając Kosmę na pokład. Nie miał się czego uchwycić. Oczy piekły go od słonej wody i ledwo widział świat wokół siebie. Coś go uderzyło w głowę i przeszył go kolejny spazm bólu. Krew zalała mu oczy. Rozpaczliwie przebierając w powietrzu rękami, w końcu złapał się liny.

Czerwień zasnuła mu całe pole widzenia. Rozległ się upiorny trzask. Główny maszt runął na pokład, miażdżąc dwóch marynarzy.

Kosma próbował przeciągnąć się wzdłuż pokładu, ale

lina wymykała mu się z rąk. Zwaliła się na niego kolejna wodna kaskada, odbierając dech. Kapitan zniknął. Ster rozleciał się na kawałki. Kosma słyszał kobiecy wrzask, przebijający się przez huk żywiołów. Contessina przylgnęła do rufowego nadburcia, owinąwszy ramiona wokół krótkiego masztu flagowego.

Wbijając paznokcie w linę, ruszył do niej. Dojrzała go i przyzywała po imieniu. Czerpiąc z zapasów sił, o których istnieniu nie miał pojęcia, ciągnął się po linie. Po chwili dotarł do Contessiny. Była krańcowo wyczerpana i ledwo mogła mówić. Krwawiła z rozcięcia wysoko na czole.

Wycie dobiegło spod dziobu statku i *La Bella Gisela* zawisła na wodnej górze. Wszędzie wokół niej opadały z hukiem czarne rozszalałe odmęty, wielki, pierwotny, pożerający wszystko wir. Contessina uścisnęła go tak mocno, że wtopili się w siebie nawzajem, stali jednym ciałem.

„A więc to tak ona smakuje – pomyślał Kosma. – Tak smakuje śmierć".

Czuł się nieskończenie mały, pozbawiony wszelkiego znaczenia, kropeczką, punkcikiem, niczym. I gdy statek wywinął kozła w wodnym bezmiarze jak łódeczka z kory, Kosma Medyceusz poczuł dziwną ulgę. Niebawem wszystko miało się skończyć.

# ROZDZIAŁ 20

Wenecja, obecnie

Usytuowane przy wąskiej uliczce przy via XXII Marzo biuro Giovanniego Tafaniego było tylko parę kroków od mieszkania Jeffa. Za ponurą betonową fasadą Edie i Jeff poczuli się przeniesieni do barokowej elegancji i klasycznego dostojeństwa Wenecji.

Jeff miał wielkie opory przed spuszczeniem z oczu Rose, ale gwałtownie sprzeciwiła się pomysłowi, że ma się z nim gdzieś wlec i słuchać, jak plotą trzy po trzy – tak to określiła – z jakimś nudnym starcem o dawno nieżyjącym kompozytorze. I była nad wyraz szczęśliwa, że może się wybrać z Marią do Mestre, gdzie jej młodszy brat miał niewielkie gospodarstwo.

Tafani czekał na Jeffa i Edie przy recepcji. Zaprowadził ich do dużego gabinetu na pierwszym piętrze. W jego oczach, zeszłej nocy zasłoniętych delikatną złotą maską, było znużenie.

– Tak się złożyło, że poranny telefon państwa był dla mnie zaskoczeniem – powiedział, zapraszając gestem, by zasiedli w skórzanych fotelach przed imponującym dębowym biurkiem. – Muszą się państwo pogodzić z tym, że jestem w takiej, prawdę mówiąc, marnej formie! A więc co mógłbym dla państwa zrobić?

– Jesteśmy bez serca. Chcielibyśmy pana jeszcze bardziej wymaglować – odparła lekkim tonem Edie. – Roberto powiedział nam, że jest pan największym autorytetem, jeśli chodzi o Vivaldiego.

– Co też on państwu naopowiadał...! Piękny komplement, przyznaję. Jak maestro się miewa?

– Też dość marnie – odparł Jeff i szybko zerknął na Edie. – Właśnie się zastanawialiśmy, czy mógłby nam pan powiedzieć, czy Vivaldi interesował się wiedzą ezoteryczną? Czy w jakikolwiek sposób ciekawił go okultyzm?

– Na pewno był kimś bardzo niezwykłym – szybko odparł Tafani. – Z powodu jego płomiennych rudych włosów nazywano go *Il prete rosso*, „rudy ksiądz". Miewał napięte stosunki z władzami Ospedale della Pietà, gdzie był nauczycielem gry na skrzypcach.

– Ospedale della Pietà? Co to? – spytała Edie.

– Przytułek dla dziewcząt. Pod koniec siedemnastego wieku było ich w Wenecji cztery. Służyły za dom i szkołę dla osieroconych dzieci. Jak na ówczesne czasy były całkiem oświeconymi instytucjami. Vivaldi uczył muzyki i zlecano mu pisanie koncertów, które sieroty wykonywały publicznie.

– Proszę nam więcej opowiedzieć o jego niełatwych stosunkach z władzami.

– Msze odprawiał tylko kilka miesięcy. Krążyły brzydkie plotki, że uwiódł nieletnią podopieczną, że uczestniczył w podejrzanych erotycznych i okultystycznych praktykach, ale absolutnie nie ma na to żadnych dowodów. Mam po dziurki w nosie tak zwanej rewizjonistycznej wizji historii. Można by pomyśleć, że żaden z naszych bohaterów nie był bez skazy, jakby nowoczesna społeczność musiała strącać z piedestału naszych dawnych mistrzów, gdyż dzięki temu czuje się lepiej ze swoim brakiem moralności. Myślę, że to więcej mówi o obecnej epoce niż o wielkich ludziach, którzy stworzyli nasze kulturalne dziedzictwo.

– Rozumiem, o co panu chodzi – powiedziała Edie, posyłając Tafaniemu krzepiący uśmiech.

– Czy Vivaldi całe życie przebywał w Wenecji? – spytał Jeff.

– Nie, nie, trochę podróżował. Kiedy był młody, został wyrzucony z sierocińca. Ale po roku znów go przyjęto.

– Co robił w trakcie tego roku?

– Uczył dzieci szlacheckiej rodziny w Padwie. Rodziny Niccolich, jak sądzę.

– Rodziny Niccolich z Florencji?! – wykrzyknęła Edie.

– Hm, tak. Wydaje mi się, że faktycznie stamtąd pochodzili. Ale w czasach Vivaldiego od co najmniej dwóch stuleci zamieszkiwali w Padwie. Czemu pani pyta?

– Nie ma pan żadnych informacji o roku spędzonym tam przez Vivaldiego, prawda? – spytała.

– Może szczęście uśmiechnęło się do państwa. – Tafani zaczął reagować na rosnącą ekscytację Edie. – Vivaldi pozostawił bardzo skomplikowany testament. Zmarł daleko od ojczyzny, w Wiedniu. Złożył podanie o pracę na dworze cesarskim, ale cesarz Karol Szósty zmarł niebawem po jego przybyciu i Vivaldi był pozostawiony własnemu losowi, bez pieniędzy i mecenasa. Po kilku tygodniach zmarł. Niektóre z jego papierów pozostały w Wiedniu. Inne trafiły do krewnych w różnych częściach Italii, a niektóre znalazły swoje miejsce u jego najbliższych przyjaciół, tu, w Wenecji. Pozostał po nim szeroko znany zestaw dokumentów, tak zwane *Wyznanie*, który Vivaldi przekazał najbliższemu przyjacielowi, malarzowi Gabrielowi Fabacciemu.

– Co to za *Wyznanie*?

– Chodźcie państwo, pokażę wam. – Tafani wstał.

– Ma go pan tu? – Edie nie mogła uwierzyć własnym uszom.

– Nie oryginał – wyjaśnił z uśmiechem Tafani. – Ale mamy zarchiwizowane na dysku wszystko, co Vivaldi kiedykolwiek napisał.

Wyprowadził ich z pokoju do galerii. Po chwili dotarli do biblioteki. W środku stały dwa rzędy komputerów.

Usiedli i Tafani kliknął myszą, mówiąc:

– Ujrzycie szczególnie fascynujący dokument. Vivaldi w Wiedniu zaraził się szkarlatyną i przez kilka dni był w delirium, zanim w końcu uległ chorobie. Większość uczonych jest przekonana, iż ten testament spisał na łożu śmierci i większa jego część to wymysły i omamy prawdziwie bożego człowieka, który lękał się o swoją duszę. – Na ekranie pojawił się tytuł *La Confessione*. – Jest długi, ale na szczęście mamy go w kilku językach. Sporo zagranicznych uczonych odwiedza Wenecję tylko po to, by zajrzeć do naszej bazy danych. – Tafani znalazł angielską wersję i otworzył plik. Wstając, powiedział: – Zostawiam państwa, byście mogli go swobodnie przejrzeć. Mam nadzieję, że byłem choć w części pomocny. Zapraszam do siebie przed wyjściem.

Przed nimi na ekranie widniał dokument zatytułowany *Zagarnięcie i zwrot*. Przystąpili do lektury.

Umieram. To, co teraz mówię, to absolutna prawda, przynajmniej tak ją widzę, prawda, którą pragnę się podzielić, zanim spotkam się z moim Panem, Zbawcą Wszechmogącym wszystkich ludzi.

Moja spowiedź zaczyna się od mego ojca, Giovanniego Batisty. Gdy byłem chłopcem, pracował dla architekta, któremu zlecono przebudowę starego domu przy Calle della Morte. Dziwnym elementem budowli był metalowy drąg, biegnący przez cały budynek, od fundamentów po dach. Po dziś dzień nikt nie wie, dlaczego go tam wstawiono. Mój ojciec trudził się przy pracach u fundamentów domu. Pewnego dnia natrafił na tęgą metalową skrzynkę, leżącą poniżej półkulistego elementu u podstawy metalowego drąga. Ukrył skrzynkę, a gdy później był sam, udało mu się otworzyć zamek.

Pewnie był nieco zawiedziony, bo nie znalazł złota ani drogich kamieni. Zamiast nich ujrzał fragment listu, spisanego na bardzo starym pergaminie, którego większość rozsypywała się w rękach. List sporządzono po łacinie, języku zupełnie mu nieznanym.

Ojciec zmarł kilka lat potem i odziedziczyłem zarówno skrzynkę, jak i sam list. Ale to dopiero w 1709 roku, kiedy liczyłem sobie trzydzieści dwa lata, ta rodzinna pamiątka zwróciła moją uwagę. Długi czas spoczywała w zapomnieniu. Pewnego dnia opróżniałem szafę, czyniąc miejsce na nowe manuskrypty i partytury, kiedym ją znalazł.

Okazało się, że jest to fragment listu spisanego przez Contessinę Medycejską, żonę Kosmy Starszego. Był adresowany do niejakiego Niccolò Niccolego. Co tragiczne, większość oryginału uległa zniszczeniu, poza tymi szczątkami, które tu przedstawiam.

Trzynastego dnia miesiąca czerwca,
Roku Pańskiego 1470

Mój zacny Niccolò

Mija prawie sześć lat, od kiedy odszedł mój ukochany Kosma. Ty i ja się starzejemy. Niebawem przyjdzie czas, bym spełniła obietnicę, którą niegdyś złożyliśmy, i do końca wypełniła rozpoczęte przed tak wielu laty zadanie…

…Nie zrozum mnie źle, mój drogi przyjacielu, podziwiam Twoją pracowitość i wierzę, że relacja, którą spisałeś z górą pół wieku temu, to najlepszy przykład naukowego i literackiego kunsztu. Jednakże serce mam pełne trwogi. Nie muszę Ci przypominać o delikatności materii, której dotykamy. Nikt nie może się dowiedzieć o naszym wielkim odkryciu – przynajmniej nie za naszego żywota. Ufam Twojej prawości i wiem, że zachowasz ostrożność. Nigdy nie pozwolisz, aby Twa relacja wpadła w niepowołane ręce, wszelako nie żywię podobnego zaufania względem innych, a co smutne, jesteśmy blisko kresu naszych dni…

…Zamierzam niebawem odwiedzić kartografów i z ich pomocą ukryję nasz skarb… Mam tu przy sobie ten flakonik, gdy piszę, gotowa ukryć przed oczami świata to, co wydarzyło się na Golem Korab...

...Czy pozwoliłbyś mi na umieszczenie wraz ze skarbem Twoich pism?... w bezpiecznym miejscu? Oto, wyłącznie tylko dla Ciebie, wskazówka, jak odnaleźć to miejsce:

...Z kartografami... Boże odzienie...

Żelazny krzyż... w samym środku...

Twoja przyjaciółka<br>...Contes...

W jednej chwili poczułem fascynację i zdumienie. Szczególnie bolałem nad tym, że ostatni fragment uległ zniszczeniu, i zaginęła część ze wskazówką informującą o lokalizacji skarbu. Nie muszę dodawać, że poczułem przemożną ochotę, aby się więcej dowiedzieć.

Tak się złożyło, że kilka tygodni potem w przyspieszonym trybie usunięto mnie z funkcji nauczyciela gry na skrzypcach w Ospedale della Pietà. Wygląda na to, że kilku starszych wiekiem zarządzających patrzyło na mnie krzywym okiem. Na szczęście odziedziczyłem po ojcu niewielki spadek i sam zdołałem zaoszczędzić nieco pieniędzy. Trochę czasu poświęciłem na odszukanie rodziny Niccolich, która, jak się okazało, należała do niezwykle szlachetnych i dawnych rodów. Męski potomek w linii prostej Niccola Niccolego mieszkał w Palazzo Moretti, dużej posiadłości nieopodal Padwy. Przekonawszy zarządcę Ospedale della Pietà do napisania listów rekomendujących moją osobę, znalazłem zatrudnienie jako nauczyciel muzyki najmłodszego pokolenia Niccolich.

W Palazzo Moretti miałem w bród wolnego czasu. Nauczałem jedynie dwie godziny. Resztę dnia spędzałem na rozmyślaniach i komponowaniu. Ale byłem tam w jednym konkretnym celu: chciałem się dowiedzieć możliwie najwięcej o związkach Medyceuszy z Niccolimi i wypełnić puste miejsca w liście Contessiny. Jaki był charakter jej wyprawy? I czemu wymieniająca listy para tak pieczołowicie strzegła tajemnicy?

Odpowiedzi znalazłem we wspaniałej bibliotece, pomniku wiedzy na cześć niedawno zmarłej głowy rodziny, Michelangela Niccolego, który był zapalonym kolekcjonerem tajemnej literatury i rodzinnym archiwistą.

Zasadniczy tekst znajdował się w trzech tomach dzienników Niccola Niccolego. Nie mogę zdradzić ich zawartości, gdyż mówią o przerażających rzeczach. Przeczytałem każde słowo napisane przez tego człeka. Jego opowieść tak mnie zafrapowała, że mało brakowało, a zostałbym przyłapany w bibliotece, która była przeznaczona wyłącznie do prywatnego użytku członków rodziny. Więcej, moja fascynacja była tak wielka, że ukradłem wzmiankowane tomy, po czym tak szybko, jak mogłem, przekazałem wiadomość o rezygnacji z mojej funkcji i wróciłem do Wenecji.

Przez następne pół roku cały mój wolny czas był zajęty kopiowaniem dzienników Niccola Niccolego. Miałem stanowczy zamiar zwrócić rodzinie oryginały. Kiedy dokonałem dzieła, anonimowo przesłałem księgi do Palazzo Moretti, korzystając z usług dyskretnego pośrednika.

Moje usiłowania rozwiązania tajemnicy Medyceuszy straciły rozmach, gdyż większą część późniejszej części dziennika spisano, posiłkując się szyfrem. Potrzebowałem lat, by go odczytać.

Teraz przynajmniej czuję niejaką dumę, że wystarczyło mi siły woli, aby się zatrzymać. Doszedłem do kresu mojego życia i przekażę w zaufaniu ten list i kopie dziennika najbliższemu przyjacielowi, Gabrielowi Fabacciemu. Sam bym je zniszczył, ale nie czuję się na siłach choćby jeszcze raz spojrzeć na te dokumenty. Poradzę przyjacielowi, aby zniszczył ten zbiór lub też może przesłał je tym, którym przysługuje największe prawo do ich posiadania, rodzinie Niccolich.

> Niech Pan zlituje się nade mną.
> Antonio Vivaldi
> 26 czerwca 1741 roku, Wiedeń

Jeff wstał z krzesła.

– Więc to ten fragment pism Contessiny Bruno nazywa niezwykle intrygującym dokumentem. Wspomniał, że trafił na wskazówkę co do miejsca, w którym ukryto tajemnicę Medyceuszy, ale niczego nie znalazł. Jego sługa, Albertus, musiał umieścić ten fragment listu w Gritti Badoer, gdzie niemal wiek potem znalazł go ojciec Vivaldiego.

– Więc teraz nie mamy wyjścia, musimy dotrzeć do dzienników Niccolò Niccolego.

Jeff miał odpowiedzieć Edie, gdy zadzwoniła jego komórka.

– Tato, tu Rose.

– Cześć, skarbie.

– Właśnie był telefon ze szpitala, Roberto się obudził i chce się z wami spotkać.

– Więc faktycznie przeczytaliście kopię testamentu? Niewiarygodne. – Roberto miał wkłucie nawet w zgięciu łokcia. Na stoliku obok łóżka, przy głośno pracującym monitorze pracy serca, stał pulsoksymetr\*. Twarz leżącego była posiniaczona, górna warga – rozbita, seria szwów spinała rozcięcie na czole. Wyraźnie cierpiał, ale starał się tego nie okazywać.

– Coś wiadomo o tym facecie, który do nas strzelał?

---

\* Urządzenie mierzące tętno i wysycenie hemoglobiny tlenem.

– Wygląda na to, że Candotti wie równie dużo jak po śmierci Sporaniego.

– Nie ulega wątpliwości, że się tu zjawi i będzie chciał mnie przesłuchać, kiedy tylko lekarze mu na to pozwolą.

– Każ temu King Kongowi przy drzwiach, żeby go zatrzymał. – Jeffowi i Edie ledwo udało się dostać do separatki Roberta, gdyż wejścia czujnie strzegł osobisty ochroniarz, stupięćdziesięciokilogramowy olbrzym w czarnym garniturze.

Roberto się roześmiał, potem skrzywił.

– Och, kiedy bliżej poznasz Lou, przekonasz się, że jest łagodny jak baranek.

– Nie jestem pewien, czy chciałbym go bliżej poznać – powiedział Jeff, rozmasowując ramię zmasakrowane przez Lou, gdy próbował wejść, nie przedstawiając się.

– Za to Tafani poszedł nam na rękę – zmieniła temat Edie. – Ale nie dowiedzieliśmy się niczego, co wiązałoby się ze wskazówką znalezioną w Gritti Badoer.

– Nie przejmujcie się tym, to moje zadanie. Tak przy okazji, macie tę kartkę?

Jeff podał Robertowi hotelową papeterię.

– Dzięki. Musicie iść za tym, co zostawił Vivaldi. Jak najszybciej jedźcie do Padwy.

– Łatwiej powiedzieć, niż zrobić.

– Bzdura. Wystarczy zadzwonić do Niccolich.

– Och, jasne... pestka – zaczął sarkastycznie Jeff, ale urwał. – Zaczekaj! Nie mów mi, znasz ich.

– No, tak prawdę mówiąc...

Edie się roześmiała i pochyliła, gładząc dłonią policzek Roberta.

– Jesteś niezastąpiony.

– Ależ dziękuję...

Rozległo się lekkie pukanie do drzwi i wmaszerował Aldo Candotti.

Roberto zadał sobie trud i wykrzesał na twarzy uśmiech.

– Właśnie o panu mówiliśmy, panie prefekcie.

Jeff ruszył do drzwi, a Edie ucałowała Roberta w policzek.

– I Jeff...! – zawołał z poważną miną Roberto. – Zabierzcie ze sobą Rose.

Palazzo Moretti niegdyś było częścią rozległej wiejskiej posiadłości, usytuowanej około pięciu kilometrów od centrum Padwy. Przez wieki wyprzedawano ją kawałek po kawałku i teraz zachowała ledwie cień dawnej chwały, majestatyczny dom na ekskluzywnym przedmieściu.

Edie, Jeff i Rose wynajęli samochód i wcześnie wyruszyli z Wenecji. Rose nie była uradowana perspektywą jazdy z dorosłymi, ale Jeff nie chciał nawet słuchać sprzeciwów. Przez większą część podróży siedziała naburmuszona i słuchała muzyki z iPoda.

Zaaranżowanie spotkania faktycznie okazało się łatwe, zgodnie z przewidywaniami Roberta. Giovanni Ricardo Marco Niccoli, dwudziesty trzeci baron tego imienia, był niezwykle szczęśliwy na wieść, że pozna przyjaciół Roberta.

Pałac stał z dala od głównej drogi, przy cichej, zadrzewionej szosie biegnącej na zachód z Padwy. Szeroki żwirowy podjazd wiódł do wspaniałej żelaznej dwuskrzydłowej bramy i przez cyprysowy gaj do pięknego piętnastowiecznego Palazzo Moretti, podobno zaprojektowanego przez ucznia Brunelleschiego. Elegancki kamerdyner przywitał ich przy wielkich drzwiach i zaprowadził przez niebotyczny hol do salonu.

Baron Niccoli oczekiwał ich. Wysoki mężczyzna, ubrany w drogi granatowy garnitur, miał siwe falujące włosy, a jego piwne oczy patrzyły ciepło i przyjaźnie.

– Witam serdecznie. – Angielszczyzna barona miała tylko lekki obcy akcent. Potrząsnął dłonią Jeffa i ucałował w rękę Edie. – A ty pewnie jesteś Rose. Prawdziwa angielska róża, jak widzę.

Rose szeroko się uśmiechnęła i cały jej nagromadzony gniew zniknął w jednej chwili.

– Wyobrażam sobie – kontynuował baron Niccoli – że nie jesteś zbyt uszczęśliwiona zaciągnięciem cię tu w sprawach, które dotyczą twojego taty. Nie mylę się?

– Nie odezwała się słowem przez całą drogę – oświadczył Jeff.

– Tato...!

Niccoli się roześmiał.

– No cóż, mam idealne antidotum na znudzenie. – Przy tych słowach dwóch chłopaków śmiało weszło do salonu. Nosili postrzępione dżinsy i T-shirty, ale mieli rysy arystokratów z dziada pradziada. Jeszcze bardziej uderzające było, że wydawali się absolutnie identyczni. Przynajmniej w oczach osób widzących ich po raz pierwszy.

– Rose, poznaj moich synów, Filippa i Francesca.

Uścisnęli dłoń dziewczyny.

– Lubisz motocross?

– No... – usiłował zainterweniować Jeff.

Rose spiorunowała go wzrokiem.

– Nigdy tego nie próbowałam, ale chętnie sprawdzę, czy dużo straciłam. – Spojrzała wyzywająco na dorosłych.

– To całkiem bezpieczne, Jeff, chłopcy jeżdżą w ochraniaczach i kaskach – wyjaśnił Niccoli.

Po chwili Edie i Jeff siedzieli z baronem. Między nimi stały filiżanki z kawą.

– A więc powiedzcie mi, co was tu sprowadza? Przy okazji, jak się miewa Roberto? Byłem trochę zaskoczony, że nie odezwał się osobiście.

– Miał wypadek. Nic poważnego, ale przez kilka dni poleży w łóżku.

– Naprawdę przykro mi to słyszeć. Miło byłoby znów go zobaczyć. Ojciec Roberta i ja znaliśmy się od szczeniaków.

– Zbieramy materiały do dokumentu telewizyjnego – powiedziała Edie. – Prezes weneckiego oddziału Vivaldi Society wskazał nam ciebie. Podobno kompozytor przebywał tu kilka miesięcy między tysiąc siedemset dziewiątym a tysiąc siedemset dziesiątym rokiem.

– Tak, zgadza się.

– I zafascynowały nas dzienniki jednego z twoich przodków, Niccola Niccolego, kondotiera, który był również bliskim przyjacielem Kosmy Starszego.

Baron sięgnął po espresso i pociągnął łyk.

– Tak, rozumiem, że to atrakcyjny temat dla telewizji. Ta historia zawiera wiele wątków dotyczących naprawdę fascynujących historycznych postaci. Mój prześwietny przodek podniósł rangę naszej rodziny, zapewnił jej tytuł. Wiele mu zawdzięczamy.

– Te dzienniki interesują nas szczególnie – kontynuował Jeff. – Epizod dotyczący Vivaldiego, który przyjechał tu uczyć członków twojej rodziny, to było coś niezwykłego. Interesuje nas opowieść o tym, jak ukradł te dzienniki, a potem zwrócił w poczuciu winy.

Niccoli roześmiał się z pobłażaniem.

– To prawda, chociaż sądzę, że nadaje się tej historyjce wymiar, na który ona nie zasługuje. – Westchnął. – No cóż, pomogę wam, ile będę mógł. Aż do niedawna mieliśmy kilka kopii tego dziennika. W latach dwudziestych zeszłego wieku dobrze znany angielski historyk J. P. Wheatley spędził tu rok, kopiując oryginały i pracując nad wersją przepisaną przez Vivaldiego i zwróconą moim przodkom, jak to określiłeś, w poczuciu winy. Ale potem mieliśmy tu pożar.

Jeff i Edie wymienili pełne obaw spojrzenia.

– Nie słyszeliście o tym? – zdziwił się baron. – To było

jakieś trzydzieści lat temu, około tysiąc dziewięćset siedemdziesiątego siódmego. Przebywałem wtedy w Oksfordzie. Ojciec niedomagał, matka wcześniej zmarła, co rzec można, było szczęściem w nieszczęściu. Uwielbiała książki i byłaby załamana tym, co się wydarzyło.

– Podpalenie? – spytała Edie.

– Tak, okazało się, że była to robota jakichś koszmarnych mętów z miasta. Policja złapała sprawców, ale nic nie mogło odtworzyć tego, co zostało stracone. Połowa biblioteki uległa zniszczeniu... kilka bezcennych Biblii, pierwsze wydanie traktatu *Sidereus nuncius* Galileusza, też nadzwyczaj cenne. Straciliśmy dwa tysiące woluminów, w tym wydania Vivaldiego dzienników mojego antenata i prawie wszystko, co przetłumaczył profesor Wheatley. Udało się uratować tylko kilka stron pierwszego tomu. To wszystko.

– Ale oryginał się zachował?

– Możliwe.

– Jak mamy to rozumieć?

– Podpalacze byli również złodziejami. Zanim doszło do podpalenia, zgarnięto z półek pewne pozycje. Jednakże złodzieje okazali się bardzo niezręczni. W ciągu następnego roku udało się zlokalizować kilka niezwykle cennych woluminów. W gruncie rzeczy były to pozycje nie do sprzedania. Odnaleźliśmy jednego Petrarkę, jednego Ariosta, dwa tomy Boiarda i zbiór oryginalnych szkiców anatomicznych Leonarda.

– Ale dzienniki przepadły jak kamień w wodę?

– Niestety tak.

Jeff spojrzał na Edie. Była wyraźnie zawiedziona, nie inaczej niż on.

– Przykro mi, że nie mogę bardziej pomóc.

– Wspomniałeś, że część jednego tomu udało się uratować z płomieni. Masz ją nadal?

– Tak, ale to zaledwie fragment oryginału.

– Moglibyśmy go zobaczyć?

Baron dopił kawę i odstawił filiżankę na spodeczek.
– Proszę za mną.
Przeszli szerokim korytarzem do wielkiego pokoju. Na jednej ścianie szerokie okna wychodziły na bujny ogród, jezioro i bladoniebieski letni domek na palach na brzegu wody. Po drugiej stronie wisiały rzędem portrety. Rodzinny nos powtarzał się na nich niemal tak, jakby to był zwielokrotniony wizerunek jednej postaci, renesansowy Warhol.

Minęli kilka podwójnych drzwi i przeszli niczym się nie wyróżniającym pasażem. Zatrzymawszy się przy łukowatym wejściu, baron gestem zaprosił ich do biblioteki, rozległego, pozbawionego okien pomieszczenia. Nic nie wskazywało, że odrestaurowano je kilkadziesiąt lat temu. Pośrodku stały dwie antyczne kanapy, plecami do siebie. Każdy centymetr kwadratowy ściany zasłaniały półki, na których tłoczyły się tysiące książek.

– Godne pozazdroszczenia – powiedział Jeff.
– Nasze największe skarby są przechowywane w szklanych szafkach – rzekł Niccoli. – Po wydarzeniach tysiąc dziewięćset siedemdziesiątego siódmego stało się jasne, że powinniśmy być uważniejsi.

Otworzył jedną z szafek, wprowadzając sekwencję cyfr do numerycznego zamka. Poniżej trzech półek z oprawionymi w skórę księgami były dwie szerokie szuflady. Kiedy pociągnął za rączkę jednej z nich, Edie dostrzegła bibułkę i laminatowe dno. Baron ostrożnie wydobył skórzaną teczkę i złożył ją na stoliku.

W środku były cztery karty papieru, profesjonalnie ukryte w plastikowych koszulkach. Były naddarte, a na brzegach dwóch widniały wyraźne ślady ognia. Jedna nawet była w trzech częściach, lecz złożono ją tak, by dało się odczytać tekst.

– To wszystko, co pozostało z angielskiego przekładu? – spytał z niedowierzaniem Jeff.

– Tak się tragicznie składa, że to wszystko, co przetrwało z trzech tomów. Według raportu techników policyjnych, otrzymanego jakieś pół roku po pożarze, pewne dowody świadczą, że kopię Vivaldiego strawił ogień. Spłonęło również jakieś dziewięćdziesiąt pięć procent tłumaczenia profesora Wheatleya. Odnaleziono drobne fragmenty sczerniałego papieru z takimi samymi znakami wodnymi, jakie były na papierze używanym przez Anglika. Natomiast jeśli chodzi o oryginały sporządzone ręką mojego przodka... no cóż, mam nadzieję, że nie wrzucono ich do rzeki ani nie użyto do izolacji rur. Wolę sobie wyobrażać, że ktoś, gdzieś pieczołowicie przechowuje te dzienniki, nawet jeśli nie ma do nich prawa.

– Mogę? – spytała Edie.

– Oczywiście. Proszę się nie spieszyć. Czytajcie te smutne szczątki. Mam kilka nudnych obowiązków do spełnienia.

(...) ratunek był prawdziwym cudem, ale tuż po fakcie Kosma nie potrafił go docenić. Bardzo wiele się dowiedział o narzeczonej, ale to, co wyszło na jaw, być może było zbyt brutalne, aby dało się łatwo zaakceptować. Dokładniejsze szczegóły jego przygody w Wenecji zostały mi przekazane dopiero dużo później; opowieść o niezwykłym Luigim, zdradzieckim księdzu i walce w kaplicy (...)

(...) i kapitan, i cała załoga poza sześcioma osobami zginęli w tamtym koszmarnym sztormie. Nie mam pojęcia, jak dotarliśmy na suchy ląd. Pamiętam tylko zimno, lodowatą wodę i krzyki. Znalazłem ciało Cateriny. Spoczywało napuchłe i rozdęte pod lustrem wody. Ku mojej nieporównywalnej uldze i radości Kosma i Contessina przeżyli, ale byli jak porażeni piorunem, podobnie Ambrogio, który przeszedł tę próbę losu, doznawszy tylko drobnych skaleczeń i siniaków.

Zostaliśmy wyrzuceni na plażę blisko wioski rybackiej. Znalazł nas jakiś starzec i zaprosił do siebie. Wszyscy byli bardzo uprzejmi. Po jakimś czasie część naszego zaopatrzenia również trafiła na brzeg. Zabraliśmy to, czego potrzebowaliśmy na dalszą podróż, a resztę zostawiliśmy do podziału między tych, którzy nas wyratowali. Był to i tak drobny gest wobec ludzi, którzy dali nam strawę i dach nad głową.

Ci członkowie załogi, którzy przeżyli, pozostali w Ragusie. Mieli czekać na statek płynący do Italii. Zatrzymaliśmy się w tamtym pięknym i zacnym mieście tylko na tyle długo, by się ogarnąć i przygotować na podróż w kierunku południowo-wschodnim, do Macedonii. Część wartościowych przedmiotów uratowanych z *Giseli* wymieniliśmy na wierzchowce, prowiant, mapy i usługi lokalnych przewodników (...)

(...) bezdroże. Zaledwie kilkanaście lat temu te tereny zagarnęli Turcy. Ludzie, prawie sami biedni wieśniacy, żyli nie lepiej niż niewolnicy. Sułtan żelazną ręką kontrolował warunki bytowania wszystkich w tej żałosnej prowincji, natomiast patriarchat konstantynopolitański narzucał duchowe jarzmo (...)

(...) Oczywiście, byliśmy w wielkim niebezpieczeństwie. Z jednej strony uznaliśmy, że roztropnie będzie unikać gęsto rozstawionych garnizonów, które trzymały wieśniaków w ryzach, z drugiej byliśmy narażeni na atak ajduków, uzbrojonych miejscowych, którzy przeciwstawiali się najeźdźcom. Trzeciego dnia udało nam się bezpiecznie wkroczyć do Macedonii i znaleźliśmy się w bardziej bezludnych regionach, u podnóża Gór Dynarskich i ich najwyższego wzniesienia, samego Korabu (...)

(...) takiego surowego i niegościnnego kraju. Oczywiście, Ambrogio cały czas sarkał. Contessina i Kosma byli nierozłączni i działali prawie jak jedna osoba, nie tylko czerpiąc siły z tego, co przeszli, ale pchani płomienną ambicją. Ja byłem znużony, przyznaję. Ale jako najbardziej doświadczony podróżnik musiałem być opoką moich towarzyszy (...)

(...) zobaczyliśmy w oddali światło, wysoko na niebie, blisko miejsca, w którym Korab stał samotnie w mroku (...) górska droga poprowadziła nas prosto na wschód. Minęliśmy kilka opuszczonych domostw. Dalej natrafiliśmy na osadę kamiennych chat; była spustoszona. W jednej leżały dwie czarne skorupy; pożarte przez płomienie matka i dziecko, gdy przylgnęli do siebie.

To był najsmutniejszy widok, jaki ujrzałem podczas wszystkich moich wypraw, i nigdy go nie zapomnę. Ciężki smród spalonego ciała i zetlałej słomy wciąż wisiał w powietrzu. Niedawno, może zeszłej nocy, przeszło tamtędy coś potwornego.

Do wczesnego popołudnia dotarliśmy na szczyt góry i gdy słońce zawisło nisko w czerwonej mgle, po raz pierwszy ujrzeliśmy Golem Korab (...)

(...) Ihumen, ojciec Kostow, był wysokim, muskularnym mężczyzną. Nawet w bezkształtnym, szorstkim habicie emanował niewysłowioną godnością. Uczył się w Genui i Padwie i mówił czterema językami. Odpytywano nas długo i wnikliwie, zanim pozwolono wejść do monastyru, ale gdy tylko ihumen przyjął nas w gościnę, byliśmy traktowani z całym szacunkiem (...)

(...) pierwszego wieczoru jedliśmy posiłek z ihumenem, blisko dormitorium, i opowiedzieliśmy mu o naszej misji. Wyjaśnił nam, w jakim niebezpieczeństwie żyją mnisi. Herszt miejscowej bandy, Stasanor, zniszczył okoliczne wsie i kierował chciwe oczy na monastyr (...)

(...) minęły trzy dni od naszego przybycia, zanim zaproszono nas do biblioteki... wiele cudowności, na widok których poczuliśmy, że nasza tułaczka była warta trudów. Od tej pory Kosma i Ambrogio Tommasini pokazywali się tylko z rzadka; zacny ihumen dał im wolność poruszania się na terenie całego monastyru i zezwolenie na przepisywanie wszystkiego, co tylko chcieli (...)

(...) lecz atmosfera grozy przenikała monastyr (...) lęk przed Stasanorem był wszechobecny. Czuli go mnisi i my również.

(...) wyłącznie drogą przypadku (...) w noc ataku (...)

(…) zacny ihumen przybył do nas po wieczornej modlitwie i powiedział, że pragnie nam coś powiedzieć o tym monastyrze, coś, czego żaden człowiek z zewnątrz się nie dowiedział. I w taki to sposób dowiedzieliśmy się o Cudzie Świętego Jakuba i ujrzeliśmy jego dzieło (…)

# ROZDZIAŁ 21

Lotnisko Toronto, obecnie

Luc Fournier odebrał telefon, gdy schodził z pokładu prywatnego odrzutowca.
– To druga wpadka. – Mówiący z wyraźnym obcym akcentem głos był łatwo rozpoznawalny. – Rozumiesz, że moi koledzy są zdenerwowani. – Fournier zbył milczeniem to stwierdzenie. – Masz dwadzieścia cztery godziny. Jeśli nie spełnisz swoich zobowiązań, koniec naszych interesów. Czy to jasne?
– Całkowicie – zimno odparł Fournier. – Ale proszę mi więcej nie grozić. Przez czterdzieści pięć lat ani razu nie zawiodłem z dostawą. I nie zawiodę was, chyba... że tak postanowię.

Laboratorium mieściło się w wolnostojącym betonowym pawilonie, oddzielonym od głównej drogi kępami drzew. Za nim rozciągały się pokryte śniegiem pola. Najbliższe domy stały niemal kilometr od budynku i nawet one były własnością Canadian Grain Supplies, jednej z wielu anonimowych firm Luca Fourniera, których używał jako przykrywki prawdziwych interesów.
Limuzyna zatrzymała się przed głównym budynkiem. Szofer wyskoczył z kabiny i obiegł samochód, otwierając tylne drzwi i rozpościerając parasol, którym osłonił Fourniera przed nielicznymi płatkami śniegu opadającymi

z szarego nieba. Było pięć stopni poniżej zera i obłoczki oddechów przybyłych rysowały się wyraźnie w ostrym, zimnym powietrzu.

Fourniera przywitał w drzwiach szef zespołu pracowników laboratorium, doktor Jerome Fritus. Zaledwie skinąwszy głową chlebodawcy, poprowadził go do centralnych pomieszczeń kompleksu badawczego. Fritus nie był skory do gadania o niczym, a zresztą wiedział, że Fournier też nie znosi zbędnej paplaniny.

Główne pomieszczenie było całkowicie białe, sterylne i idealnie pasowało do nagiej pustki zmrożonych pól oraz nabrzmiałego śniegiem nieba. Fritus wskazał drogę do szerokiego kontuaru, na którym umieszczono sześciokątny szklany pojemnik. W nim spoczywała ukradziona z kaplicy Medyceuszy tabliczka.

W tym momencie wszelkie bóle głowy i myśli o niepowodzeniach Fourniera zniknęły. Wszystko inne, z afgańskimi terrorystami na czele, przestało się liczyć. Stał w obliczu cudu żyjącego poza czasem, czegoś znacznie większego niż cała ta ludzka czereda.

– Mam twój wstępny raport dotyczący napisu – powiedział – ale co jeszcze odkryłeś?

Fritus stał, splótłszy ręce za plecami, i wpatrywał się w Fourniera. W przeciwieństwie do wielu innych pracowników zdawał się nie bać szefa. Tego rodzaju odmienna postawa nie była Fournierowi niemiła, ale egzystencja Fritusa miała zostać cicho wygaszona wraz z końcem użyteczności naukowca.

– Jest to idealnie równy prostopadłościan o wymiarach trzydzieści dziewięć na dziewiętnaście milimetrów – odparł Fritus. – Napis niewątpliwie pojawił się na powierzchni dopiero wówczas gdy nasyciła się parą wodną z powietrza. Zielone litery naniesiono związkiem siarki, który zmienia kolor, gdy krystaliczna struktura wchłonie wodne cząsteczki.

– I udało ci się ustalić jego wiek?

– Datowanie izotopem węgla jest oczywiście nieskuteczne, gdyż tabliczkę wykonano z materiałów nieorganicznych. Jednakże zdołałem całkiem dokładnie określić jej wiek, używając nowej techniki analizy porównawczej. Tabliczkę sporządzono z anortytu, minerału skałotwórczego, charakteryzującego się niewielką obecnością innego minerału, letomenitu. Ten zmienia chemiczną strukturę, gdy wchodzi w kontakt z powietrzem. Tak więc możemy porównać zakres zmiany tego składnika na brzegach tabliczki Medyceuszy ze zmianą materiału w środku, co wskazuje, kiedy ten kawałek skały zyskał obecny kształt.

Fournier naturalnie był pod wrażeniem.

– Jest oczywiste, że gdy ciało spoczywało w kaplicy, powietrze nie miało dostępu do kamienia.

– Zgadza się – powiedział Fritus tonem, jakiego używa rozmawiający z bystrym studentem wykładowca. – Lecz w ciele było powietrze zachowane w czasie pochówku, a cząsteczki tlenu mogły się dostać do ciała również później. Jednak litery na tabliczce pojawiły się dopiero po bezpośrednim wystawieniu na działanie powietrza, gdyż potrzebowały pary wodnej, która wcześniej nie mogła znaleźć sobie drogi przez otaczający obiekt roztwór balsamujący.

– Więc daty się zgadzają? Tabliczka jest oryginalna?

– Wedle moich obliczeń kamień na tabliczkę ucięto i wystawiono na działanie powietrza od pięciuset do sześciuset lat temu. Nie potrafię być dokładniejszy.

– Nie musisz – odparł Fournier. – Wystarczy potwierdzenie, że tabliczka nie jest współczesnej roboty. Co jeszcze odkryłeś?

– Skąd pan wie, że jest coś jeszcze, panie Fournier?

Zapytany uniósł brew.

Fritus nie potrzebował więcej zachęty.

– Znalazłem coś bardzo dziwnego. Śladowe ilości środka chemicznego o nazwie ropractin.

– Co to jest?
– Metapropylowy dwumetylofosforan chloru, jeśli to coś panu mówi. To bliski krewniak sarinu, ale znacznie bardziej morderczy. W temperaturze pokojowej jest płynny, intensywnie zielony i częściowo fluorescencyjny. Jest około tysiąca razy bardziej trujący niż sarin. Do zabicia wystarcza drobny ułamek miligrama na kilogram wagi ciała.

Fournier przestał słuchać. Po tych wszystkich latach w końcu pojął główny sekret dziennika Niccolego z wyprawy do Macedonii. Teraz znał tajemnicę Medyceuszy.

# ROZDZIAŁ 22

Padwa, obecnie

Brunet obserwował ich, gdy wynajętym samochodem wjechali na teren posiadłości i zatrzymali się sto metrów dalej. Wciąż doskwierał mu ćmiący ból po uderzeniu w potylicę, które zaliczył poprzedniej nocy. No i przenikał go mściwy gniew.

Zanim dotarł do kępy drzew naprzeciwko wejścia, cała trójka zniknęła w środku. Okrążył dom i dojrzał dwóch nastolatków wchodzących tylnymi drzwiami. Po kilku minutach wyszli z dziewczyną, Martin.

Łomotanie pod czaszką utrudniało mu ocenę sytuacji. Zamknął oczy i zrobił kilka ćwiczeń na koncentrację, których nauczono go w oddziałach specjalnych; opróżnił umysł i za pomocą kilku głębokich wdechów i wydechów powiększył rezerwę powietrza w płucach. Kiedy znów otworzył oczy, widział wszystko jaśniej.

Sunąc bezszelestnie między drzewami, dotarł do kolejnego punktu obserwacyjnego, pośród wysokiej niestrzyżonej trawy i krzewów. Trójka młodych ludzi rozmawiała z ożywieniem, stojąc przy dwóch motocyklach do crossu.

Chłopcy nałożyli hełmy i pokazali dziewczynie, na czym polega zabawa. W szaleńczym tempie jeździli elipsoidalną trasą, skacząc na hopkach i poślizgiem pokonując ciasne zakręty. Część trasy biegła przez błotnisty odcinek niecałe dwa metry od miejsca, w którym stał, ale wiedział, że go nie zauważą.

Nie miał absolutnie żadnych wyrzutów sumienia. Zabijaniem zarabiał na życie. Nie musiał nienawidzić ofiar. Tak naprawdę nie czuł nic wobec żadnej z nich. Polecono mu zyskać wszelkie możliwe, choćby najdrobniejsze informacje. Bez względu na koszta. Klient płacił hojnie. Tak więc zamierzał pozbyć się chłopaków, porwać dziewczynę i wymienić ją – żywą lub nie – na towar najcenniejszy, informację.

Nadjechał jeden z chłopców. Na najbliższym zakręcie wszedł w poślizg, podnosząc wachlarz błota. Podkręcił gaz, z rykiem silnika wjechał na wzgórek, wzbił się w powietrze i elegancko wylądował. Skrytobójca uniósł pistolet i podtrzymał uzbrojone przedramię drugą ręką. Chłopiec pędził w jego kierunku. Wszedł w poślizg i wzbił kolejną fontannę błota. Motocykl zarzucił i przez chwilkę jechał, jak chciał. Chłopiec jednak opanował maszynę i wrócił do reszty. Sposobność przeszła koło nosa.

Drugi nastolatek zaczął przejazd od imponującego palenia gumy, zanim z rykiem silnika wyprysnął przed siebie, ale dojeżdżając do pierwszej górki, stracił kontrolę nad pojazdem. Przeleciał nad kierownicą i wylądował prosto w błocie.

Stojąc na rozstawionych, lekko ugiętych nogach, zabójca wycelował wylot lufy w głowę chłopaka, który z powrotem gramolił się na siodełko. Zaczął naciskać spust.

– Chłopcy…?

Szybko opuścił broń i cofnął się między drzewa. Pojawiła się niska, tęga kobieta z różowymi sterczącymi włosami.

Filippo wyprostował się w siodełku, zgasił silnik i zszedł z motocykla, nie przejmując się wcale, że maszyna przewraca się na mokre podłoże.

– Przykro mi, że psuję wam zabawę – mówiła dalej kobieta. – Kucharka przygotowała herbatę i ciasto.

Francesco wywrócił oczami.

– O co chodzi? Dopiero zaczęliśmy się rozkręcać.

– Sami wybierajcie, ale ciasto czekoladowe nie lubi czekać.

– To nasza guwernantka, Matilda – wyjaśnił Rose Francesco. – Jest Amerykanką i traktuje jedzenie baaardzo poważnie.

– Jak widzisz – dodał Filippo, zasłaniając dłonią usta i doprowadzając do śmiechu Rose, a także brata.

Napastnik przyglądał się z cieni, jak cała czwórka wraca do domu.

# ROZDZIAŁ 23

Wenecja, obecnie

Zapadł zmrok, zanim dotarli do Piazzale Roma i zwrócili samochód. Kafejki i bary nad kanałami zaczynały tętnić życiem, gdy wodna taksówka prześlizgnęła się wzdłuż Canal Grande. Dotarcie do Ospedale Civile zajęło nie więcej niż dziesięć minut.

Pokój Roberta był cichy, pogrążony w półmroku. Telewizor w kącie miał wyłączony dźwięk. Roberto nie spał, siedział w łóżku. Wyraz twarzy zdradzał, że cierpi; jego siniaki nabrały mocniejszej barwy niż dzień wcześniej.

– Ach, moi nieustraszeni poszukiwacze – przywitał wchodzących – i urocza Rose. Naprawdę jestem zaszczycony.

Rose była wyraźnie wstrząśnięta na widok rannego, ale podeszła do łóżka i łagodnie pocałowała go w policzek.

– Jak się czujesz?

– Och, świetnie, młoda damo. A ty?

– Fantastycznie.

Roberto spojrzał pytająco na Edie i Jeffa.

– Baron ma dwóch synów, Francesca i Filippa. Bliźniacy jednojajowi. Faktycznie podobni kropka w kropkę – wyjaśniła z ożywieniem Rose.

– Ach. – Uśmiech najwyraźniej sprawiał Robertowi ból.

– Jak to znosisz? – spytała Edie, biorąc go za rękę.

– Nie mogę narzekać. Piękne pielęgniarki, dobre jedzenie, sporo wolnego czasu.

Edie zmarszczyła brwi.

– No i zabawne rozmówki z Candottim. Wczoraj go odesłałem. Powiedziałem, że nie nadaję się do rozmowy. Wrócił dziś przed południem, bardzo skruszony.

– Zupełnie jak nie ten Candotti, którego znamy i kochamy.

– Przedsięwziąłem pewne środki zapobiegawcze. Zamieniłem słówko z jego szefem, prefektem Vincenzem Piattim. Poskarżyłem się, że wam grożono.

– Czy jest ktoś, kogo nie znasz?

– Tak naprawdę to go nie znam. Ale chyba on zna mnie.

– Czy Candotti nie dostanie jeszcze większego szału?

– Może... ale szczerze mówiąc, mam to w nosie. Nie wydaje mi się, by w tej sprawie ktokolwiek z nas mógł zaufać komuś z zewnątrz. Candotti robi, co do niego należy, ale w tej chwili policja nie może nas ochronić i uważam, że najlepszy sposób nieudostępniania informacji takiemu człowiekowi to po prostu unikanie go. A zresztą dość o nim. Co odkryliście?

Edie opowiedziała mu o bibliotece barona Niccolego i losie dzienników.

– To była fascynująca lektura – zakończyła. – Ale frustrująca. Nie pomogła nam się dalej posunąć.

Roberto przez moment milczał, zatopiony w myślach.

– A ty? – zapytała.

– Hmm, na szczęście przynajmniej mnie udało się osiągnąć pewien postęp. Chodzi o wskazówkę z Gritti Badoer. Nie miałem nic innego, nad czym mógłbym się zastanawiać.

– A pielęgniarki? – spytała ze słodkim uśmiechem Edie.

Roberto uniósł zabawnie brew, po czym mówił dalej.

223

– Ten zapis nutowy jest fascynujący. Pozornie nie wydaje się niczym niezwykłym. Uznałem, że każda nuta powinna wskazywać literę, które razem powinny utworzyć zdanie.
– Utworzyły?
– Nie. Wyszła bzdura. Potem zwróciłem uwagę na te rzymskie cyfry, IV i V. Pomyślałem, że może należy przetransponować nuty, zapisać w innej tonacji i te cyfry podpowiadają, jak to zrobić.
– Czyli?
– No cóż, utwór muzyczny można zagrać w każdej tonacji. To interwały między nutami tworzą melodię. Napis na półkuli to zapis nutowy. Serię nut można przetransponować. Wszystkie nuty da się zapisać wyżej lub niżej, zmieniając tonację. Te rzymskie cyfry coś nam mówią. W naszej wskazówce mamy dwie pięciolinie, pod pierwszą jest IV, pod drugą V. Rozjaśniło mi się w głowie. Nuty na pierwszej pięciolinii należy podnieść o kwartę, a na drugiej o kwintę.
– I wtedy uzyskałeś ciąg nut, które z kolei utworzyły sensowny przekaz.
– Hmm... nie.
– Nie? – Jeffa ogarnęła irytacja, ale uświadomił sobie, że są skazani na droczenie się z nimi Roberta.
– Ja też byłem zaskoczony. Wydało mi się, że utknąłem w ślepym zaułku. Ale wtedy... eureka! Na sporządzonej przez ciebie kopii nie było klucza.
– Jakiego znów klucza?
Rose zachichotała.
– Och, tato...!
– Przepraszam.
Roberto gestem zaprosił Rose do udzielenia wyjaśnienia.
– Klucz w zapisie nutowym to symbol na początku pięciolinii. Najczęściej używa się klucza wiolinowego.
– Dziękuję, Rose, podręcznikowy opis. Wcześniej założyłem, że do tego zapisu użyto właśnie takiego klucza.

Potem zacząłem się zastanawiać. Kolejny najczęściej używany to klucz basowy. I proszę! Kiedy go zastosowałem, wszystko zaczęło grać. – Przerwał. – Czy ktoś może mi podać wody?

Edie podsunęła mu szklankę. Pociągnął niewielki łyczek, po czym złożył głowę na poduszce.

– Przy czym to ja byłem? Aha, tak, klucz basowy. Pierwszy takt to G, B, A, po czym następują dwie pauzy, potem E, pauza i F.

– G A B - - E - F?

– Właśnie. Drugi takt: pauza, A, dwie pauzy, E, pauza i jeszcze raz A. Inaczej mówiąc: - A - - E - A.

– Trochę jak gra w szubienicę – zauważyła Rose.

– Zgadza się – powiedziała Edie. – Wypełnianie pustych kratek. Tafani wspomniał, że Vivaldi przekazał fragment listu Contessiny Medycejskiej przyjacielowi, malarzowi Gabrielowi Fabacciemu. G A B - - E - F? Gabriel F. Gabriel Fabacci. Idealnie!

– Okej, co z - A - - E - A? – spytała Edie.

– To zajęło trochę więcej czasu. Ale historia tego miasta, chociaż czasem powierzchowna, sięga daleko wstecz. W tysiąc siedemset czterdziestym pierwszym roku, w którym umarł Vivaldi, Gabrielowi Fabacciemu zlecono namalowanie fresków w pewnym kościele, Chiesa di Santa Maria della Visitazione. W tym samym kościele grał niemal każdej niedzieli i kierował chórem ponad trzydzieści lat Vivaldi. Popularnie mówi się na to miejsce kultu La Pietà. Wstawcie brakujące L, P, I i T, i macie całość.

– Pozwól, że sam to sobie ułożę – powiedział Jeff, próbując się połapać. – Wskazówkę w Gritti Badoer musiał zostawić po śmierci Vivaldiego jego przyjaciel, Fabacci, i to prowadzi nas do jego fresku w La Pietà? Dlaczego po prostu nie wykorzystał tamtej informacji, którą przekazał mu Vivaldi, nie odnalazł dzienników Niccolego i nie przywłaszczył sobie tak zwanej tajemnicy Medyceuszy?

– Równie dobrze mógłbyś spytać o to samo Vivaldiego – odparł Roberto.

– W *La Confessione* – przypomniała Edie – pisze, że to, czego się dowiedział, napełniło go takim strachem, że nawet przez myśl mu nie przyszło, by posunąć się dalej w poszukiwaniach.

– Początkowo wydawało mi się, że to samo musiał przeżyć Fabacci. Może i on był pobożnym człowiekiem. Ale wytłumaczenie jego opieszałości jest o wiele prozaiczniejsze. Wkrótce po namalowaniu fresku, zaledwie kilka tygodni po tym, jak odziedziczył dokumenty przyjaciela, Fabacci został zabity, utopiony w lagunie. Zdołał jedynie tyle osiągnąć, że umieścił wskazówkę w Gritti Badoer. Wiedza o tajemnicy Medyceuszy zginęła wraz z nim.

– Ale po co w ogóle zawracać sobie głowę zostawianiem jakichś wskazówek? – spytała Edie.

Roberto westchnął i pokręcił głową.

– Kto wie? – spytał retorycznie. – Może nie potrafił tego całkiem zostawić? Może wierzył, że w jakiejś lepszej, jaśniejszej przyszłości ktoś odkryje tę tajemnicę i spożytkuje ją w dobrym celu.

– Więc co teraz robimy?

– No cóż, mamy wszystko jak na dłoni, prawda? Połączyliśmy wskazówkę Fabacciego z jego freskiem w La Pietà. Nawet powiada nam, kiedy każdy przedsiębiorczy poszukiwacz winien jej szukać: o zachodzie słońca.

Jeff kiwał głową, ale miał zbolałą minę.

– Jeff? – zagadnęła go Edie. – Co jest?

– To wszystko pięknie, ale czy nie powinniśmy się też zastanowić, kto poza nami idzie tym śladem? A może ten człowiek, który do nas strzelał, był tylko wynajętym zabójcą? Jeśli w grę wchodzi ta możliwość, w takim razie kto go zatrudnia i dlaczego?

W pokoju na chwilę zapadła cisza; rozmyte światło

z odbiornika telewizyjnego migotało na ciemnych ścianach i suficie.

– Nie wydaje mi się – odparł Roberto – by ktokolwiek z nas potrafił udzielić odpowiedzi na to pytanie, Jeff. Przynajmniej nie w tej chwili. Ale jeśli to może cię trochę uspokoić, zleciłem kilku ludziom, by sprawdzili, kto mógł mnie postrzelić. – Na okamgnienie ujrzeli twarz, jakiej do tej pory nigdy nie oglądali; groźnego, trawionego nienawiścią członka starego rodu, który wiele może. – Skupmy się wszyscy na rozwiązaniu głównej tajemnicy – dodał cicho.

Jeff już miał na to coś powiedzieć, gdy Rose nagle wskazała telewizor.

– Patrzcie, czy to nie kaplica Medyceuszy?

Wszyscy się odwrócili i zobaczyli mówiącego do kamery Jacka Cartwrighta. Za jego głową widniał zimny mur krypty. Edie porwała pilota i nacisnęła przycisk głośności.

– Jest pan tego pewien? – reporter podsuwał Cartwrightowi pod nos mikrofon. Naukowiec wydawał się nieco onieśmielony światłami i kamerami.

– Całkowicie. Potwierdziliśmy nasze podejrzenia, przeprowadzając analizę DNA – odparł Cartwright. – Ciało, które uważano za zwłoki Kosmy Starszego, pierwszego Medyceusza rządzącego Florencją, to ciało innej osoby.

– Więc kto to był?

– W tej chwili nie mamy pojęcia. Nie wiemy kiedy, dlaczego i jak zwłoki zostały podmienione, jeśli w ogóle kiedykolwiek do tego doszło. Może ta niezidentyfikowana osoba została pochowana jako Kosma Medyceusz, co oczywiście pociąga za sobą kolejne pytanie: gdzie są zwłoki prawdziwego Kosmy? I dlaczego pochowano je w innym miejscu?

– Kurczę, nie wierzę własnym oczom i uszom – powiedziała cicho Edie. – Co za drań. Muszę wracać do Florencji... natychmiast.

– To szaleństwo – powiedział Jeff.

– Naprawdę spodziewasz się, że będę tu siedziała, kiedy ten kłamliwy sukinsyn kradnie moje odkrycie? Zawsze uważałam, że ciało, które spoczywa we Florencji, to nie są zwłoki Kosmy, i kiedy spuściłam je z oczu, Cartwright zaraz wpakował się na moje miejsce.

– Więc zadzwoń do niego. Nawrzeszcz na niego, ale nie jedź, nie teraz.

Po kilku minutach wyszli z windy luksusowo urządzonego oddziału i ruszyli do drzwi, prowadzących do Campo SS Giovanni e Paolo. Edie wyłowiła z torby telefon komórkowy i zadzwoniła. Rose popatrzyła na nią z przejęciem i ojciec objął ją uspokajająco ramieniem.

– Słuchaj, zanim zaczniesz... – Jack Cartwright wyraźnie był zaskoczony telefonem Edie. – Nie jest tak, jak ci się wydaje.

– A w takim razie jak, Jack?

– Widziałaś całą migawkę?

– No, nie...

– Na początku dałem bardzo jasno do zrozumienia, że hipoteza jest twoja.

– Ale po co w ogóle cokolwiek mówiłeś?

– Nie zamierzałem – odparł Cartwright. – Nie wiesz, co się wydarzyło od twojego wyjazdu. Dwa razy była tu policja z ekipą techniczną. Przywieźli jedne akta, zabrali drugie. Cały czas pracuję tu jak na widelcu. Nawet zainstalowali cholerny monitoring.

– Co to ma wspólnego z...

– Nie pisnąłem prasie słówka. Jakiś pieprzony reporterek przyszedł węszyć i powiedział mi, że zna wyniki twoich badań. Chciał, żebym porozmawiał z nim przed kamerą. Kiedy mu powiedziałem, że ani mi się śni, dał jasno do zrozumienia, że i tak wyemituje program. Pomyślałem, że w sumie...

– Pomyślałeś, że pokażesz się w ogólnokrajowym ka-

nale i ogłosisz niesprawdzoną hipotezę, na dodatek nie twoją.
– Tak.
– Okej, Jack. Co się stało, to się nie odstanie. Mam tu do skończenia pewne sprawy, ale wrócę nie później niż pojutrze. I, Jack, błagam, nie mów już nic więcej w telewizji, do gazety ani na zebraniu kółka radioamatorów.

Odstawiwszy Rose do mieszkania, Jeff i Edie zjawili się pod La Pietà kwadrans po piątej. Na zachodzie słońce utkało magiczny oranżowo-czerwono-purpurowy patchwork. Do zachodu słońca pozostało niewiele ponad piętnaście minut.
Kościół stał przy Riva degli Schiavoni i wychodził na lagunę i San Giorgio Maggiore. Niewiele pozostało z piętnastowiecznego budynku, w którym pracował Vivaldi; w połowie osiemnastego stulecia większą część przebudowano pod kierunkiem Giorgia Massariego.
– Zabawne – powiedział Jeff, patrząc na późnobarokowe wnętrze. – Przez cały czas, gdy mieszkałem w tym mieście, nie postawiłem nogi w tym budynku.
– To tak niewiarygodne, że aż się nie mieści w głowie.
Szli środkiem nawy, podziwiając wyszukane kremowo-złote filary i widowiskowe freski Tiepola. Po obu stronach biegły okna, poprzetykane małymi freskami różnych artystów.
Ten, którego szukali, był pierwszy na prawej ścianie. Pokazywał Matkę Boską z Dzieciątkiem. Nad nimi unosiły się anioły. Kolory zachowały świeżość. Zajmująca większą część lewej strony fresku Madonna trzymała Dzieciątko na ramieniu, drugą ręką wskazywała trzech mężczyzn na mułach. Zwierzęta dźwigały również kosze. U góry fresku, pośrodku, była duża gwiazda, której promienie wyglądały jak sztylety. Dolną część wizerunku zakrywał cień i chociaż jego ruch był prawie niedostrzegalny, z wolna

pełzł w górę. Tylne okna rozszczepiały światło zachodzącego słońca.

Mijały sekundy.

– Jest piąta trzydzieści pięć – zauważyła Edie. – Zachód słońca. Więc co teraz?

– Nie wiem. Co zro...

– Tam – powiedziała Edie tak głośno, że starsze małżeństwo odwróciło się i spiorunowało ją wzrokiem. – Tam popatrz. Na dłoń Madonny.

Teraz ostra granica między głębokim cieniem a światłem biegła dokładnie wzdłuż ręki Matki Boskiej i jej wskazującego palca. Przecinała wizerunek równolegle do podłogi i fresk po prawej stronie. Docierała do kolejnego obrazu. Ten był w jednej trzeciej w słońcu. Linia światłocienia przecinała lazurowe niebo, oddzielała wierzchołki gór, dekapitowała anioła i kawałkowała dom.

– Chryste! – wykrzyknęła Edie.

Jeff spojrzał na fresk.

– Czy to jest to, co mi się...?

Budyneczek, do którego dochodziła granica między cieniem a światłem, mógł być tylko florencką kaplicą Medyceuszy. Poniżej biegł napis: SOTTO 400, 1000.

Niebo ciemniało, gdy wyłonili się z La Pietà i ruszyli na zachód, do San Marco. Riva degli Schiavoni rozbłysła światłami. Wieczorny tłum zaczął gęstnieć. Przybyły *vaporetti* z Lido i turyści śpieszyli swoim zwykłym głównym szlakiem. Ostry wiatr zmierzwił wody laguny i cumujące gondole zatańczyły, klekocząc kadłubami o fale.

Przeciąwszy San Marco, weszli do holu domu. Nie widać było żywej duszy, ale gdy zmierzali w kierunku schodów, usłyszeli dziwne ciche gulgotanie. Siedzącym za kontuarem portierem miotały gwałtowne drgawki. W gardle miał szeroką ranę postrzałową. Twarz mężczyzny i cała wewnętrzna część kontuaru były zalane krwią.

Jeff poczuł rosnącą panikę.

– Edie! – Potrząsnął za ramię przyjaciółką, wytrącając ją z osłupienia. – Dzwoń na policję.

Pobiegł na górę, przeskakując po dwa stopnie. Stanął na podeście i zobaczył otwarte drzwi mieszkania. Wysoki blady mężczyzna w ciemnym garniturze stał przy jednej z kanap. Był uzbrojony. Trzymał Marię przy sobie i tłumik pistoletu wcisnął w skroń kobiety. Kwiliła płaczliwie, oczy miała pełne niewysłowionej grozy.

Jeff szybko cofnął się na korytarz.

– Rozwalę jej łeb, Jeff. – Głos był chrapliwy, z mocnym obcym akcentem. – Wiesz o tym, co nie? Potem zabiję małą. Wiem, że Rose gdzieś tu jest. Znajdę ją.

Jeff wolno wszedł do pokoju. Serce mocno mu biło.

– Czego chcesz?

– Głupie pytanie. Podaj wskazówkę.

– Jaką wskazówkę?

Jeff spojrzał na podłogę, słysząc, jak mocz tryskający spomiędzy ud Marii rozbryzguje się na podłodze. Napastnik też to usłyszał. Pociągnął za spust i połowa głowy Marii rozbryzgnęła się po ścianach pokoju.

Jeff z powrotem rzucił się na korytarz i wpadł na Edie, mało jej nie przewracając. Złapała go za ramię.

– Do diabła, co się tam dzieje?

– Rose – wycharczał przez ściśnięte gardło, biegiem wracając do mieszkania.

Wyglądało jak rzeźnia. Krew splamiła ściany i sufit. Napastnik zniknął.

– Och, mój Boże! – Ogarnięta zgrozą Edie uniosła ręce do twarzy.

– Musimy ją znaleźć – z trudem wydusił z siebie Jeff.

Pobiegli korytarzem.

Pierwszy pokój był pusty. Dalej były jeszcze dwa, naprzeciwko siebie. Jeff i Edie mieli sprawdzić drugą sypialnię, gdy wyskoczył z niej napastnik, mierząc z pistoletu.

– Dobry wieczór, signorina Granger. Jak pani ocenia nowy zestaw kolorystyczny? *Très chic*, nieprawdaż? – Wystarczyły mu dwa kroki, żeby znaleźć się nos w nos z Jeffem. – Podaj mi wskazówkę – szepnął. – Bez względu na to, czy zabiję ciebie, czy uroczą Edie, znajdę twoją córeczkę i skończę przeróbkę mieszkania. Więc macie ostatnią szansę, ludzie...

Przyłożył pistolet do głowy Edie.

– Rzuć broń – rozległ się głos z końca korytarza.

Napastnik przez chwilę się wahał. Ale opuścił pistolet.

– Rzuć ją.

Mieszkanie nagle zaroiło się od umundurowanych mężczyzn w kamizelkach z kevlaru. Jeden z nich złapał napastnika i założył mu kajdanki. Inny podbiegł, podniósł z podłogi broń i zabezpieczył ją.

– Dzięki – powiedział Jeff i szybko minął Alda Candottiego, który zresztą nie starał się go zatrzymać.

W głębi korytarza była mała sypialnia. Dopiero po wejściu do niej dostrzegało się delikatny zarys drzwi i umiejscowioną w środku maleńką klamkę. Tajna kryjówka Rose. Jeff pociągnął klamkę, modląc się o to, by córka była cała i zdrowa. Nacisnął przełącznik światła. Żarówka nie działała. Ale z zewnątrz padało wystarczająco światła, by było co nieco widać. W długim wąskim pokoju stała miniaturowe kanapa, niski stoliczek i przysadzista szafka na książki.

– Rose? – Żadnej reakcji. – Rose? To tato. Wszystko w porządku. Możesz wyjść.

Do sypialni weszła Edie i dwaj funkcjonariusze.

– Jeff, co...? – zaczęła.

– Myślałem, że... – Edie mocno go objęła i ukrył w jej włosach twarz.

Z salonu rozległ się przeraźliwy krzyk. Wypadli na korytarz i ujrzeli Rose. Miała twarz białą jak chusta.

# ROZDZIAŁ 24

Macedonia, czerwiec 1410 roku

Ihumen Kostow prowadził Kosmę i innych refektarzem, długim ponurym korytarzem i schodami do krypty. Maszerowali w milczeniu, ihumen rozjaśniając drogę migotliwym blaskiem pochodni, aż dotarli do okrągłej komory z niskim sklepionym sufitem. W środku, na kamiennym postumencie wyglądającym jak ucięty filar, umieszczono kryształowy pojemnik wielkości męskiej pięści. Wewnątrz była wąska fiolka, sięgająca do połowy wysokości pojemnika, z obu stron zakończona mosiężnymi zatyczkami. Do trzech czwartych wysokości wypełniał ją mdlący zielony gęsty płyn.

Kosma ruszył do niej, ale ihumen błyskawicznym gestem go zatrzymał.

– Mój przyjacielu, nie podchodź bliżej – ostrzegł stanowczym tonem. Kosma posłuchał rady. – To nasze najświętsze miejsce. Pilnujemy go od ponad stu lat. To, co widzisz, pochodzi ze wsi Adapolin, z dalekiego regionu Sunun. Tamtejsze wsie nawiedziła straszliwa zaraza, która zabijała wszystkich bez różnicy. Z wyjątkiem mieszkańców Adapolinu. Tam nikt nawet nie zachorował. Mąż imieniem Jakub, prosty chłop, miał przedmiot, który widzisz przed sobą, tę świętą fiolkę. Kiedy sąsiedzi Jakuba umarli, ten zalecił starszym wioski, by wznieśli na środku placu targowego postument i otoczyli go murkiem. Potem złożył na nim fiolkę i wszyscy chłopi, również kobiety i dzieci, starcy i młodzieńcy przeszli przed kamienną barierą. Każdy musiał uklęknąć, pomodlić się i przeżegnać. Nie minęła jesień tamtego roku, a sława Adapolinu, cudownej wioski, rozeszła się szeroko. Chorzy i chromi tłoczyli się na placu, szukając ozdrowienia. Wielu powróciło do domu z opowieściami o cudownych uzdrowieniach i ochronnych właściwościach fiolki Jakuba. Ale on sam był bardzo chory, jakby wchłonął opary zła, otworzył serce i duszę na diabła i stał się jego wasalem. Skóra pokryła mu się wrzodami, niemal całe powieki pokryły pęcherze i stracił wszelkie owłosienie. Pewnego dnia wieśniacy obudzili się i przekonali, że po fiolce i Jakubie wszelki ślad zaginął. Ihumen Andanow, pięć pokoleń wcześniej, przyjął chorego nieznajomego. Jakub umarł dwa dni po przybyciu w mury monastyru i został pochowany obok naszych umarłych braci. Przez cały czas, jaki upłynął od tej pory, moi poprzednicy pilnowali fiolki, aby nie wpadła w niepowołane ręce.

Nagle nad ich głowami zagrzmiało i całe pomieszczenie się zatrzęsło. Rozległy się krzyki, tupot nóg. Ihumen złapał Kosmę za ramię.

– Zaczęło się – wykrztusił skrzeczącym głosem. – Jesteśmy atakowani.

Do komory wbiegł młody mnich. Twarz miał zalaną krwią.

– Ojcze – wyrzęził. – Stasanor... – Osunął się na zimne kamienie i znieruchomiał.

– Szybko, chodźcie ze mną. – Ihumen Kostow zatrzasnął za sobą drzwi, zamknął je na klucz, po czym dał znak pozostałym, by ruszyli za nim w górę schodów. Refektarz był opuszczony, ale słyszeli brzęk stali, wrzaski i ryki znajdujących się nieopodal ludzi. Poczuli woń spalenizny.

– Teraz nie możesz nam pomóc – rzekł Kosma, łapiąc ihumena za ręce. – Ojcze...

– Biegnijcie, przyjaciele. Bóg was poprowadzi. Teraz muszę was zostawić – z tymi słowami wybiegł bocznymi drzwiami.

– Kosma, nasza broń jest w pokojach – warknął Niccoli. – To za daleko. Musimy się rozdzielić.

U końca korytarza wyrosło trzech mężczyzn. Dwaj z nich dzierżyli w rękach pałasze, a trzeci maczugę. Niccoli porwał pochodnię ze ściany i rzuciwszy przez ramię:

– Spotykamy się po drugiej stronie jeziora, przy kępie drzew! – sam ruszył na wrogów.

Pozostała trójka wybiegła na zewnątrz śladem ihumena, który gdzieś przepadł. Znaleźli się w krużgankach. Słyszeli krzyki, trzask palonego drewna i słomy. W powietrzu unosił się ciężki fetor spalonego ludzkiego mięsa i rozlanej krwi.

– Wrócę jeszcze do naszych pokoi! – wrzasnął Tommasini, przekrzykując wrzawę.

– Zgoda. Musimy się stąd wydostać pojedynczo – powiedział Kosma i odwrócił się.

Nagle poczuł, że Contessina łapie go za ramię.

– Nie spuszczę cię z oczu.

Tommasini zdyszany wpadł do swojej komnatki. Zarzucił na ramię torbę, porwał miecz z pochwy i pędem wrócił na korytarz. Był pełen dymu. Ambrogio zaczął się krztusić i nagle uświadomił sobie, że zupełnie nie ma pojęcia, którędy powinien uciekać. Ktoś biegł w jego kierunku i Ambrogio przykleił się do ściany. Tamten minął go, nie zatrzymując się, i zniknął w kłębach dymu. Nagle poczuł na ramieniu uścisk czyjejś dłoni. Krzyknął przerażony, ale tuż przy uchu usłyszał syk:

– Spokojnie, panie Tommasini. – Rozpoznał rysy twarzy bibliotekarza, ojca Darona. – Musimy uratować świętą fiolkę. Idźcie za mną.

Schody do krypty były po drugiej stronie dziedzińca.

Kiedy do nich biegli, strzała świsnęła koło ucha Ambrogia. Nie miał pojęcia, skąd ją wystrzelono, i całą uwagę skupił tylko na tym, by się nie przewrócić na krzywym bruku. Mnich biegł kilka kroków przed nim, niemal zgięty wpół. Kiedy dotarli do schodów, jakaś wysoka postać wyłoniła się z drzwi po lewej. Rzuciła się na nich, unosząc miecz.

Mnich schował się za Tommasiniego, używając go jako tarczy. Ale Florentczyk był gotów odeprzeć atak. Wszystkie zmysły miał wyostrzone. Zanim napastnik zdołał go dosięgnąć swoim cięciem, Tommasini wyprowadził pchnięcie. Przeciwnik padł. Miecz został w jego ciele. Tommasini obszedł trupa. Miał na tyle przytomności umysłu, by porwać jego broń.

U stóp schodów ojciec Daron drżącymi rękami szukał po kieszeniach klucza. W końcu go znalazł i udało mu się otworzyć drzwi. Minęli próg. Mnich zatrzasnął za nimi drzwi i znaleźli się w zimnej czerni.

Wymacując drogę, ujrzeli słabe światełko i dotarli do okrągłej komory.

Tommasini patrzył, podczas gdy mnich przesunął palcami po kryształowym pojemniku. Otworzył się. Ojciec Daron ostrożnie wyjął fiolkę. Za sobą usłyszeli łomotanie do drzwi.

– Szybko! Weź to. – Ojciec Daron wcisnął w ręce Ambrogia fiolkę. Przez chwilę Florentczyk pozwolił sobie na ten luksus, by obejrzeć w słabym świetle szklany cylinderek, jeszcze raz podziwiając intensywność barwy, ciężar płynu. W myślach ujrzał obrazy przeszłości, dłonie świątobliwego Jakuba, trzymającego ten właśnie przedmiot, owoc cudu.

Na kamiennych płytach zadudniły ciężkie buty.

– Ja oddam się w ręce Pana – powiedział ojciec Daron. – Ty musisz uciec. – Mnich wręczył Ambrogiowi jedną ze ściennych pochodni i bez ceregieli pchnął go dalej. Pochylił się, zerwał z posadzki dywan i odrzucił go na bok. W kamieniu był cienki zarys włazu. Mnich znów obmacał kieszeń i wyjął z niej kolejny klucz. Wsadził go do niewielkiej dziurki. Tommasini pomógł mu dźwignąć właz. Ukazała się czarna czeluść, w której niknęła drabina. Ambrogio stawiał nogi na pierwszych szczeblach, gdy do komory wpadło trzech ludzi. Mnich zepchnął go niżej, mało nie strącając z drabiny. Zatrzasnął z hukiem właz.

Tommasini zszedł do tunelu. Ledwo się w nim mieścił. Dotarł do rozwidlenia i zdając się na wyczucie, wybrał lewą odnogę. Ciężko dyszał w zastałym, cuchnącym powietrzu. Cały był zlany potem. Próbując opanować mocno bijące serce, nasłuchiwał odgłosów pościgu, ale huk pożaru, wybuchy i łomot walących się ścian zagłuszały wszystko inne. Dotarł do skrzyżowania z innym tunelem. Znów musiał się zdać na intuicję. Po trzydziestu krokach minął zakręt i trafił na litą skałę. Wybrał ślepy zaułek. Zawrócił, doszedł do rozwidlenia i poszedł drugą odnogą.

Kolejny wybuch, tym razem wprost nad jego głową, wstrząsnął ścianami tunelu i fragmenty sufitu zaczęły się zapadać. Posypały się kawałki kamienia i płyt. Wielki odłamek niemal zbił z nóg Ambrogia. Utrzymał równowagę, ale stracił pochodnię. Wymacał kieszeń pod tuniką, sprawdzając, czy fiolka nadal jest cała, drugą ręką ścisnął rękojeść miecza i powłócząc zmęczonymi nogami, ruszył ku słabemu światełku, które cudem ukazało się w oddali, gdy zgasła pochodnia.

– Wpierw muszę uratować ile się da z biblioteki – szepnął Kosma. – Po to tu przybyliśmy. Nie możemy pozwolić, by Stasanor zniszczył to wszystko. – Contessina uścisnęła mu dłoń. – Przez dziedziniec. – Wskazał drzwi po drugiej stronie.

Po prawej ręce mieli kurnik, a obok niego dorodny warzywnik, przez który biegła wąska ścieżka. Po lewej drzwi do pustej pralni. Contessina mało się nie przewróciła na trupie mężczyzny w czarnej skórzanej tunice. Porwała jego broń i odwróciła się jak fryga, gdy z powrotem pojawił się Niccolò Niccoli, teraz uzbrojony w pałasz. Wycofywał się tyłem, odpierając ataki dwóch ludzi.

Contessina rzuciła się z pomocą. Bandyta zamachnął się maczugą. Kolczasta kula o włos minęła głowę Florentynki. Rabuś nie miał doświadczenia we władaniu ciężką bronią i na moment stracił równowagę. Contessina z piorunującą szybkością rozkroiła go od krtani po krocze. Porwała z ziemi maczugę i rzuciła ją Kosmie. Drugi napastnik na moment zgłupiał, widząc, co się przydarzyło jego kompanowi, i Niccolò wbił pałasz w rozdziawioną gębę. Ostrze wyszło karkiem, tuż poniżej podstawy czaszki. Niccoli zostawił je i pobiegł do drzwi po drugiej stronie dziedzińca.

Nacisnął klamkę i ostrożnie uchylił drzwi. Ukazał się krótki, wąski korytarzyk, zakończony schodami, a po prawej – drzwi biblioteki. Okazały się zamknięte na klucz.

Kosma zamachnął się potężnie maczugą. Zamek nie wytrzymał uderzenia, rozleciał się na kawałki. Tuż przy drzwiach wisiała pochodnia. Niccoli wyjął z kieszeni hebanowe puzderko, a z niego krzesiwko, obrobiony kawałek żelaza i hubkę. Skrzesał ogień, od którego zapalił pochodnię. Płomień chyżo skoczył w górę dobrze nasączonego oliwą drewna.

Większość półek pierwszej części biblioteki już była pusta. Kosma pobiegł do drugiego pomieszczenia. Na podłodze stały w stosach skrzynie, niekiedy po trzy. Dopiero tego wieczora ihumen nakazał zabezpieczyć najcenniejsze okazy, zamierzając je ukryć w labiryncie katakumb pod głównym budynkiem. Niemal wszystkie skrzynie przewiązano cienkimi linami, niektóre dodatkowo opleciono sieciami i owinięto grubą nawoskowaną tkaniną. Obok stały dwa kosze. Jeden był pełen kielichów, tac i różnych naczyń; w innym piętrzyły się ikony na desce, złote i srebrne krucyfiksy, kielichy mszalne i kadzielnice z łańcuchami, ciągle jeszcze wydzielające ostre zapachy.

Kosma uniósł pokrywę najbliższej skrzyni i ostrożnie wyjął leżącą na górze stosu księgę. Otworzył zakurzoną okładkę, dmuchnął na pierwszą stronę i odczytał grecki tekst. Był to podręcznik budowy akweduktów, napisany przez niejakiego Umeniklesa. Kolejno sięgnął po wystrzępiony pergamin upstrzony bursztynowymi śladami ognia.

– To sporządził własną ręką Herodot – powiedział, ledwo wierząc własnym oczom. Następny zwój zawierał rysunki figur geometrycznych i matematyczne formuły. Było to dzieło innego Greka, ucznia Euklidesa.

– Serce mi krwawi, kiedy patrzę na te cudowności – westchnęła Contessina. – Co możemy zrobić?

– Pospieszmy się – mruknął Niccoli.

Ale Kosma był w innym świecie. Czuł tyleż goryczy, ile uniesienia. Ledwo mógł się znaleźć w tym wszystkim.

– Co możemy zrobić? – spytał w końcu.

– Obawiam się, że niewiele.

– Niccolò, nie możemy zostawić tych książek, ale jak wybrać najcenniejsze?

Contessina przyklękła i łagodnie położyła Kosmie dłoń na ramieniu, ale było za późno na ocenę zbiorów. Z zewnątrz rozległy się wrzaski. Nadciągali łupieżcy.

– Szybko! – syknęła Contessina i pociągnęła Kosmę.

– Musimy uratować, co się da! – Z tymi słowami wcisnął w ramiona narzeczonej cenne teksty i sam zaczął upychać po kieszeniach i za pasem inne. Niccoli porwał kilka zwojów, po czym zaciągnął Kosmę za najwyższy stos skrzyń. Zaraz potem dwaj bandyci Stasanora wpadli do biblioteki.

Zanim udało się im dotrzeć zbyt blisko, Niccoli i Contessina wyskoczyli z ukrycia. Niccoli w jednej ręce trzymał pochodnię, w drugiej miecz. Zatoczył pochodnią płomienny łuk. Ogień osmalił twarz jednego z napastników. Ten wrzasnął przeraźliwie. Nagłym wypadem Niccoli dosięgnął mieczem szyi bandyty. Wystarczyło krótkie cięcie i krew trysnęła szerokim wachlarzem. Mężczyzna padł na kolana, kurczowo ściskając się za gardło. Contessina dopadła drugiego. Zaskoczenie dało jej ogromną przewagę. Zdumiony przeciwnik ledwo sparował pierwszy cios, ale po drugim był bezradny. Wyzionął ducha, zanim upadł na podłogę.

Z zewnątrz dobiegły głosy kolejnych nadbiegających rabusiów. Niccoli zgasił pochodnię. Ukryli się w cieniach, wstrzymując oddech. Dwaj bandyci wbiegli do biblioteki i po chwili z niej wypadli, nie zauważywszy Florentczyków.

– Co teraz? – spytała Contessina.

– Za mną – powiedział Niccoli. Sprawdził, jak wygląda sytuacja na korytarzu, i wyszedł z biblioteki.

Minęli spiżarnię i izbę chorych, po czym trafili do kaplicy. Przebiegli pod ścianami, minęli kamienne kolumny i szybko dotarli pod ołtarz. Wyskoczył zza niego młody, zaledwie trzynasto-, czternastoletni mniszek. Zbielały ze zgrozy zasłaniał się krucyfiksem. Na widok Niccolego, który miał rozsmarowaną na twarzy krew, a w dłoni błyskający w półmroku miecz, wrzasnął, cisnął krucyfiks i dał drapaka. Niccoli przebiegł kamiennymi stopniami w kąt kaplicy, skąd wąskie drzwi prowadziły do szerszego korytarza. Ujrzeli biegnącą do kaplicy bandę.

– Wieża powinna być na prawo – szepnął Niccoli. – Wydaje mi się, że stąd powinno być jeszcze jedno wyjście.

Do wieży przebiegli niezauważeni. W środku izby stała samotna postać. Kiedy ujrzała wpadającą do środka trójkę, zastygła jak zając w świetle łuczyw nagonki. Młody pachołek w przekrzywionym hełmie wydawał się bliźniakiem dopiero co spotkanego mniszka, ale wiódł zgoła inne życie. Uciekł wzrokiem do miecza, który leżał na pobliskiej ławce. Niccoli w mig związał chłopakowi ręce i zakneblował usta. W tym czasie Contessina i Kosma przejrzeli izbę. W drewnianym wózku, upchniętym pod okrągłą ścianą, znaleźli linę i kilka haków, pozostałość sprzed kilku lat, gdy remontowano monastyr.

Na wpół otwarte drzwi wiodły ku rampie, która pięła się pół piętra wyżej. Nie mieli wyboru. Ścisnęli mocniej miecze i to, co udało im się uratować z biblioteki, i pobiegli w górę. Dotarli do parapetu, za którym rozciągała się czarna noc. Po lewej mieli zejście na teren monastyru. Contessina spojrzała w dół. Od ziemi dzieliło ich dobre kilkadziesiąt łokci. Kobierzec trawy wybiegał daleko w mrok.

Kosma i Niccoli zajęli się linami. Spuszczali je za parapet, aż otarły się o ziemię, trącając jedna drugą. Niccoli zsunął się pierwszy. Kosma pomógł Contessinie przedostać się na dół. Zręcznie i sprawnie zjechała wzdłuż kamiennego muru. Po chwili Kosma znalazł się obok niej. Kilka książek wypadło mu z tuniki. Pochylił się po nie, ale Contessina była szybsza.

– Zostaw – rzuciła i w tej samej chwili dwie strzały z głuchym odgłosem wbiły się w ziemię.

Biegli zakosami nierówną skarpą. Oglądając się za siebie, Kosma ujrzał grupę jeźdźców spinających konie. Wypadli za mury monastyru na drewniany most, goniąc uciekinierów. Kosmie brakowało oddechu w płucach i przystanął, łapiąc powietrze.

– Dalej, Kosma! – krzyknęła Contessina i wróciwszy po niego, objęła go ramieniem. – To niedaleko, jak zdołamy...

W tym momencie pierwszy konny wyłonił się z wyniosłych cieni monastyru. Z tak błyskawiczną szybkością pokonał odległość od murów, że stanęli sparaliżowani. Uniósł i cisnął włócznię. Contessina odepchnęła w bok

Kosmę, poza tor pocisku. Młodzieniec padł jak długi. Rumak przecwałował obok, jego kopyta mało nie zmiażdżyły głowy leżącemu.

Niccoli porwał Kosmę za jedno ramię, Contessina za drugie i tak przebiegli ostatni skrawek otwartego terenu, zanim schronili się między drzewami.

– Nie zatrzymuj się teraz! – zawołał Niccoli, przyspieszając i ciągnąc Kosmę za ramię.

– Puśćcie – warknął Kosma i uwolnił się z uścisku. – Nie jestem dzieckiem. – Z ostatnim napływem energii, o którego istnieniu nie miał nawet pojęcia, wsunął do pochwy miecz.

Ruszyli gęstym poszyciem. Wciąż dobiegały ich odgłosy pościgu, ale były coraz słabsze. Ze względu na te kilka cennych dzieł, które uratował, nie zatrzymywał się, nie mógł tego zrobić, dopóki zostało mu w piersiach choć marne zipnięcie.

Deszcz się rozpadał, gdy Ambrogio dotarł na wyznaczone miejsce spotkania. Był cały obolały, ręce i twarz miał podrapane i krwawiące. Zatrzymując się na chwilę, wyjął fiolkę i podniósł ją do słabego światła. Teraz zielony blask wydawał się intensywniejszy. Za szkłem tajemniczy płyn był niemal żywy i Ambrogio wyczuwał jego ukrytą moc. Nawet w tych nieprzyjaznych okolicznościach nie potrafił się powstrzymać i uśmiechnął się do siebie. Jego pan wiedział o tej cudownej rzeczy o wiele więcej, niż on sam mógłby sobie nawet wyobrazić. Ale w tej chwili to on ją dzierżył. Wkładając z powrotem fiolkę za koszulę, usłyszał trzask gałązki. Dobył miecza i ostrożnie ruszył ku rzadko rosnącym drzewom.

Tamten go dopadł, zanim Ambrogio w ogóle się zorientował, że nie jest już sam. Zdusił krzyk przerażenia i rzucił się w tył.

– Ambrogio, to ja.

– Niccolò! Chwała niech będzie Panu.

Dwaj mężczyźni padli sobie w objęcia. Ambrogio zesztywniał, gdy kolejne dwie postaci wyłoniły się z mroku, po czym szeroko się uśmiechnął, gdy dojrzał idących ku niemu szybkim krokiem Kosmę i Contessinę.

# ROZDZIAŁ 25

Wenecja, obecnie

Vincent zasunął ciężkie story i przygasił lampy, tak że tylko ogień rozświetlał pokój kojącym blaskiem. Edie i Jeff siedzieli na mniejszej kanapie, każde z wielką koniakówką w dłoni, podczas gdy Rose spała niespokojnie pod oknem na wielkim chesterfieldzie, po drugiej stronie biblioteki. Mieszkanie Jeffa było wyłączone z użytku, gdyż policyjna ekipa techniczna jeszcze tam zbierała ślady. Candotti wyjaśnił Jeffowi i Edie, że byli śledzeni, co niewątpliwie uratowało im życie. Roberto uparł się, by zatrzymali się u niego, natomiast przestał się domagać, by przewieziono tam również jego, gdyż Edie zagroziła, że jeśli dopnie swego, to sama się spakuje i wyjedzie nocnym pociągiem do Florencji.

Chociaż policja miała Jeffa i Edie na oku, to ledwo wyszli poza próg separatki Roberta, dwaj starsi stopniem policjanci zadali im tysiące pytań i kazali kilkakrotnie powtórzyć, co robili przed powrotem do mieszkania. Każde z nich szczegółowo opisało mordercę i potwierdziło, że ścigał ich noc wcześniej, zranił Roberta i zabił Dina. Potwierdzili również, że to on porwał motorówkę Roberta i zabił sternika Antonia.

Policyjna psycholożka porozmawiała w cztery oczy z Rose i później z Edie i Jeffem. Ale Rose tak naprawdę uspokoiła się dopiero wtedy, gdy znalazła się w Palazzo

Baglioni. Wyraźnie polubiła to miejsce i czuła mocną więź z Robertem, bezpieczna za wiekowymi murami położonej nad kanałem rezydencji. Połknęła miksturę na sen i uspokojenie, dzieło Vincenta, który obwieścił z namaszczeniem, że sporządza ją na podstawie tajnego przepisu, który przechodzi z pokolenia na pokolenie w jego rodzinie. Dziewczynkę ukołysały do snu melodyjne tony *Intermezza A-dur* Brahmsa. Kiedy Jeff całował ją na dobranoc, jeszcze powiedziała przed zaśnięciem:

– Nie mogę w to uwierzyć, tato. Wyskoczyłam z domu tylko na chwilkę.

Teraz Jeff spojrzał na śpiącą córkę.

– Dzieci mają niezwykłe zdolności regeneracji – zauważyła cicho Edie.

– Mam wrażenie, że to musiało ci przypomnieć potworne wspomnienia.

Uśmiechnęła się.

– Lata terapii zaklajstrowały pęknięcia w mojej psychice. Miałam zaledwie osiem lat, byłam o wiele młodsza od Rose, kiedy moi rodzice zostali zamordowani. Nie chcę w ten sposób powiedzieć, że wyparłam to z pamięci. Pamiętam. Każdy szczegół. Jakby to było wczoraj. – Miało się wrażenie, że chce się wygadać, i Jeff był gotów jej wysłuchać. – Przeżywałam to w nieskończoność. Tamto doznanie nigdy nie utraciło intensywności, ale pogodziłam się z tym, że naprawdę się wydarzyło. Naprawdę weszłam do polowej pracowni na pustyni i znalazłam moją mamę i mojego tatę dosłownie pływających we własnej krwi. To było prozaiczne morderstwo z chęci zysku. Zabójca uciekł z paroma dolarami. To wydarzyło się trzydzieści lat temu i zegary się nie zatrzymały ani świat nie przystanął w biegu, chociaż można by pomyśleć, że powinien.

– A teraz pracujesz przy trupach.

– Właśnie.

– To w jakiś przedziwny sposób musi ci pomagać.

– Nie jestem tego pewna, ale dzięki temu zachowuję dystans.

Jeff spojrzał na nią pytająco.

– Spójrz na Kosmę Medyceusza – ciągnęła. – Był jednym z najbogatszych ludzi w swojej epoce i mógł zrobić niemal wszystko. Na Boga, dzięki niemu wystartowało odrodzenie. I czym jest teraz? Bez względu na to, gdzie spoczywa jego trup, to tylko kupka rozsypujących się kości w pięknym kaftanie z guzikami z pełnego złota.

Jeff pomyślał o biednej Marii. Jej życie zostało tak gwałtownie i bez potrzeby zakończone. A Dino? Zapłacił najwyższą cenę za uratowanie im życia. To było zaledwie dwie noce temu, ale już miał wrażenie, że minęły całe wieki. Gdzie teraz był Dino? Czy jakąś częścią swego jestestwa naprawdę odnalazł żonę i córkę? Czy męki ich życia w końcu odeszły w zapomnienie? Czy też wszystko, co pozostało po Dinie, to tylko zaczynający gnić w pobliskiej kostnicy kawał mięsa?

Jeff wzruszył ramionami i spojrzał w sufit.

– Oto pytania, na które nie ma odpowiedzi – rzekł w zamyśleniu. – Mam wrażenie, że zatrzymujemy się tylko w takich chwilach jak ta, i zastanawiamy się, czym naprawdę jest życie. I do jakich wniosków dochodzimy?

– Każdy do innych – odparła Edie.

– Ale są jakieś podstawowe prawdy, no nie?

– Pewnie nie.

– To wszystko to dym i mgła, nic nie ma znaczenia, nie wydaje ci się? Bez względu na to, czy wierzysz w życie po śmierci czy nie, liczy się jedynie to, co zostawisz innym, czy to będzie wielkie dzieło sztuki, czy piękna muzyka, której ludzie będą słuchać wieki po twoim odejściu, czy też po prostu wspomnienie o dobrym człowieku, kimś, kto dał więcej, niż wziął.

– Może. – Edie wypiła kieliszek i nalała sobie kolejny. – Ale cokolwiek zrobiłeś, cokolwiek zostawiłeś, stopniowo się rozkłada i w końcu znika. Każdego dnia pracy widzę, jak to działa. W końcu nic nie zostaje, zupełnie nic. Kości rozsypują się na proch, który rozdmuchuje wiatr. – Pociągnęła spory łyk koniaku. – A co, jeśli i my też znikamy? – Nie czekała, aż Jeff odpowie. – Pewnego dnia muzyka Mozarta odejdzie w niepamięć, a słowa Jezusa przestaną cokolwiek znaczyć. Cokolwiek dali ludzkości, zgaśnie w pamięci. Jak to ujął wielki George Harrison: wszystko musi przeminąć.

– Otóż to – powiedział Jeff i uniósł kieliszek w żartobliwym toaście.

I oboje się roześmieli.

– Więc co teraz? – spytała Edie, ocierając oczy.

– Oczywiście zaraz rano wyjeżdżamy do Florencji. Wszyscy. – Jeff obejrzał się na Rose, czując się winny, że wciągnął córkę w sam środek tych krwawych jatek. Potem ogarnął go gniew spowodowany poczuciem bezsilności. Nie potrafił osłonić córki przed potwornościami, których była świadkiem.

# ROZDZIAŁ 26

Toronto, obecnie

Połączenie na numer wenecki przełączył jeden z asystentów Luca Fourniera. Ten odebrał je w pędzącej na lotnisko limuzynie.

– Dzień dobry – rzekł. Usłyszał, jak człowiek po drugiej stronie słuchawki wciąga powietrze, by się odezwać. – Nie ma potrzeby nic mówić. – Fournier mówił z naciskiem, akcentując wyrazy. – Masz to zrobić najprościej jak się da. Chcę, żebyś załatwił to osobiście. Rozumiesz…? Dobrze. To wszystko. Nie zawiedź mnie.

# ROZDZIAŁ 27

Wenecja, obecnie

Dwaj mężczyźni nosili identyczne szare garnitury. Jeden miał na nosie szerokie czarne szkła przeciwsłoneczne, chociaż była 22.30 i na zewnątrz komisariatu było ciemno choć oko wykol. Drugi, wyższy, miał nażelowane blond włosy z czarnymi odrostami. Żuł gumę. Podeszli do dyżurnego policjanta. Gabrielli Risso podniósł wzrok, czując lekki strach, pełznący wzdłuż kręgosłupa.
– Tak?
Mężczyzna w okularach bez słowa rozejrzał się po dyżurce. Drugi wyjął portfel i podstawił go pod nos funkcjonariuszowi. ROS, Raggruppamento Operativo Speciale, elitarny oddział karabinierów, jednostka antyterrorystyczna.
– W czym mogę pomóc? – spytał Risso.
– Przyjechaliśmy zabrać aresztowanego – powiedział żujący gumę blondyn.
– Jak wam chodzi o tego podejrzanego o morderstwo, którego dzisiaj wieczorem doprowadzono z San Marco, to nadal gromadzi się informacje.
– Sprowadź tu swojego dowódcę... no już!
Risso spojrzał w cętkowane szarymi płatkami źrenice mężczyzny i uznał, że lepiej się nie kłócić. Podniósł słuchawkę i wystukał trzy cyfry.
Po chwili pojawił się umundurowany mężczyzna

w średnim wieku, z dystynkcjami zastępcy komendanta prowincji.

– Komendant Mantessi – przedstawił się z wyraźnym neapolitańskim akcentem. – Mój dyżurny mówi, że chodzi wam o mordercę z San Marco.

– Czy jest tu jakieś ustronniejsze miejsce, w którym moglibyśmy pogadać?

Komendant wskazał pokój przy dyżurce. Był w nim tylko stalowy stół i krzesła. Kwadratowe okienko na wprost drzwi zakratowano. Mężczyzna w ciemnych okularach bez słowa stanął u końca stołu. Blondyn usiadł.

– Przysłano nas po aresztowanego.

Komendant usiadł naprzeciwko, położył ręce na stole i splótł palce.

– Nic o tym nie słyszałem.

– Tego wieczora nasz komendant przesłał panu e-mail.

– Nie otrzymałem tego e-maila.

ROS-owiec utkwił oczy w Mantessim i wyjął z wewnętrznej kieszeni marynarki kartkę papieru.

– Proszę.

Policjant zmierzył wzrokiem obu mężczyzn, bez słowa wstał i dopiero wtedy powiedział:

– Zaczekajcie tu.

Wrócił po niecałej minucie.

– Nie ma innego dowodu, że wysłano to polecenie, poza tym, co mi pokazaliście. Nie ma żadnego e-maila – rzekł po prostu.

– Przewidziałem tę możliwość – stwierdził funkcjonariusz ROS. – Na tych nowych technologiach nie można polegać. Więc pozwoliłem sobie skontaktować się z pańskim przełożonym, wiceprefektem Candottim.

Wręczył Mantessiemu komórkę. Komendant wziął ją do ręki z takim obrzydzeniem, jakby przejmował zgniłego śledzia. Przyłożył aparat do ucha i powiedział:

– Tak, panie prefekcie. Tak, zgadza się. Ale, panie prefekcie, nie mamy urzędowego... – Zerknął na ROS-owca, który kiwając się na piętach, gapił się w noski swoich butów. Jego kolega zdawał się patrzeć prosto w oczy policjantowi, ale nie było to nic pewnego. – Zgadza się, panie prefekcie. Tak, naturalnie. Rozumiem... Znakomicie... Dobranoc. – Udawał, że kończy rozmowę, gdy w rzeczywistości Candotti już się wyłączył.

Minibus ROS-u podjechał do tylnego wyjścia komisariatu. Aresztowanego skuto, założywszy mu ręce do tyłu. Czterech policjantów odeskortowało go do drzwi pojazdu. Morderca, widząc Mantessiego, wykrzywił twarz w szyderczym uśmiechu. Dwaj mundurowi przygięli mu głowę, wpychając go do środka, zatrzasnęli drzwi i uderzeniem w karoserię dali znać kierowcy, że zostały zamknięte. Bus szybko odjechał. Za nim pomknęło czarne alfa romeo 159 z ROS-owcami.

Pojazdy przejechały Ponte della Libertà i skręciły ku Mestre, zostawiając za sobą światła Wenecji. Główna droga biegła na północ i zanurzała się między obrzeżone gajami oliwkowymi pola, po czym zwęziła się do dwukierunkowej ulicy, ze skromnymi kamiennymi domami po obu stronach. Bus i alfa zjechały na polną drogę i zatrzymały się. Dwaj mężczyźni wyskoczyli z drugiego wozu i spotkali się z kierowcą busa w środku odległości między pojazdami. Zmieszany z deszczem śnieg, który przestał padać zaledwie przed godziną, szeleścił pod butami. Oddechy tężały w zimnym powietrzu i przed twarzami wirowały kłąbki pary. Mężczyźni wymienili się kluczami. Alfa romeo wyskoczyło na twardą nawierzchnię, zawróciło i odjechało, zarzucając przy tym, podczas gdy ROS-owcy wskoczyli do szoferki minibusa, włączyli silnik i ruszyli mulistą drogą. Półtora kilometra dalej zobaczyli światła, nocą wyraziście odcinające się od otoczenia. Zwolnili i zatrzymali się pod drzewem, obok czarnej limuzyny.

Pobiegli do tyłu busa, otworzyli drzwi.

– Boże, cieszę się, że was widzę! – radośnie wykrzyknął aresztowany i wydostał się na mroźne powietrze.

Jeden z mężczyzn klepnął go w plecy.

– Ciebie też dobrze widzieć, Giulio.

Drugi funkcjonariusz szybko rozpiął kajdanki. Giulio roztarł nadgarstki. Jeden z mężczyzn poczęstował go papierosem. Giulio przyjął go z wdzięcznością i zapalił, po czym ruszył za tamtymi, obchodząc minibusa.

Światła limuzyny zgasły i wyszła z niej zwalista postać. Aldo Candotti trzymał ręce w kieszeniach długiego płaszcza, którego poły powiewały mu wokół łydek. Uścisnął całej trójce ręce.

– Znakomicie – powiedział bez cienia emocji. – A teraz panowie – zwrócił się do ROS-owców – zechciejcie chwilę zaczekać. Chciałbym zamienić z Giuliem słówko na osobności.

Potężnym ramieniem objął niedawnego aresztanta i odszedł z nim zaścieloną liśćmi drogą pod drzewo.

– Jestem naprawdę wdzięczny – powiedział Giulio, uśmiechając się szeroko do Candottiego. – Wkrótce będę miał informację, na której panu zależy.

– Problem w tym – odparł wiceszef policji – że narobiłeś… jak by to wyrazić…? Sporo złego PR, Giulio. Twój pomysł, żeby dorwać tę dziewczynę w mieszkaniu, był tak prostacki, że musiałem osobiście interweniować.

Giulio wyjął papierosa z ust, odrzucił go i spętował noskiem buta. Kiedy podniósł wzrok, Candotti trzymał wylot lufy pistoletu kilka centymetrów od jego czoła. Giulio stężał i cofnął się o krok.

– Potknięcia są wybaczalne w wielu profesjach, Giulio – mówił dalej ze znużeniem Candotti. – Ludzie mogą przełknąć, kiedy gwiazda pop spóźni się na własny koncert, albo malarz zwleka ze skończeniem arcydzieła. Ale skrytobójca, który raz za razem zawala…? To coś nie tak, nie wydaje ci się? Z pewnością rozumiesz, że to niestrawne.

Giulio myślał gorączkowo. Nie było takiej sytuacji, żeby nie dało się z niej jakoś wybrnąć. Zerknął w kierunku samochodów i spostrzegł, że tamci dwaj patrzą prosto na nich.

– Powiedziałbym, że mi przykro, że muszę to zrobić – kontynuował zastępca prefekta. – Ale to strasznie ograna kwestia, nie uważasz? Jak sądzisz, powinienem kazać ci uklęknąć i strzelić w łeb, czy dać ci szansę, pozwolić pobiegać i walnąć w plecy? – Pistolet wystrzelił i na środku czoła Giulia pojawiła się spora dziura. – A co powiesz na niespodziankę? – spytał Candotti. Wsadził broń do kieszeni i wrócił do samochodu. Uważał, by nie zabrudzić sobie butów. Już zapalał silnik, gdy podeszli do niego podwładni. Candotti spuścił szybę. – Zakopać w lesie – rozkazał, patrząc w zimne oczy blond funkcjonariusza. Bez dalszych ceregieli wrócił na główną drogę i ruszył w kierunku Wenecji.

# ROZDZIAŁ 28

Florencja, obecnie

Zanim dotarli do kaplicy Medyceuszy, zapadł późny wieczór. Wszystkie pociągi z Wenecji były zajęte aż do popołudnia, więc musieli wynająć samochód. Chcieli jeszcze odwiedzić Roberta, wrócić do mieszkania Jeffa, skąd zabrali kilka drobiazgów, i pokazać się na komisariacie, gdzie musieli załatwić pozwolenie na podróż do Florencji, nie wyruszyli więc z Piazzale Roma wcześniej niż o czwartej po południu.

Jack Cartwright czekał na nich u stóp schodów prowadzących do krypty. Uścisnął dłoń Jeffowi i obdarzył Edie spojrzeniem pełnym skruchy. Przewróciła oczami i ruszyła prosto do pracowni nieżyjącego wuja.

Policja zwróciła wszystko, co zabrała do zbadania, ale tylko jedna z laborantek, Sonia Stefani, wróciła do pracy. Komputery z powrotem podłączono, pliki sprawdzono; wszystko działało jak trzeba. Więcej, panowała jakaś przedziwna atmosfera spokoju, jakby tydzień wcześniej nic się nie wydarzyło.

Jack wskazał na sufit.

– Monitoring – powiedział. – Policja zaleciła instalację, a ubezpieczyciele wprost się uparli. Jeśli chcecie znać moje zdanie, to przeszkadza jak cholera.

Edie wzruszyła ramionami.

– To miło z twojej strony, że tak zaraz wróciłaś – zwróciła się do Soni. – Ja i Jack doceniamy to.

– Szczerze mówiąc, myślałam, że umrę z nudów. Byliście w Wenecji?

– Tak, musieliśmy trochę odetchnąć – skłamała Edie. – To mój najlepszy przyjaciel, Jeff, i jego córka, Rose.

Wymieniono uściski dłoni.

– Więc co się działo? – spytała Edie. – Oczywiście, słyszałam o reportażu. – Zerknęła na Jacka Cartwrighta, który siedział na obrotowym krześle, przy dawnym stanowisku pracy Carlina Mackenziego.

– Popatrz na to tutaj – rzekł Jack, wskazując na monitor, na którym widniały wąziutkie kolorowe paski jak żołnierskie baretki. – Ledwo dwa dni temu dostałem nowiutki program, który pozwala na identyfikację DNA ze śladowej ilości materiału. Dzięki niemu mogłem o wiele dokładniej niż do tej pory ocenić DNA domniemanego trupa Kosmy. Dla porównania użyłem próbek uzyskanych z ciał czterech innych członków rodziny Medyceuszy. – Nacisnął kilka klawiszy i poniżej pierwszego barwnego zestawu pasków pojawiły się kolejne. – Należało się spodziewać podobieństw w tym segmencie. – Przesunął kursorem wzdłuż kolorowych linii. – Ale nie pojawiły się żadne. – Podniósł wzrok ku Edie. – Ciało, które badaliśmy, nie mogło należeć do nikogo z rodziny Medyceuszy.

– Więc kto to, do diabła, był? – spytał Jeff.

– Tego nie mogę ci wyjaśnić. Ale odkryłem pewne ciekawe fakty. Porównywałem próbkę z wynikami uzyskanymi w ramach International HapMap Project.

– W ramach czego? – spytał Jeff.

– Przepraszam. Gdy kilka lat temu ustalono układ genów w chromosomie, przystąpiono do przedsięwzięcia International HapMap, tworzenia katalogu SNP-ów.

– Czyli?

– Analizy polimorfizmu, czyli zróżnicowania pojedynczych nukleotydów – wtrąciła Edie. – Drobin ludzkiego DNA, które decydują o międzyosobniczych różnicach. Ja na przykład nie mam niebieskich oczu. Ani włosów na plecach.

– Ani nosa jak moja mama – dodała Rose.

Jeff objął córkę ramieniem.

– Nieważne – powiedział Cartwright. – Rzecz w tym, że mogłem porównać DNA z tego ciała z ponad trzema milionami skatalogowanych SNP-ów i okazało się, że to ciało człowieka, który się urodził w Skandynawii. O ile wiemy, Kosma Medyceusz nigdy nawet na tysiąc kilometrów nie zbliżył się do Skandynawii. Ergo to na pewno nie ciało Kosmy. Sądzę, że to prawdopodobnie trup dworskiego sługi albo niewolnika.

– A co z kobietą? – spytał Jeff.

Jack nagle zerwał się od stołu.

– Czy w końcu powiecie mi, co się, do diabła, dzieje?

Edie z trudem przełknęła ślinę.

– Dlaczego myślisz, że…

– Edie, czemu z takim pośpiechem wróciliście? – przerwał jej pytaniem Jack. – Dlaczego Jeff nagle tak się wszystkim interesuje? – Wziął głęboki oddech. – Wiecie co? Tak się składa, że czytam gazety. Cztery zgony w parę dni. Sławny wicehrabia, człowiek przypadkowo będący twoim przyjacielem, Jeff, postrzelony.

– Przepraszam, Jack – powiedziała Edie. – Nie było moim celem trzymać cię w niewiedzy. – Zauważyła, że oczy Rose są jak spodki.

– Ani ciebie – zwrócił się do córki Jeff.

Edie przekazała Cartwrightowi zarys wydarzeń, omijając najważniejsze informacje pozyskane z pozostawionych przez sławne historyczne postaci wskazówek.

– I, oczywiście, znaleźliście w La Pietà coś, co skłoniło was do powrotu? – spytał Jack, gdy skończyła. Edie skinęła głową. – Ale najwyraźniej nie słyszeliście najświeższej wiadomości.

– O co ci chodzi?

Cartwright zrobił pauzę, rozkoszując się ich zaskoczeniem.

– Zatrzymany w sprawie morderstwa uciekł z policyjnego aresztu.

– Co?! – jednym głosem zawołali Jeff i Edie.

– Upubliczniono tę wiadomość zaledwie tego wieczoru, tuż przed waszym przyjazdem. Zniknął bez śladu.

– Tato...? – spytała płaczliwie Rose.

– Zaraz, kochanie – powiedział Jeff. – Nic się nie stało.

– Co, ściśle biorąc, znaleźliście w La Pietà? – spytał ostro Jack. Miał zacięty wyraz twarzy.

– Taki fresk.

– Wiem. W tym kościele jest pełno fresków, cholera!

– Wizerunek tej kaplicy. I napis: SOTTO 400, 1000.

– Co to niby ma znaczyć?

– „Pod" po włosku – wyjaśniła Edie.

– To wiem – mruknął Jack.

– I to by było na tyle. Nie mam pojęcia, co znaczy reszta.

Cartwright odwrócił się do Jeffa.

– A ty?

– Myślałem, że może chodzi o kombinację albo szyfr cyfrowy, ale...

– Nie ulega wątpliwości, że za długo się z tym szamotaliście – skarcił ich Jack. – Nie widzicie najprostszych rzeczy. Czemu mieszać włoski z arabskimi cyframi? 400, 1000. To musi coś mówić. Zmieńcie arabskie liczby na rzymskie i co macie? CD M.

– CD M...

– Kosma Medyceusz po włosku. C-o-s-i-m-o d-e M-e--d-i-c-i.

Jeff i Edie spojrzeli na Cartwrighta tak, jakby właśnie wyłuszczył im sens życia.

– Nadzwyczajne, Jack. – Edie powoli uśmiechnęła się szeroko.

– „Pod Kosmą Medyceuszem" – powiedział Jeff. – Przykro mi, że zepsuję wam całą przyjemność, ale czy właśnie nie zatoczyliśmy pełnego koła? Chodzi o artefakt znaleziony tej właśnie nocy, której zabito profesora Mackenziego. To coś było „pod" Kosmą Medyceuszem.

– Tyle że to nie był Kosma – poprawił go szyderczym tonem Jack.

– Och, na litość boską! – wykrzyknęła Edie. – To śmieszne!

– Nie, nie... zaczekajcie, zaczekajcie – Jeff przysiadł na brzegu stołu i wbił wzrok w podłogę. – A drugie ciało, kobiety? Zakładaliście, że to była Contessina Medycejska, zgadza się? Ale artefakt leżał pod ciałem tego, który udawał Kosmę. Może ta wskazówka z La Pietà prowadzi nas do drugiego ciała.

– Czemu tak myślisz?

– CD M może oznaczać Cosimo de' Medici – odparł Jeff – ale równie dobrze może znaczyć Contessina dé Medici, prawda?

Pół godziny zajęło im wyjęcie ciała z niszy, szarpiące nerwy zajęcie, wymagające cierpliwości i wielkiego doświadczenia, aby cała operacja nie skończyła się wzgórkiem sproszkowanych kości i kłębkiem szmat na podłodze pracowni. Edie i Jack przenieśli ciało kobiety z miejsca spoczynku na nosze na kółkach. Sonia rozstawiła je z pomocą Rose. Dziewczynka miała dość roli biernego obserwatora. A Jeff uznał, że w końcu tak będzie lepiej, niż przy każdej sposobności odsyłać córkę. Znalazła się w samym sercu potwornych wydarzeń i okazała się odważną i odporną młodą kobietą. Przyłapał się na tym, że obserwuje ją z podziwem, gdy pracowała. Był z niej dumny jak paw.

Dwoje paleopatologów włożyło fartuchy i lateksowe rękawiczki i przygotowało się do badania. Edie ustawiła obok noszy bardzo silną lampę. Jack przyłożył do lewego oka lupę. Żadne z nich się nie odzywało. Jeff po raz pierwszy zwrócił uwagę na mrugającą czerwonym światełkiem kamerę przemysłową i pomyślał, że zaraz nagrany będzie naprawdę niecodzienny materiał.

– Ciało jest w bardzo podobnym stanie jak ciało mężczyzny – zauważyła Edie, gdy już obejrzała uważnie ubranie i kępki siwych włosów na skroniach trupa. – Całkiem możliwe, że pochowano je w tym samym czasie. – Obcięła kilka kosmyków, schowała je w próbówce, którą zakorkowała i oznaczyła.

Cartwright zebrał kilka włókien z sukni kobiety i włożył je do podobnej próbówki.

Większa część ubioru się rozpadła, zwłaszcza spodnia strona, tak że pozostała warstwa okryła ją niczym całun. Ostrożnie zdjęli to, co pozostało, umieszczając fragmenty na pobliskim, przykrytym plastikiem stole. Szczątki ubrania okryli kolejną płachtą plastiku.

Skóra trupa miała kolor brązowy, a spodnia strona ramion i okolice bioder – barwę starego tekowego drewna. Miejscami zupełnie zniknęła, odsłaniając brązowawe kości.

– Okej – powiedziała Edie. – Popatrzymy „pod" ciało.

Jack odwrócił ciało na bok. Niemal dokładnie powtarzał czynności zespołu, wykonywane niewiele ponad tydzień wcześniej. Ujrzeli zarys kręgosłupa i wiekowe kości. Po tym jak zgniły ciało i skóra, odsłoniło się wiele kręgów. I wtedy Edie go zobaczyła, między szóstym i siódmym kręgiem, tam gdzie niegdyś były mięśnie międzyżebrowe i miękka tkanka. Srebrnawy przedmiot.

– Odwróć ją z powrotem – poleciła Edie i pomogła Jackowi przekręcić lekkie jak piórko ciało.

– Jest coś? – spytał Jeff. Pochylił się, by dokładniej obejrzeć znalezisko.

– Tak mi się zdaje. Jeff, mógłbyś…?

– Przepraszam. – Cofnął się o krok.

Powtarzając procedurę, której trzymał się Carlin Mackenzie, Edie rozcięła szczątki klatki piersiowej kobiety. Ujrzała schowaną w wyschniętej tkance krawędź czegoś, co przypominało metalowy pojemniczek. Kilka żeber kobiety zamieniło się w proch. Edie ostrożnie usunęła fragment kości i miękkim pędzlem oczyściła z prochu zagłębienie, zanim wsunęła tam palce.

W pomieszczeniu panowała cisza – wszyscy wpatrywali się w wyjęty przez Edie przedmiot. Było to metalowe pudełko, mające nie więcej niż pięć centymetrów kwadratowych. Na jednej ściance była malutka klamra. Edie podeszła do stoliczka i ostrożnie położyła przedmiot na warstwie plastiku.

Był zwyczajny. Metal wyglądał na srebro albo stop srebra. Wydawał się tak świeży jak w dniu, w którym go wykonano. Jack pochylił się i poprawił lupę, po czym ją wyjął i przystawił szkło powiększające na statywie.

– Jest zupełnie gładki – powiedział.
– Możemy go otworzyć? – spytał Jeff.

Edie uniosła szczypcami klamrę i odchyliła wieczko. Opadło bez oporu. W środku, na podkładce z wyblakłego purpurowego aksamitu, leżał srebrny kluczyk. Wzdłuż pręta biegł napis: GOLEM KORAB. Edie wyjęła go z pudełka i uniosła w dwóch palcach. Ledwo go odwróciła, chcąc sprawdzić, czy nie ma jeszcze czegoś po drugiej stronie, gdy rozległ się nieznajomy głos:

– Brawo.

W połowie schodów do krypty stał wysoki blondyn o sterczących włosach. Byli tak zajęci znaleziskiem, że nikt nie usłyszał kroków przybysza. Teraz powoli klaskał. Niegłośno, gdyż nosił czarne skórzane rękawiczki. Przestał klaskać, włożył rękę do kieszeni marynarki i wyjął z niej rewolwer.

– Wygląda na to, że przybyłem we właściwym momencie. A teraz… – Spojrzał na Edie. – Proszę odłożyć klucz i cofnąć się od stołu.

Edie ani drgnęła.

– Znakomicie. – Po tych słowach uniósł broń.
– Edie! – ryknął Jeff.
Mężczyzna się uśmiechnął, ale wciąż trzymał ich pod bronią.
– Bardzo rozsądnie. – Wystarczyły mu trzy kroki. Znalazł się przy stoliku i zabrał z pudełeczka kluczyk. – Piękny, no nie? – Wsunął go do kieszeni. – Teraz bardzo mi przykro, ale i tak was zabiję. Mojemu pracodawcy nie spodobałoby się, gdyby informacja o mojej wizycie przedostała się do wiadomości publicznej, i prawdę mówiąc, mnie też nie. Na kolana.

Nikt się nie poruszył. Z potężną siłą uderzył bronią w policzek Jeffa. Postawny mężczyzna rozłożył się jak długi na podłodze.

– Tato! – krzyknęła Rose i przypadła do jego boku.
– Na kolana – powtórzył bandyta.
Jack i Edie posłuchali rozkazu.
– Twarzą do ściany. I ty.
Rozdygotana Sonia poszła w ślady Jacka i Edie.
– A teraz, kto na pierwszego? Ja myślę, że najmłodsza. A wy nie?

Jeff zareagował instynktownie i rzucił się na bandytę. Z siłą, o którą się nawet nie podejrzewał, uderzył go z byka w nos. Broń wypadła bandycie z ręki i poleciała po podłodze. On sam zatoczył się w tył, ale zdołał złapać brzegu stołu i ustał na nogach. Jednak Jeff nadal miał nad nim przewagę rozpędu, który nadały mu rozjuszenie i desperacja. Zadał mocny cios w splot słoneczny. Przeciwnik stęknął i złożył się jak scyzoryk.

Jack i Edie też już byli na nogach, a Sonia rzuciła się po broń. Jednak mimo że blondyn był sam przeciwko czwórce, nie należał do przeciętnych, barowych zabijaków. Chociaż krew sikała mu ze zmiażdżonego nosa, uchwycił koniec noszy z trupem i z całej siły pchnął je na nich. Nosze przeleciały po podłodze, zawadziły o ruchomy stolik komputerowy i walnęły w kąt pracowni, gdzie stykały się dwa stoły robocze. Zmumifikowane ciało poleciało wzdłuż noszy i wylądowało na stalowym blacie, roztrącając zlewki i podstawki na próbówki, po czym utknęło głową w splątanej sieci przewodów i rozrzuconych dokumentach. Jakimś cudem się nie rozleciało. Odtrącając Rose na bok, bandyta wybiegł na górę, przeskakując po trzy stopnie.

Jeff podbiegł do Rose i przytulił ją do siebie.

– Nic ci nie jest, skarbie?

– Czuję się dobrze, tato. To ty krwawisz.

Jeff dotknął miejsca, w które otrzymał cios lufą rewolweru.

Sonia przyniosła zimną, mokrą ścierkę i delikatnie przemyła ranę. Była dość powierzchowna, ale już zaczynała sinieć.

– Nie powinniśmy wezwać policji? – spytała.

– Nie powinniśmy najpierw sprawdzić, czy ten drań przypadkiem nadal się tu nie czai? – powiedziała Edie.

Jeff odebrał od niej rewolwer i pobiegł na górę. Ale nigdzie nie było śladu bandyty. Przecież miał to, po co przyszedł.

– No cóż, wygląda na to, że to koniec naszej przygody – stwierdził Jack.

– Może i lepiej, że się tak stało – powiedział z żalem Jeff.

– Widziałam, co było napisane na kluczu – rzekła Edie. – GOLEM KORAB.

– To brzmi jak nazwa hinduskiego puddingu – zauważyła Sonia.

Tylko Rose się roześmiała. Ale zaraz spoważniała.

– Czekaj, Edie – nagle powiedziała. – Widziałaś, co było po jednej stronie klucza. A co z drugą?

– Niestety, z tym kicha. Nasz przyjaciel z tlenioną czupryną przerwał nam właśnie w chwili, gdy obracałam klucz.

Na chwilę zamilkli, lecz Sonia zburzyła ten ponury nastrój.
– Monitoring! – powiedziała. Oczy miała rozszerzone podnieceniem. Pozostali popatrzyli na nią bezmyślnie. – Może wy nie dojrzeliście, co jest na drugiej stronie klucza, ale kamerki zarejestrowały wszystko.
– Soniu, jesteś genialna! – zawołała Edie.

Po wyjęciu pen-drive'a z kamery w pracowni Sonia wsunęła go do multimedialnego czytnika, podłączonego do jednego z komputerów.
– Umiesz się tym posługiwać? – spytała Edie, gdy Sonia pochyliła się nad klawiaturą i zaczęła wprowadzać polecenia.
– Trochę się nauczyłam od brata. Pracuje dla firmy ochroniarskiej w Mediolanie. To zwykłe standardowe kamery. Nagrywają na pen-drive'y. Zapis co dwadzieścia cztery godziny jest automatycznie przerzucany na twardy dysk, a na pen-drivie kasowany. Tak więc wystarczy nam cofnąć jakieś dwadzieścia minut – wytłumaczyła Sonia.
Na ekranie przeważnie widać było pustą pracownię. Potem weszła i wyszła Sonia. Niewiele później wszedł Jack Cartwright i przez godzinę pracował przy jednym z komputerów. Przewijając, Sonia znalazła odcinek, na którym Edie i Jack zajmowali się trupem na wózku. Edie wyjęła przedmiot z ciała, położyła go na stoliku, otworzyła, wyjęła klucz.
– Jest – powiedziała Edie. – Cofnij.
Sonia uderzyła w klawisz i film przewijał się z powrotem. Zwolniła go do ujęcia po ujęciu.
– Proszę – powiedziała.
Na ekranie ukazały się palce Edie trzymające klucz.
– To na nic – jęknął ze zniechęceniem Jeff. – W ogóle niczego nie widać.
– Zaczekaj – powiedziała Sonia, tańcząc palcami po

klawiaturze. Obraz na ekranie urósł, przesunął się w prawo, zatrzymał i jeszcze bardziej urósł. Klucz wypełnił cały ekran, ale obraz był nieostry. – Potrzebuję tylko kilku sekund, żeby to wyostrzyć... – Po chwili Sonia odchyliła się od monitora. – *Voilà*!

Z trudem, ale udało im się rozpoznać zrobione pajęczą linią kształty w górnej części klucza. Był to obrazek niskiego domku i słowo: ANGJA. Pośrodku fasady dwie literki: M i D.

O siódmej wieczór lotnisko w Pizie było niemal puste. Bardziej przypominało duży dworzec autobusowy niż międzynarodowy port lotniczy. Opatulona w grubą zimową kurtkę Rose popijała z plastikowego kubka słabą herbatę, którą właśnie przyniósł jej Jeff.

– Naprawdę nie musisz mnie wyprawiać do domu, wiesz, tato? – powiedziała. Pogładziła ojca po ramieniu i zacisnęła dłoń w rękawiczce na jego dłoni.

– Chyba jednak muszę, Rose. Wierz mi, żałuję, że z nami nie będziesz, ale spotkał nas o jeden koszmar za dużo. – Był na siebie wściekły. Naraził na niebezpieczeństwo życie córki, zepsuł jej wyprawę do Włoch i nie przewidział potworności, jakie ją spotkały. – Ja... – zaczął.

– Tato, nie trzeba. To nie twoja wina. Spójrz na to z innej strony. Ilu dziewczętom w moim wieku trafia się taka zadyma? – Roześmiała się. – Pomyśl, ile będę miała do opowiadania... Żartuję – szybko dodała, widząc, jak rzednie mu mina.

Roześmiał się ze znużeniem i uściskał córkę.

– Więc obiecaj – powiedział, odsuwając ją na odległość ramienia – obiecaj, ani słowa nikomu, nawet twojej matce... zwłaszcza twojej matce.

– Przysięgam.

Odwrócili się, gdy podeszła Edie.

– Wszystko gotowe?

– Uhm. Paszport, bilety, pieniądze – wyrecytowała Rose, szeroko uśmiechając się do Jeffa. – Przynajmniej miałam wszystko, kiedy pytaliście mnie trzy razy w ciągu ostatnich dwóch minut.

Edie wybuchnęła śmiechem i pocałowała Rose w czoło.
– Wkrótce się spotkamy.

Rose stanęła na palcach i cmoknęła ojca w policzek.
– Auuu!
– O, Boże! Przepraszam, tato!
– Nie ma sprawy. – Delikatnie obmacał spuchnięte miejsce. Przy bramce służby ochrony lotniska poprosił: – Zadzwoń do mnie, kiedy będziesz w domu, dobra?
– Zadzwonię i proszę, tato, uważaj na siebie. Naprawdę nie rozumiem, co się wam przytrafiło, ale może czas, żebyście poszli na policję?
– No, może, Rose. Może. Ale się nie martw. Wszystko naprostujemy. I wrócisz za kilka miesięcy, okej?
– Tylko spróbujcie mnie przed tym powstrzymać.

Gdy już przeszła przez bramkę, zabrała plecak i po raz ostatni odwróciła się do Jeffa i Edie. Pomachała im i weszła do szerokiego korytarza, który prowadził do hali odlotów.

Rose siedziała, czytając czasopismo, kiedy megafony po włosku, a potem angielsku oznajmiły, że pasażerowie klasy biznes, rejs British Airways do Gatwick, mogą przechodzić do samolotu. Złożyła gazetę, wsunęła do bocznej kieszeni plecaka i wstała.
– Cześć, Rose – usłyszała za plecami.
Zaskoczona odwróciła się i uśmiechnęła.
– A ty co tu robisz?

# ROZDZIAŁ 29

Ragusa, czerwiec 1410 roku

Zanim światło słońca zaczęło się rozlewać po wschodniej stronie nieboskłonu, kompania Kosmy pokonała już spory szmat drogi od monastyru. Trzy dni potem dotarli do położonej na brzegu morza Ragusy.

Czuli się dobrze, wracając do cywilizacji, i nie rozpamiętywali razów losu, które na nich spadły. Zanim dotarli do tawerny, usytuowanej w środku tętniącej życiem dzielnicy portowej, słońce zaszło, rzucając ciepły złoty poblask na rozmigotane wody zatoki. Żeglarze sprzątali pokłady, a kramarze uwijali się, wysprzedając za bezcen ostatnie ryby i warzywa. Roześmiana dzieciarnia bawiła się przy cumach, mocno trzymających statki przy kei, i goniła wokół sieci i skrzyń, podczas gdy dorośli gawędzili i popijali.

Kosma był w pogodnym nastroju. Przygoda okazała się niesłychanie ryzykowna, ale gra była warta świeczki. Zdobycz z monastyru była doprawdy zdumiewająca, zawierała między innymi zbiór epigramów Marcjalisa, komentarz poświęcony Homerowi i intrygujący tekst, który wydawał się bardzo wczesną kopią dialogu Platona. Kosmie udało się również uratować kawałek oryginalnego tekstu Arystotelesa i rzecz najcenniejszą, niemal kompletny oryginał *Dziejów* wielkiego Herodota. Tę noc wszyscy przespali jak kłody, pierwszy raz w prawdziwym łóżku od nocy poprzedzającej napad na monastyr.

Kosma zastukał do drzwi. Powtórzył stukanie, tym razem mocniej. Wciąż nie słyszał odpowiedzi.

– Ambrogio...! Ambrogio! – zawołał.

Contessina i Niccoli czekali za jego plecami, w korytarzu. Odwrócili się, gdy nadszedł oberżysta, wymachując wielkim pękiem kluczy.

– Martwicie się o kamrata? Może wczoraj trochę za dużo wypił? – Roześmiał się pod nosem i potarł brodę.

Otworzył kluczem drzwi i pchnął je.

Ambrogio leżał rozwalony na łóżku.

– Ha! Teraz sami go leczcie z bólu łba – powiedział wesoło oberżysta.

Contessina wzięła Tommasiniego za rękę.

– Ambrogio – szepnęła.

Rzucił się niespokojnie, gdy znów do niego przemówiła, i otworzył oczy.

– Strasznie wyglądasz – powiedział Kosma. – Myślałem, że masz tęższą głowę...!

Widok, który ujrzał, nagle odebrał mu mowę. Podłoga przy rogu łóżka był usmarowana krwią i ohydnie wyglądającym żółtawym płynem. W kałuży ropy i posoki leżał na grzbiecie wielki, brązowy szczur. Szczerzył zęby, wytrzeszczając ślepia. Ogromny guz, niemal tak wielgachny jak czaszka gryzonia, wyrastał mu na łbie. Smużki zaschniętej juchy zlepiały futro.

– Ambrogio, jesteś chory? – krzyknęła Contessina.

Tommasini spróbował się podnieść. Skrzywił się i przyłożył rękę do czoła. Oczy miał podkrążone, usta wyschnięte i popękane, skórę białą jak nieboszczyk.

– N-nie mogłem spać. – Głos mu się łamał.

– Co to, na Boga? – spytał Kosma, wskazując podłogę.

Tommasini poszedł wzrokiem za ręką przyjaciela i szybko odwrócił głowę.

– Wszyscy święci pańscy! Trucizna? – zaskrzeczał.

– Modlę się, żeby tylko to... naprawdę się modlę.

Srebrne gwiazdy przenikały heban nocy, gdy Kosma wsparty o nadburcie statku spoglądał na atrament morza. *Zadar*, statek handlowy, na który weszli w Raguzie, był szybki, ale teraz dla Kosmy żaden statek nie był dość szybki. Pragnął ponad wszystko znaleźć się w ojczyźnie, chodzić ulicami Florencji i mieć czas na studiowanie wielkich skarbów, które uratowali przed barbarzyńcą Stasanorem.

Po siedmiu dniach podróży wzdłuż północnego wybrzeża skierowali się na południowy wschód, do Ankony, co oznaczało, że ominęli szerokim łukiem Wenecję. Gdy dopłyną do portu, czeka ich dwudniowa jazda wierzchem do domu. Czując nagły chłód, Kosma szczelniej opatulił się wełnianym kocem, który wcześniej fantazyjnie zarzucił na ramiona.

Obudził go przenikliwy krzyk. Naciągając w ciemnościach pludry, mało się nie przewrócił. Wybiegając na pokład, zobaczył Niccolego i Contessinę, którzy nadchodzili od rufy. W nadrannej, szarej, pełnej chłodu godzinie byli kompletnie zaspani. W ich kierunku biegł chłopiec pokładowy. Coś tak nim wstrząsnęło, że miał oczy w słup. Kosma już miał go złapać za ramię, gdy usłyszał głos dowódcy statku.

Kapitan Dawonik był wielkim mężczyzną z długą, siwo-czarną brodą, piwnymi oczami i ogorzałymi od wiatru, wody morskiej i słońca policzkami. Tysięczny raz robił kurs do Ankony i załoga przysięgała, że zamiast krwi ma w żyłach słoną wodę.

– O co chodzi, Kulin?! – krzyknął na majtka. – Wyglądasz, jakbyś ujrzał ducha.

Chłopiec drżał jak trzcina i ledwo mógł wydusić słowo. Kapitan potrząsnął go za ramiona.

– Uspokój się.

Kulin bez słowa wskazał za burtę.

Wszędzie wokół statku, jak okiem sięgnąć, powierzchnia była zasłana śniętymi rybami – wszelkich kształtów, rozmiarów i gatunków. Kołysały się na wodzie, a tysiące niewidzących ślepi wpatrywało się w ołowiane niebo.

Był prawie zachód słońca i Kosma siedział sam w ładowni, przy przewróconej do góry dnem skrzyni, służącej mu za stół. Wiele myśli dobijało mu się do głowy, każda wołająca jego uwagi i każda bardziej szalona od poprzedniej. Wokół panował mrok, rozjaśniany jedynie ruchomą plamką żółtego światła, którą rzucała pojedyncza świeczka, ustawiona na pobliskim kufrze. Otaczały go skrzynie z przyprawami i egzotycznymi płodami pól, sadów i lasów Turcji, Persji i dalej leżących krain, a także kosze wypełnione materiałami o rozlicznych fakturach i we wszystkich kolorach tęczy. Niebawem te błamy miały się przemienić w skrojone według najświeższej mody i sprzedane bogaczom z Neapolu, Genui, Wenecji i Florencji stroje. Kosma pomyślał w rozmarzeniu, że w tej ładowni może płynie jedwab na ślubną suknię jego ukochanej.

Przed nim leżała otwarta księga, wolumen, który uznano by za największy skarb każdej biblioteki każdego miasta świata. Był to traktat greckiego historyka Tukidydesa, który niemal tysiąc lat temu włożył w usta sławnego ateńskiego przywódcy, Peryklesa, mowę pogrzebową na cześć pierwszych ofiar wojny, toczonej wówczas na greckim półwyspie. Kosma przeczytał na głos: „Potęga naszego państwa, poświadczona przez tyle wspaniałych dowodów, podziw budzić będzie u współczesnych i u potomnych".

W drzwiach pojawiła się Contessina. Niosła dzban wina, kielichy i dużą misę z chlebem i owocami.

– Siedź, Kosi – powiedziała i uśmiechnęła się łagodnie. – Przysięgam, że od wejścia na pokład nie widziałam, byś jadł.

– Myślisz, że powinienem nabrać ciała?

– Jak najbardziej.

Contessina postawiła dzban i misę na tymczasowym stole i usiadła przy Kosmie.

– Zupełnie nie jestem głodny – powiedział.

– Ani ja. Ale powinniśmy jeść.

Kosma nalał sobie trochę wina. Rubinowy płyn, kwaśny i mocny, pochodził z winnic nad Ragusą.

– Czy kapitan Dawonik jakoś tłumaczył to, co wydarzyło się dziś rano? – spytał ze znużeniem.

Contessina potrząsnęła głową.

– Ani słowem. Powiedział mi, że pływa po Adriatyku od ponad trzydziestu lat. Podczas pierwszej wyprawy był młodszy niż ten Kulin i nigdy niczego podobnego nie widział. Nie mógł wyjść ze zdumienia.

– Gdybym pozwolił na chwilę przysnąć rozumowi, powiedziałbym, że to czarcia sprawka.

Do ładowni wszedł Niccoli.

– Muszę z tobą porozmawiać o Ambrogiu – powiedział. Contessina zaproponowała mu wina. Podziękował, ale usiadł przy stole. – To musiało być na dwie godziny przed świtaniem. Nie mogłem spać. Wciąż myślałem o tym szczurze w izdebce Ambrogia. W końcu podniosłem się z koi i wyszedłem na pokład. Noc była dziwnie spokojna. Daleko za prawą burtą widziałem wyspę Lastovo. I wtedy zauważyłem opuszczany z burty kosz. I Ambrogia leżącego na brzuchu, z rękami w wodzie. Zobaczyłem zielony błysk. Pojawił się i zgasł tak szybko, że nie mogłem być pewien, czy to nie złudzenie.

– Fiolka – powiedziała Contessina.

– Czemu nam nie powiedział?

Z pokładu dobiegły głośne krzyki.

Kosma pierwszy był przy drabinie. Kiedy dotarł na górę, wyciągnął rękę w kierunku Contessiny, zakazując jej podążać jego śladem.

Ambrogio Tommasini był prawie nagi. Brudna kamizela i porwana bielizna przylegały do spoconego ciała. Kaszlał niczym dzikie zwierzę, jego twarz i ramiona pokrywały wielkie ropnie i opuchlizny, z których sączył się żółtawy płyn. W oczach miał szaleństwo. Z nosa i ust kapała mu krew. Włosy, kiedyś śliczna blond czupryna, wypadły, poza kilkoma mokrymi kosmykami przyklejonymi do zakrwawionej czaszki.

Kapitan i jego zastępca stali przy nim porażeni grozą, wytrzeszczając oczy.

– Cofnijcie się! – wrzasnął Tommasini. – Cofnijcie. Nie dotykajcie mnie. Jestem przeklęty. – Dostrzegł Kosmę i innych. – Kosi... Kosi. – Spływające po twarzy łzy zmieszały się z krwią.

Zaczął padać deszcz.

– Ambrogio, coś ty uczynił?

Tommasini wyglądał na zdziwionego tym pytaniem.

– Czemu ukrywałeś to w tajemnicy? Czemu nie...?

Tommasini podszedł do nich na drżących nogach. Na groteskowo zniekształconej twarzy pojawił się szaleńczy wyraz.

– Kosmo, och, szlachetny Kosmo. Powinieneś siebie usłyszeć. Może wtedy byś zrozumiał, czemu przyprawiasz tak wielu ludzi o mdłości.

Deszcz przybrał na sile.

– Ambrogio, co miałeś nadzieję osiągnąć?

– Otrzymałem instrukcje.

– Jakie znowu instrukcje?

– Chyba sobie nie wyobrażasz, że tylko ty i Liga Humanistów byliście ciekawi odkryć takiego człowieka jak Valiani? – Zakaszlał i zwymiotował. Krew bluznęła na pokład. Kiedy znów uniósł głowę, wyglądał jak upiór z piekła. – I Valiani – stęknął. – No cóż, nie krył się tak bardzo ze szczegółami swoich podróży, no nie? Ojciec Święty dowiedział się o Golem Korab wcześniej niż my.

– Ojciec Święty? O czym ty mówisz?

– Masz krótką pamięć, Kosmo. Zapomniałeś. Mój ojciec był głównym teologiem kardynała Baldassarego Cossy, pod którym to mianem znano niegdyś Jego Świątobliwość. Dorastałem w domu przyszłego papieża. – Tommasini usiłował się uśmiechnąć, ale zdołał jedynie wykrzesać na twarzy straszliwy grymas gargulca.

– Chcesz mi powiedzieć, że papież Jan wiedział o tej fiolce?

– Wiedział, że stary monastyr kryje tajemnice. Emisariusz z Macedonii przed laty wspomniał to miejsce i wtedy... – Tommasini zadarł ku niebu głowę; męka wykrzywiała mu twarz. – Ojciec Święty dowiedział się, że Valiani i inni są na tropie. Zostałem wezwany do Rzymu na rozmowę z Jego Świątobliwością. Wiedział o moich powiązaniach z tobą. Znalazłem się w świetnym miejscu, gdzie mogłem uzyskać wszelkie informacje, na jakie tylko mogłem natrafić. – Znów się skrzywił i złapał za bok. – Więc gdy Valiani ni stąd, ni zowąd się pojawił, poczułem się tak, jakby podano mi wszystko na tacy. Przyznaję, nie cieszyła mnie wizja podróży w macedońskie góry, ale cóż, udawałem się na nią dla najszlachetniejszej sprawy.

– Czyżby?

– Tak, Kosmo, wierz mi lub nie, inni ludzie mają zupełnie odmienne ideały. Mój pan, papież Jan, jest zewsząd otoczony wrogami, którzy są gotowi go zaatakować. To zarówno dowódca wojskowy, jak i przywódca duchowy... Papież, papież... – Nogi zaczęły się pod nim uginać. Padł na kolana. – Papież... liczył na to, że... że w bibliotece Golem Korab będzie coś o wielkiej wartości... – Oczy Tommasiniego płonęły nienawiścią do samego siebie. – Och, Boże, Kosmo, przyjacielu, mój lojalny przyjacielu... tak mi przykro... ja, ja... otworzyłem fiolkę...

Jego usta wciąż się poruszały, ale nie wydobywał się z nich żaden dźwięk. Z cichym jękiem runął przed siebie jak pustawy wór mąki.

Wszyscy zebrali się na pokładzie *Zadara*: kapitan, załoga, Kosma, Contessina i Niccolò Niccoli. Obszyte żeglarskim płótnem ciało Ambrogia Tommasiniego spoczywało na burcie. Krople deszczu biły o pokład, rysując ciemnobrązowe plamy wielkości dukatów.

Kosma nie mógł przestać myśleć o tych, którzy umarli, odeszli, w zamian za co…? Idee, kilka kawałków pergaminu, słowa, słowa pozostawione przez dawno umarłych ludzi. Ból był niemal nie do zniesienia. Spojrzał w niebo i wystawił twarz na deszcz. Krople spływały po policzkach, zastępując łzy, których ciągle nie potrafił uronić.

Czy papież wiedział o fiolce? Kosma musiał przyjąć najgorsze założenie i stosownie do niego działać. Fiolkę należało ukryć i nie pozwolić, aby kiedykolwiek wpadła w niepowołane ręce.

– Łaskawy Panie, zabierz mojego przyjaciela Ambrogia, który został powalony tak okrutnym sposobem i w tak młodym wieku. Ambrogio uległ pokusie, która go zniszczyła. Cierpiał straszliwie za swoje grzechy. Modlę się, by jego dusza znalazła wieczne odpoczywanie, gdyż był dobrym człowiekiem, prawdziwym i lojalnym przyjacielem, człowiekiem słabym jak my wszyscy. Wybaczam mu i modlę się, byś w swojej nieskończonej mądrości, Panie, także zechciał mu wybaczyć.

Skinął głową kapitanowi i osłonięte kawałkiem płótna ciało Ambrogia Tommasiniego osunęło się w morze.

# ROZDZIAŁ 30

Macedonia, obecnie

Kiedy wynajęty śmigłowiec opadał na lotnisko w Skopje, Jeff dostrzegł w dole miasto, masę niskich białych budynków otoczonych zielonymi plamistymi górami. Godzinę potem byli po odprawie celnej i jechali toyotą landcruiser sahara. Kierowca i przewodnik wieźli ich autostradą wybiegającą na zachód. Droga powoli się wspinała, w miarę jak pejzaż stawał bardziej górzysty. Zanim dotarli do stóp Golem Korab, najwyższej góry Macedonii i miejsca, w którym stał wiekowy, obecnie zrujnowany monastyr, było późne popołudnie. Tuż za nim rozlewała się szeroko wodna połać, jezioro Angja. Używając programu Google Earth, ukazującego dokładne zbliżenia każdego zakątka powierzchni naszej planety, sprawdzili to miejsce. Na wysepce na samym środku jeziora znaleźli duży kamienny sześcian, gładki budynek. Nie natrafili na żadne informacje dotyczące tej budowli, ale na podstawie nieco rozmytych wizerunków ocenili, że przypomina marmurowe mauzoleum. Co najważniejsze, był podobny do wyrysowanego na kluczu budyneczku.

Asfalt niebawem się skończył i toyota wjechała na stromą polną drogę. Po jakiejś półgodzinie dotarli do schroniska Karadjek. Przewodnik powiedział, że od tego miejsca bez wysiłku dostaną się do ruin.

Jeff i Edie poszli w górę sami. Każde z nich niosło w plecaku żywność, latarkę i walkie-talkie, ponieważ w tym terenie żadna sieć telefoniczna nie miała zasięgu. Zabrali również zapalniczkę, rakietnicę z nabojami i zmianę ubrania. Jeff dźwigał też dmuchany kajak z superlekkiego włókna węglowego.

Panował dojmujący chłód. Krajobraz emanował oszałamiającym pięknem, zarazem twardy i kruchy, jak obraz Picassa z okresu kubistycznego lub kobieta, która najlepszy wiek ma już za sobą, ale nadal jest promienna, o policzkach jak wymodelowanych w lodzie. Edie oceniła, że przypomina jej szkolne wakacje w Szkocji, wędrówki po Grampianach. Wtedy nie doceniała widowiskowych skalnych drapaczy chmur i długich, wężowych jezior, niemal zmiażdżonych w kleszczowym uścisku wiekowych gór; ale teraz widziała, jak cudowne jest wszystko, co ją otacza.

Monastyr przypominał szczątki skamieniałego lasu; wielkie kamienne kolumny strzelały w niebo ostrymi, nieregularnymi liniami. Jeff potrafił sobie wyobrazić, że niegdyś klasztor przedstawiał majestatyczny widok, pomnik zarazem pomysłowości i pobożności człowieka, tyleż miejsce kultu, ile sanktuarium, w którym śmiałe dusze przysięgały poświęcić życie Bogu. Dalej, może trzydzieści metrów od szczytu, w cieniu góry leżało jezioro Angja. Promienie wieczornego słońca przebijały chmury i rozbłyskiwały płatami na pobliskich stokach. Ale samo jezioro wyglądało jak czarne szkło, całkowicie nieruchome i groźne, niemal jak wycinek innej planety.

– Mogę zobaczyć wydruk? – poprosił Jeff. Zerwał się wiatr i oboje nałożyli podbite futrem kaptury. Jeff porównał obraz z Google Earth z kopią wyrytego na kluczu obrazka. Wskazując w kierunku północno-wschodnim, powiedział: – Wysepka musi być tuż za tym cyplem.

Mijając w bliskiej odległości szczątki wieży, między skałami znaleźli nierówną ścieżkę, która zaprowadziła ich na brzeg jeziora. Jakieś sto metrów od brzegu, za pasmem zastygłej czarnej wody, widniała niewielka wysepka. Między zarastającymi większą część brzegu drzewami widniały boki przysadzistego budynku o prostych, gładkich ścianach.

Zrzucili plecaki. Jack zdjął futerał kajaka i rozwinął łódkę na pokrytym gładkimi kamykami brzegu. Przesunął boczną dźwignię, otwierając pojemnik z gazem, który wypełnił kajak. Razem zepchnęli go na wodę i wdrapali się do środka.

Nie było prądów, tak że przeprawa okazała się łatwa. Kiedy wyszli na kamieniste wzniesienie, wyrastające ponad poziom wody, uderzył ich bezruch i niemal całkowita cisza otoczenia. Gigantyczna płyta marmuru, gładka i groźna, dominowała nad wyspą. Jedynie żyłkowania marmuru zdawały się urozmaicać fakturę. Całość przywodziła im na myśl to, co Albert Speer wymarzył dla snującego fantastyczne wizje Trzeciej Rzeszy Adolfa Hitlera.

Dwukrotnie okrążyli budynek, zanim odnaleźli drzwi. Był to wąski marmurowy prostokąt, wykuty z tego samego kawałka skały co ściana; nawet żyłkowania spotykały się w miejscu podziału. Zamknięte drzwi musiały być niemal niewidoczne, ale teraz stały lekko uchylone. Ktoś niedawno wyłamał zamek, na którym pozostał osad po oleju. Jeff poczuł przebiegający w dół kręgosłupa dreszczyk podniecenia.

– Nie musisz dalej iść, Edie – powiedział, wyjmując z plecaka latarkę.

– Nie bądź śmieszny, do cholery.

– Może w gruncie rzeczy jedno z nas powinno tu zostać, na wszelki wypadek.

– Och, odwal się, Jeff. Na wypadek czego? Nie uważasz, że trochę za późno na takie kombinacje?

– W porządku – powiedział, pochylając się pod nadprożem i zapalając latarkę.

Ich kroki odbijały się echem na marmurowej posadzce wąskiego korytarza. Światło latarek wycinało w mroku przezroczyste świetliste walce i napotykało w oddali niewyraźny zarys końcowej ściany, kolejną gładką barierę. Lecz gdy ich oczy przyzwyczaiły się do ciemności, dostrzegli słabe światło i tam, gdzie jeszcze chwilę temu widzieli tylko pustkę, pojawił się zarys, prostokątny otwór, za którym był kolejny korytarz.

Po chwili na tyle zbliżyli się do światła, że mogli zgasić latarki. Kamienne ściany były równie płaskie i gładkie jak reszta mauzoleum; chłodny, bezduszny marmur o bardzo nikłym połysku. Instynktownie przesunęli się do ściany, lgnąc do niej i zwalniając kroku. Kiedy dotarli do końca tego korytarza, pokazało się kolejne prostokątne przejście, wycięte w kamieniu. Szerokie metalowe drzwi wiodły do innego korytarza, a dalej do wysokiej komnaty. Pomarańczowe światło opływało ściany, tańczyło i drżało na kamieniu. Edie odważnie wślizgnęła się do środka.

Rozległe, okrągłe pomieszczenie zamykała u góry niemal półkolista kopuła, ale wykończona szpicem, jak kopuła cerkwi Wasyla Błogosławionego na Placu Czerwonym. Ściany i podłoga były z najczystszego białego kamienia. W środku spoczywał potężny blok czarnego marmuru.

Początkowo Edie nie pojmowała, skąd pada światło. Na ścianach nie było pochodni. Ale podłogę w najszerszym miejscu obiegał półmetrowy kanał i to z niego wyrastały liżące powietrze płomienie, zanurzone w czarnym, lepkim płynie. Najwyraźniej ktoś się tu bardzo niedawno pojawił.

To nie zapowiada niczego dobrego, pomyślał Jeff. Ale teraz było zbyt późno na to, aby się wycofać.

Zostawili przy wejściu plecaki i podeszli do czarnego marmurowego bloku, umieszczonego dokładnie pod najwyższym miejscem sufitu. W jednym boku potężnego

graniastosłupa wyryto trzy głębokie stopnie. Gdy dotarli na górę, Edie poczuła, że brakuje jej tchu w piersiach, i tylko jęknęła:
– Mój Boże!
Pod szklanym baldachimem leżały obok siebie dwie wielkie trumny. W jednej spoczywały zwłoki kobiety przyodziane w szatę przypominającą suknię weselną, tyle że kremową i wykończoną bladoniebieską koronką. Oblicze zmarłej okrywał delikatny jak pajęczyna welon. Jej towarzysza spowijała długa aksamitna szata barwy monarszego błękitu, obszyta złotym brokatem. Twarze zmarłych się zapadły, skóra na policzkach i podbródku postrzępiła. Złożone na kremowym jedwabiu dłonie były całkiem pozbawione ciała, tak że identyczne pierścienie z białego złota i ametystu wyglądały na o wiele za duże. Przy bliższej trumnie stały dwa marmurowe postumenty. Na tym po lewej stronie leżało zwykłe drewniane pudełko, długości około trzydziestu centymetrów. Na drugim przybito złotą tabliczkę z łacińskim tekstem. Jedyne, co Jeff i Edie natychmiast zrozumieli, to wyrazy: KOSMA I CONTESSINA MEDYCEUSZE.
– Doprawdy widowiskowe, prawda? – rozległ się głos od wejścia. Odwrócili się błyskawicznie. – Zastanawiają się państwo, gdzie się podziewałem? Uwierzcie mi, to miejsce to labirynt.
W światło wszedł wysoki, szczupły mężczyzna w czarnym garniturze. Miał farbowane na czarno, zgarnięte za uszy włosy. Obok niego kroczył Aldo Candotti, nonszalancko trzymając w opuszczonej ręce pistolet. Za nimi pojawił się Jack Cartwright. Prowadził... Rose. Wykręcał jej za plecami rękę. Usta miała zakneblowane kawałkiem czarnego materiału.
Jeff popędził w dół schodów, wydając z głębi klatki piersiowej nieludzki ryk. Candotti wyrwał dziewczynę Cartwrightowi i wcisnął jej w czoło wylot lufy.

– Tylko spokój proszę, dobrze? – powiedział z lekkim uśmiechem człowiek w czerni.

– Kim jesteś, do diabła? – odwarknął Jeff. – A ty, co wyrabiasz z moją córką? – Zrobił kolejny krok w kierunku Candottiego, który jeszcze mocnej wcisnął lufę w głowę Rose, tak że dziewczyna jęknęła.

– Nazywam się Luc Fournier. – Gestem dał znać Candottiemu, by łagodniej obchodził się z dziewczyną.

– A ty…?! – syknęła do Cartwrighta Edie. – Co ty tu, do diabła, robisz?

Cartwright nie odpowiedział.

– Monsieur Cartwright jest od jakiegoś czasu na mojej liście płac – wyjaśnił Fournier. – Wygląda pani na zaskoczoną, mademoiselle.

Edie odwróciła się do Cartwrighta, oczy jej płonęły.

– To ty to zrobiłeś! Zabiłeś swojego ojczyma!

Mina niewiniątka na twarzy Cartwrighta była tak sztuczna, że wyglądała jak namalowana.

– Biedny Jack – wtrącił się Fournier. – Biedny Jack zawsze grał drugie skrzypce, zawsze w cieniu wielkiego Carlina Mackenziego. Łatwo mi było znaleźć sojusznika. Kiedy pojawiła się przed nim szansa współpracy, uchwycił się jej i o wszystkim mnie informował. To ja w tysiąc dziewięćset sześćdziesiątym szóstym przejąłem dziennik Medyceusza. Było całkiem prawdopodobne, że w krypcie są inne bezcenne przedmioty. Nie chciałem, by ktokolwiek inny na nie trafił, to chyba normalne.

– Więc wiedziałeś o tym artefakcie zaraz po jego odkryciu i zamordowałeś mojego wujka, żeby ukraść znalezisko?

– Konsekwencje tego odkrycia były nad wyraz smutne, ale nieuniknione.

Edie spiorunowała wzrokiem Cartwrighta i wycedziła:

– Jesteś kawałkiem gówna.

– Nie przybyliśmy tutaj roztrząsać rodzinnych sporów. – Fournier najwyraźniej rozkoszował się rolą mistrza ceremonii. – Są o wiele bardziej naglące kwestie. Contessina Medycejska zaprojektowała i kazała zbudować tę komnatę na kilka lat przed śmiercią, tworząc mauzoleum, w którym ona sama i jej ukochany małżonek mogli spocząć na całą wieczność. Jakże to wszystko wzruszające. Ale moje zainteresowanie obejmuje jedynie zawartość tej całkiem niepozornej skrzyneczki. – Wskazał umieszczony przy trumnach postument. – Jak już niewątpliwie wiecie, Kosma Medyceusz i jego przyszła żona, Contessina, niemal dokładnie sześćset lat temu wybrali się do tego miejsca. W podróży towarzyszyli im dwaj ludzie, Niccolò Niccoli i Ambrogio Tommasini. Wyruszyli z Florencji za radą i błogosławieństwem wędrownego mistyka i filozofa, Francesca Valianiego, który wskazał im drogę do monastyru, gdzie, jak mniemano, ukryto ważne starożytne pisma. Ale w ręce naszych podróżników, a raczej podróżnika, Ambrogia, wpadło znacznie więcej. Odkrył dziwną substancję, która chroniła ludzi przed chorobami, ale równocześnie mogła zabijać, środek biochemiczny.

– Jaki to wszystko ma związek z nami? – warknął Jeff. – Na litość boską, puśćcie moją córkę.

Candotti zupełnie nie zareagował.

– Zawartość tej skrzynki ma ścisły związek z panem, monsieur Martin – powiedział Fournier – a Rose jest moją skromną polisą ubezpieczeniową. Pan i mademoiselle Granger tworzycie niezwykły zespół. Po tym wszystkim, przez co udało wam się przejść, wiedziałem, że odnajdziecie tu drogę. Więcej, na was oparłem moje nadzieje, gdyż wy macie najważniejszą część potrzebnej mi informacji.

– Tak?

– Potrzebuję czterech symboli. Dokładnie czterech rzymskich symboli oznaczających liczby. A mam tylko dwa, te wyryte na kluczu odzyskanym z kaplicy Medyceuszy, D i M. To stwarza mi problem. – Jeff wzruszył ramionami. – Ależ mój problem jest również pańskim problemem, monsieur Martin – mówił dalej ze swoim złowieszczym uśmiechem Fournier. – Podczas pańskich podróży natrafił pan na kolejne dwa rzymskie symbole, pominięte przez moich ludzi. Moglibyśmy zaoszczędzić sobie wielu kłopotów, gdyby ktoś ruszył głową. Teraz zechce mi pan podać te symbole.

– Czemu miałbym to zrobić?

– Bo, monsieur Martin, jeśli pan tego nie uczyni, nasza urocza Rose szybko stanie się takim samym trupem jak Kosma i Contessina.

– Cztery i pięć – powiedział Jeff.

– Bardzo dziękuję. Widzi pan, jakie to łatwe i proste. – Fournier podszedł marmurowymi schodami do postumentu i zamkniętej skrzynki. Zamek składał się z czterech osobnych metalowych cylinderków. Przez chwilę się im przyglądał, po czym ustawił bębny cylindrów. – Poza mnichami z Golem Korab – kontynuował – Ambrogio Tommasini był jednym z niewielu ludzi, którzy kiedykolwiek oglądali zawartość tego pudełka. Manipulował przy czymś, czego nie rozumiał i nie mógł rozumieć, i zapłacił za to. Po jego śmierci Medyceusze ukryli skrzynkę. Ale nasz dobry przyjaciel, Niccolò Niccoli, napisał o tej wyprawie dziennik, w którym zostawił kilka tajnych wskazówek. Wygląda na to, że tajemnicę można odkryć, wprowadzając do tego zamka właściwe cztery liczby i słowa: „być bogiem". Umieszczone w odpowiedniej kolejności rzymskie cyfry cztery, pięć, pięćset i tysiąc, można odczytać jako: D-I-V-V-M lub D-I-V-U-M... a *divus* po łacinie to bóg.

Zamek otworzył się z metalicznym trzaskiem i Fournier uniósł pokrywkę. Ostrożnie ujął fiolkę i uniósł ją na wysokość oczu.

– Zadziwiające! – mruknął.

– Czy teraz będziesz łaskaw puścić Rose? – spytał Jeff. – Masz to, po co tu przyszedłeś.

Fournier skinął Candottiemu, który niechętnie wyjął knebel i odepchnął Rose. Potknęła się, ale Jeff szybko się do niej rzucił i uchronił ją przed upadkiem.

Od wejścia rozległo się dyskretne kaszlnięcie. Candotti wykręcił się na pięcie i wycelował.

– Naprawdę nie ma potrzeby, panie prefekcie – zapewnił go Roberto, podchodząc. Nieco kulał, lewą rękę miał obandażowaną od barku do przegubu i podtrzymywaną na temblaku. Twarz jeszcze pokrywały sińce.

– Wicehrabia Armatovani, witam. – Fournier prawie niedostrzegalnie się ukłonił. – Czemu zawdzięczam tę przyjemność?

– Jak się mogłem oprzeć, signor Fournier? Martwiłem się o przyjaciół. Poza tym, zmuszony do przebywania w błogim lenistwie w szpitalu, wykorzystałem ten czas na pewne przemyślenia. I... proszę wybaczyć, że sam to mówię... ale mam naprawdę znakomitą bibliotekę. Niezwykle szczęśliwym zrządzeniem losu kopie pewnych fragmentów dziennika Niccolego wpadły w ręce moich antenatów. Dowiedziałem się pewnych niezwykłych rzeczy o tym... – Skinieniem głowy wskazał jarzącą się w dłoni Fourniera fiolkę.

Ten uniósł brwi.

– Och, czyżby?

– Oto wielka tajemnica Medyceuszy, którą musieli ukryć przed ludźmi. Wpierw uznali, że ta substancja ma cudowne właściwości. Oczywiście, doprowadziła do koszmarnej śmierci jednego z ich przyjaciół, jednak mogła uchronić ludność przed dżumą. Ale potem Kosma i Contessina na własnej skórze się przekonali, jak deprawuje tego rodzaju skarb. Wiedzieli, że dla czegoś takiego ludzie będą gotowi zaprzedać duszę. Jestem przekonany, że z rozkoszą by pan o tym opowiedział, signor Fournier.

Oczy Francuza zabłysły triumfem.

– Ta fiolka zawiera bardzo rzadki biochemiczny środek, ropractin. Wszyscy słyszeliście o rycynie i sarinie, paskudnych środkach, które w małych ilościach mogą zabić tysiące. Ropractin pochodzi z tropikalnej pleśni, *Tyrinilum Posterinicum*. Rafinowana i oczyszczona daje płyn, który ma zielone lśnienie. Ropractin w śladowych ilościach zabija bakterie jak superpenicylina. Ale powyżej pewnego stężenia powoduje błyskawiczny rozwój pewnych niemiłych chorób, na które nie ma znanych środków zaradczych. Medyceusze dowiedzieli się o tym w bolesny sposób. Nie mieli pojęcia, skąd pojawiła się ta fiolka, i prawdopodobnie nikt z nas nigdy się tego nie dowie. Być może jej zawartość to efekt trudów jakiegoś anonimowego alchemika. Kto wie?

– Ale rzecz w tym – wszedł mu w słowo Roberto – że nie pokonał pan tej całej drogi, aby pomóc w zwalczaniu chorób czy ze względu na dobro nauk medycznych...

– Czy musimy tego wszystkiego wysłuchiwać, Luc? – warknął Candotti. – Nie możesz ufać temu facetowi...

Fournier odwrócił się z wolna do weneckiego policjanta.

– Jesteś zabawny, Aldo. – Candotti zrobił zdziwioną minę. – Taki człowiek jak ty mówi o zaufaniu. Sprzedałeś swoją karierę i zaufanie, którym obdarzyli cię zacni Włosi. I za co? Za kilka srebrników, które ci rzuciłem. – Pokręcił głową, cmokając. – A pan, monsieur Cartwright? Czy ma pan jakieś perły mądrości do dorzucenia? Jakieś ostrzeżenia, komu możemy, a komu nie możemy ufać?

Cartwright zachował milczenie.

Fournier wyjął z kieszeni pistolet o krótkiej lufie. Podniósł go i strzelił między oczy najpierw Cartwrightowi, potem Candottiemu.

Jeff przykucnął, osłaniając Rose własnym ciałem. Fournier wycelował broń w Edie, ale nie wystrzelił. Roberto trzymał w zdrowej dłoni pistolet Beretta M9 i celował nim dokładnie w głowę Francuza.

– Edie, Jeff, Rose, usuńcie się.

Ukryli się za sarkofagiem.

– Pan i ja nie mamy nic do siebie – ze spokojem powiedział Fournier. Zaczął wycofywać się do drzwi. – I nie odważy się pan wystrzelić. Gdybym upuścił tę fiolkę...

Roberto przez chwilę jeszcze trzymał Fourniera na muszce, po czym opuścił broń. Francuz rzucił się w bok. Skulony strzelił, mocno chybiając, popędził do wyjścia i zniknął.

Edie, Jeff i Rose wynurzyli się zza sarkofagu Medyceuszy, odwracając oczy od krwawej jatki, której ofiary leżały kilka kroków dalej.

– Nie możemy pozwolić, żeby ten szaleniec uciekł – powiedziała Edie.

– Co proponujesz? – spytał Roberto. – Nie jesteśmy policją. A zresztą – wskazał wzrokiem Candottiego – ta nie na wiele się przydała.

– Roberto ma rację, Edie – zauważył Jeff. – Pamiętasz, dlaczego przede wszystkim tutaj przyszliśmy? Żeby się dowiedzieć, kto zabił twojego wuja. Teraz znamy odpowiedź.

– No, wspaniale – burknęła. Weszła po marmurowych stopniach i stała z rękami na biodrach, wpatrzona w pustą skrzyneczkę. Nagle wrzasnęła jak opętana i kopnęła w podstawę postumentu.

Z podłogi tuż u jej stóp dobiegł głośny trzask, po którym rozległ się przenikliwy mechaniczny pisk i zgrzyt kamienia o kamień. Postument przechylił się na bok i pusta skrzynka spadła po schodach. Z nadproża wejścia do komnaty opadł potężny kamienny blok. Uderzył o podłogę z taką mocą, że cała komnata zadygotała.

Nikt się nie poruszył. Słychać było tylko stalowy grzechot małych kamyków i grubego kamiennego pyłu sypiącego się z sufitu na marmurową posadzkę.

W oczach Rose wezbrały łzy.

– Jesteśmy w pułapce, prawda? – spytała.

– Zawsze znajdzie się jakieś wyjście, kochanie – pocieszył ją Jeff i objął ramieniem.

W miejscu postumentu pojawił się kwadratowy otwór. W jego zagłębieniu leżały rzędem drewniane walce. Jeff sięgnął po pierwszy z brzegu, uniósł i ostrożnie położył go na podłodze. Powtórzył tę operację z drugim. Były niemal identyczne.

– Zwoje, jak ten, który Sporani znalazł w kaplicy Medyceuszy – powiedział Roberto.

Jeff wyjął kilka następnych, po czym zauważył, że w zagłębieniu leży coś jeszcze.

– Jest kolejna skrzynka.

– Możesz ją wyjąć?

– Nie, jest osadzona na stałe. Ma taki sam zamek jak poprzednia. – Jeff przesunął cylinderki, tworząc właściwą kombinację. W nagrodę usłyszał metaliczny trzask. Podniósł wieko.

Identyczna fiolka leżała na aksamitnej wyściółce. Po wewnętrznej stronie wieka złote litery tworzyły łaciński napis. Roberto przetłumaczył go: KAŻDY DO ZDRADY GOTÓW.

Jeff wyjął i uniósł wysoko fiolkę. Prawie nic nie ważyła i w świetle płonącej oliwy rozsiewała migotliwy zielony blask.

– Wiem, że to brzmi szaleńczo. Ale ta substancja wydaje się prawie żywa.

– Do jasnej cholery, Jeff, uważaj – mruknęła Edie.

– Ta fiolka prezentuje się całkiem nieźle – odparł Jeff. – Jest z grubego szkła albo kryształu. Jeśli Tommasini się zabił, musiał ją otworzyć. Spójrzcie, jak fachowo została zabezpieczona. – Wskazał na pełny mosiężny korek, zalany woskowatą substancją.

– Okej, ale nawet w tym wypadku...

– A więc tak – powiedział Jeff, przekazując fiolkę Robertowi. – Dwie fiolki. Jedna prawdziwa, druga fałszywa?

Edie nagle się roześmiała. W jej głosie pojawiła się nutka histerii.

– Pięknie, cholera. Mamy fiolkę, ale siedzimy tu zamknięci i nie mamy jak wyjść.

– Niech to szlag! – zaklął Jeff, podchodząc do drzwi. Cieniutka linia przy brzegach była jedynym znakiem, że kiedyś w ogóle było tam przejście. – To idiotyczne. Jak można było zrobić coś takiego? Jak piętnastowieczni inżynierowie potrafili budować z taką precyzją?

– Nie byli pierwsi – zauważył Roberto. – Cztery i pół tysiąclecia temu wnętrze wielkiej piramidy zostało natychmiast odcięte od świata po tym, jak pochowano faraona. Wszystko zrobiono automatycznie, używając przemyślnego systemu lin i bloków. Nie zapominaj, z kim mamy do czynienia. Medyceusze nie byli przeciętnymi obywatelami. Dysponowali niesłychanymi środkami, a Kosma i jego krąg przyjaciół byli wtajemniczeni w arkana starożytnej wiedzy.

– I wielbili humanistyczne ideały – dodała szyderczo Edie. – Wiele nam teraz z tego przyjdzie.

– Co powiedziałaś? – szybko zapytał Roberto.

– Wielbili humanistyczne ideały…

– Oczywiście! – Roberto uniósł na wysokość oczu fiolkę. – Humanistyczne ideały.

– O czym ty pleciesz, Roberto? – Edie spojrzała na niego groźnym wzrokiem.

– Kosmę i jego przyjaciół fascynowała potęga, jaką daje wiedza, ale jednocześnie byli niezwykle szlachetnymi ludźmi. Wierzyli w nadrzędną moc prawości. Zwróćcie uwagę na ten napis. – Wskazał pokrywkę pudełka. – Wiedzieli, co może sprawić ta fiolka. Wiedzieli, że może zniszczyć ich świat. Dlatego ją tu ukryli.

– Więc do czego zmierzasz? – spytała drżącym głosem Rose.

Roberto przyklęknął, odłożył fiolkę do skrzynki i zamknął ją.

Przez długą chwilę nic się nie działo. Roberto cofnął się, mając wzrok przykuty do otworu w podłodze.

– To nie... – zaczął Jeff i urwał. Z podłogi rozległ się basowy łoskot i skrzynka zapadła się w kamienne stopnie. Opadała pół metra, metr, półtora, dwa. Zatrzymała się i kamienna antaba przesunęła się równolegle do podłogi, zamykając skrzyneczkę w głębi sarkofagu. Wtedy w całej komnacie rozległ się inny dźwięk, szuranie kamienia o kamień. Rósł. Zbiegli po schodach i znaleźli się na poziomie podłogi, gdy kamienny blok w drzwiach zaczął się unosić. Na łeb, na szyję pognali do wyjścia, kuląc się pod blokiem i niemal wpadając na siebie w ciemnym korytarzu po drugiej stronie.

Dźwigali się w kompletnym mroku, gdy blok bez ostrzeżenia przestał się poruszać. Przez chwilę panowała cisza. Potem rozległ się jakby warkot gigantycznej bestii. Coraz bardziej potężniał. Ze środka komnaty dał się słyszeć gigantyczny łomot i przez otwór widać było spadające potężne głazy, które wirowały w powietrzu i roztrzaskiwały się o podłogę.

– Szybko! Sufit opada! – krzyknął Roberto.

Jeff złapał Rose i pobiegli do głównego wyjścia. Roberto, kulejąc, podążał za nimi. Ściany się trzęsły, podłoga pękała i rozłamywała się. Będąc u końca korytarza, poczuli niebywały wstrząs, jakby sejsmiczny ruch podłoża. Rose przeraźliwie krzyknęła. W szarym świetle zobaczyli szeroką na metr szczelinę w podłodze i ścianie. Rosła. Edie pomogła Robertowi przedostać się na drugą stronę. Poślizgnął się, bezradnie upadł i zadygotał z bólu.

– Chodź... wyjście jest zaraz przed nami! – zawołała Edie, przekrzykując hałas.

Zrównali się z Jeffem i Rose, po czym wszyscy rzucili się pędem, nie oglądając się za siebie.

Gdy mokrzy od potu wydostali się na powietrze, uderzyło ich zimno, ale poczuli ulgę. Zapadła noc i droga po drobnych, gładkich kamieniach nie była łatwa. Lecz nagle promień intensywnego światła rozdarł ciemność i najpierw usłyszeli ryk wirników, a potem zobaczyli śmigłowiec, który minąwszy ich, położył się na bok, zataczając powrotny łuk.

Słyszeli głosy dobiegające z ruin monastyru. Kolejny jasny promień rozciął powietrze nocy. Na brzegu jeziora wylądowała niewielka motorówka. Wyskoczył z niej funkcjonariusz macedońskiej policji i brodząc w wodzie, podbiegł do nich. Roberto prowadził, a Jeff pomagał iść Rose, gdy pokonywali nierówny teren.

Śmigłowiec wrócił i leciał nisko nad wodą, gdy się zbliżali do brzegu jeziora. Kiedy wydostali się na suchy ląd, dostrzegł ich inny policjant, podbiegł i przez walkie-talkie wezwał pomoc.

Okolice starego monastyru wyglądały jak po operacji wojskowej. W pobliżu wież postaci w obszernych kombinezonach, chroniących przed skażeniem biochemicznym, wznosiły rozległy namiot do odkażania. Śmigłowiec teraz wisiał nad wieżami, podczas gdy druga jednostka przycupnęła na wąskim płaskim głazie, niedaleko wejścia do ruin. Policjant nakazał im iść za nim. W śmigłowcu siedziało trzech ludzi w kombinezonach. Na kolanach trzymali karabiny. Na podłodze za pilotem, skuty, z rękami za plecami, siedział Luc Fournier. Twarz miał posiniaczoną, garnitur poszarpany.

– To ten człowiek? – spytał Jeffa policjant.

Fournier nawet nie podniósł głowy.

Policjant dał pilotowi znak, unosząc kciuki.

Kiedy usunęli się spod wirujących płatów, Roberto powiedział:

– No, przyznaję. Postarałem się o drobne wsparcie.

Jeff nie mógł powstrzymać się od śmiechu, a Roberto uśmiechnął się od ucha do ucha i zmierzwił Rose włosy.

– Wy dwoje idźcie i trochę się ogrzejcie – polecił. – Coś mi się zdaje, że wszystkich nas czeka odkażanie.

Przybiegli dwaj sanitariusze i zaprowadzili Jeffa i Rose do śmigłowca, pełniącego rolę karetki powietrznej.

– Muszę przyznać, ty to naprawdę umiesz zorganizować przedstawienie – powiedziała Edie. Oczy jej błyszczały.

– Czy to skarga?

– Nie! – roześmiała się i odwróciła wzrok.

– Chcę ci coś pokazać, zanim się stąd wydostaniemy. Wsunęła rękę pod jego sprawne ramię.

– Jesteś najbardziej niezwykłym mężczyzną, jakiego spotkałam. Na Boga, jak znalazłeś tutaj drogę?

– Zadzwoniłem do kaplicy Medyceuszy, żeby z tobą porozmawiać, ale trafiłem na Sonię. Powiedziała mi o kluczu i Candottim. Google i moja biblioteka dokonały reszty.

– Ach, tak, twoja biblioteka. Wyobrażam sobie Vincenta dźwigającego te wszystkie książki do szpitala.

– Miła odmiana po winogronach.

Minęli resztki zachodniej wieży i obeszli mury monastyru. Ścieżka prowadziła do okrągłej kamiennej platformy, z której rozciągał się zapierający dech widok. Przed nimi rozciągało się jezioro Angja, lśniąc w świetle księżyca jak biało-czarna fotografia zrobiona przy użyciu filtra gwiazdkowego. Po zachodniej stronie widzieli mauzoleum, spłaszczoną gigantyczną kostkę z ciemnego kamienia. Wyglądało bardzo tajemniczo i teraz wiedzieli, że faktycznie kryje wiele sekretów.

Roberto objął ramieniem Edie, gdy wpatrywali się w wodę.

– Nietrudno sobie wyobrazić Kosmę i Contessinę stojących w tym samym miejscu sześć wieków temu, prawda? – spytał.

– To pozwala spojrzeć na wszystko z pewnej perspektywy.

– Musieli się bardzo kochać.

Odwróciła się do niego zaskoczona.

– Contessina nie stworzyła tej całej budowli, żeby ukryć fiolkę – powiedział Roberto, podziwiając niebywały widok. – Jest oczywiste, że to miejsce wiele dla nich znaczyło. To było ich ukochane schronienie i chciała, aby zostali tu razem na wieczność.

– Nie zdawałam sobie sprawy, że wicehrabia jest takim strasznym romantykiem.

– Może – odparł z nieśmiałym uśmiechem. – Ale myślę też o ich poświęceniu.

– Czyli?

– W piętnastym wieku ludzie wierzyli, że ciało jest święte. Przypomnij sobie ich obsesję na punkcie relikwii. A jednak pozwolili, żeby ten piękny grobowiec uległ zniszczeniu tylko po to, aby powstrzymać każdego, kto nie byłby godzien stać się nowym posiadaczem tej fiolki.

– Ale czy się im udało?

– Oczywiście. Myślę, że tajemnica Medyceuszy jest bezpieczna, przynajmniej na jakiś czas. Nie zamierzam nikomu o niej mówić. A mam wrażenie, że nasz przyjaciel, Luc Fournier, zostanie odseparowany od świata na bardzo długi czas. Naturalnie tacy ludzie jak Fournier zawsze będą. Ale będą też tacy ludzie jak Kosma i Contessina...

– I pomyśleć, że to, co dawało im napęd, wyprowadziło nas stamtąd.

– Uśmiech losu.

Edie spojrzała na niego z powątpiewaniem i przez chwilę milczeli, smakując nieporównaną atmosferę tego miejsca.

– Przynajmniej sprawiali wrażenie pogrążonych w wielkim spokoju, prawda? Takich ich zapamiętałem, zanim dach się zawalił – powiedział w końcu Roberto.

– Tak naprawdę to tam były tylko ich ciała, nie oni sami, czyż nie tak, Roberto?

– Może tak, ale my tam byliśmy, więc ich dziedzictwo żyje. Może za kolejnych sto lat ktoś inny przeniknie tajemnicę Medyceuszy. I kto wie? Może nawet będzie żył w bardziej oświeconych czasach. Miło byłoby pomyśleć, że pewnego dnia nie będzie miejsca dla takich ludzi jak Fournier i nic się nie uzyska, sprzedając śmierć temu, kto da najwięcej.

– Hmm, masz na myśli dzień, w którym humanistyczne ideały staną się normą?

– Coś w tym rodzaju – szepnął, przyciągając ją blisko i kładąc usta na jej ustach. – Coś w tym rodzaju.

# Fakty u podstaw fikcji

*Tajemnica Medyceuszy* oczywiście jest wytworem wyobraźni, ale, jak w wypadku mojej pierwszej powieści, *Ekwinokcjum*, wiele jej elementów również jest opartych na faktach. Oto, jak się rzecz przedstawia.

**Broń biochemiczna**

Środkiem biochemicznym, wokół którego toczy się akcja powieści, właściwą tajemnicą Medyceuszy, jest ropractin. Został wymyślony na potrzeby fabuły, ale budową i właściwościami bardzo przypomina istniejący środek chemiczny, sarin, w terminologii NATO znany jako „GB". Sarin jest ekstremalnie toksyczną substancją i ma jedyne zastosowanie: działa paraliżująco na układ nerwowy. ONZ zaklasyfikowała go jako broń masowego rażenia i Konwencja o zakazie broni chemicznej z 1993 zakazuje jego produkcji i magazynowania.

Sarin zyskał sławę w 1995 roku, kiedy fanatyczni członkowie japońskiej sekty Najwyższa Prawda, w ramach kilku związanych ze sobą incydentów, rozpylili go w miejscach publicznych. Spowodowało to śmierć 12 osób i ciężkie szkody na zdrowiu dalszych 5500.

Broń chemiczna i biologiczna jest znana od wieków. Pierwsze przykłady jej zastosowania pochodzą sprzed epoki Kosmy i jego towarzyszy z *Tajemnicy Medyceuszy*. W 1346 roku trupy tatarskich żołnierzy, którzy zmarli na dżumę, były przerzucane przez mury obleganej krymskiej Kaffy (obecnie Feodosia), by zarazić obrońców. Cztery wieki potem, w latach sześćdziesiątych osiemnastego stulecia, podczas wojny w Ameryce Północnej z Francuzami i Indianami, Anglicy rozdawali tubylcom koce z zarazkami ospy wietrznej.

Broni chemicznej kilkakrotnie używano podczas obu wojen światowych, a w bliższych nam czasach dawny przywódca Iraku, Saddam Husajn, jak wiadomo, uśmiercił gazem tysiące Kurdów i stosował broń chemiczną w trakcie dziesięcioletniej wojny z Iranem, która rozpoczęła się w 1980 roku.

Dzisiaj rządy zachodnie bardzo serio traktują groźbę użycia środków biochemicznych lub biologicznych przez grupy terrorystyczne. Przeznacza się znaczne środki, aby zapobiec przedostaniu się w niepowołane ręce takich substancji, ale wielu uważa, że jest tylko kwestią czasu, gdy jakiś nihilistycznie nastawiony osobnik lub organizacja pozyska wystarczające ilości morderczego środka, który może doprowadzić do masowych morderstw w jakimś mieście Zachodu. Myśl, że gdzieś tam realne wcielenie Luca Fourniera przygotowuje podobny niegodziwy plan, każe na trzeźwo zastanowić się nad takim zagrożeniem.

Do dalszej lektury: Joshua Lederberg, *Biochemical Weapons; Limiting the Threat*, MIT Press, Boston 1999.

## Bruno, Giordano

Giordano Bruno był mistykiem i filozofem, który porzucił zarówno stan kapłański, jak i ortodoksyjną religię i stał się człowiekiem znienawidzonym przez inkwizycję. Urodzony w 1548 roku w Noli, w pobliżu Neapolu, wstąpił do zakonu dominikanów. Ale po zapoznaniu się z dziełem Kopernika i innymi nieortodoksyjnymi myślicielami odkrył szersze filozoficzne spojrzenie na świat i odszedł od religijnych dogmatów. Napisał wiele radykalnych dzieł filozoficznych, z których najsławniejsza jest *La cena delle ceneri* „Wieczerza środy popielcowej"*.

Bruno krótko mieszkał w Londynie i uważa się, że był szpiegiem na usługach królowej Elżbiety I. Utrzymywał kontakty z wieloma mistykami epoki, między innymi z Johnem Dee, i być może poznał Williama Szekspira, podobno zainteresowanego wieloma ideami Bruna.

Na początku 1592 roku Bruno wrócił do Italii na zaproszenie pewnego szlachcica, Giovanniego Mocenigo. Rzekomo miał zostać prywatnym nauczycielem możnego patrona. Przebywając w Wenecji, nauczał w Padwie. Poznał Galileusza oraz innych myślicieli epoki. Jednakże zaproszenie Moceniga było pułapką i w maju 1592 Bruno został w Wenecji aresztowany i postawiony przed sądem weneckiej inkwizycji. Następnie przeniesiono go do Rzymu. Tam przez siedem lat gnił w brudnej celi. Przetrzymał potworne tortury zadawane przez zausznika papieża, Roberta Bellarmina, i 17 lutego 1600 został spalony na stosie w Rzymie, na Campo de' Fiori.

Giordano jest dzisiaj uważany za pierwszego męczennika nauki i filozofii, człowieka, który odmówił wyparcia się swoich opinii na temat natury świata. Galileusz dobrze wiedział, jak rzymska kuria potraktowała Bruna, i nie chciał podzielić jego losu. Dziedzictwo Bruna, było coraz szerzej przyjmowane, w miarę jak Kościół katolicki tracił wpływy, ale nawet teraz, czterysta lat po śmierci myśliciela, nie wybaczono mu jego „heretyckich" poglądów.

---

\* Wydaje się, że większą sławą cieszyły się *Della causa, principio ed uno* („Przyczyna, początek i jedność") oraz *Spacio della bestia trionfante* („Wygnanie bestii triumfującej").

Do dalszej lektury: Michael White, *The Pope and the Heretic*, Abacus, Londyn 2002.

## Golem Korab

Nie jest to hinduski pudding, ale najwyższa góra Macedonii, wznosząca się 2864 m n.p.m. Wokół jest wiele jezior, ale nie istnieje jezioro Angja i na szczycie Golem Korab nie ma monastyru. Jeśli w pobliżu kiedykolwiek był jakiś zamek, wszelkie ślady po nim zniknęły.

## Humanizm

Kiedy Europa dźwignęła się z mroków średniowiecza, świadomość tego, co może osiągnąć człowiek, i przekonanie, że ludzkość stać na więcej, dały nadzwyczajny impuls ludzkiej przedsiębiorczości. Doprowadziło to do epoki odkryć, zapoczątkowało naukowe myślenie, jak również zasiliło źródła twórczości artystycznej, której najdonioślejszym wyrazem stała się sztuka odrodzenia.

Trudno przecenić tę zmianę perspektywy. Z paroma godnymi uwagi wyjątkami, takimi jak Roger Bacon, ludzie od upadku Rzymu byli sparaliżowani głębokim poczuciem braku własnej wartości. Esencją ich myślenia było wsparte chrześcijańskim dogmatem przekonanie, że ludzie są jedynie stworzeniami bożymi, pionkami w świecie, w którym siły natury i wola Boża są wszystkim, świecie, w którym jednostka jest całkowicie bez znaczenia. Takie założenie mogło jedynie prowadzić do stagnacji i chociaż wiara, że Bóg kontroluje wszechświat i bezpośrednio uczestniczy we wszystkich aspektach ludzkiej egzystencji, zdominowała główny nurt myśli aż do rewolucji Darwinowskiej, niektórzy ludzie renesansu myśleli inaczej.

Największe umysły odrodzenia całym sercem wierzyły, że ludzki intelekt należy cenić i wzbogacać. W tej zmianie paradygmatu możemy dostrzec wpływ platońskiej filozofii, pod postacią głównego pojęcia humanizmu, cnoty. Według platońskiej filozofii, człowiek może odnaleźć boga, odkrywając tajemnice natury. To właśnie przekonanie było dla Platona podstawą, jak to nazywał, „inspiracji", i dało podwaliny koncepcjom wielu najwybitniejszych myślicieli odrodzenia. Sporo wybitnych postaci, takich jak Leonardo da Vinci, Giordano Bruno, Machiavelli i Kosma Medyceusz, rozumiało ten platoński ideał.

Wielu humanistów podpisywało się pod przekonaniem, że cnota jest czymś różnym od konwencjonalnej religii, i traktowało ją jako całkowicie człowieczą wartość, która może doprowadzić jednostkę bliżej istoty natury. Więcej, wczesny humanistyczny uczony, Leon Battista Alberti, napisał, że ci, którzy posiedli cnotę, „mogą się wspiąć i zdobyć każdy niebotyczny szczyt".

Takie myślenie w rewolucyjny sposób zmieniło pojmowanie świata. Zasilił je nawrót do wielkiej idei, do przekonania o wartości jednostki, i pozytywna zmiana roli człowieka w Bożym wszechświecie. Trudno przecenić znaczenie tych myśli, kiedy szuka się przyczyn początku renesansu.

### I Seguicamme (Wyznawcy)

Jest to wymyślone tajne stowarzyszenie, ale historia Wenecji pełna jest dziwnych sekt i tajnych bractw. Giordano Bruno nawiązał w Republice kontakty z różnymi odłamami paneuropejskich różokrzyżowców i przez stulecia Wenecja była jedną ze stacji podróżnych magów, wędrownych mistyków i okultystów.

Władze Wenecji cieszyły się sławą bardzo pobłażliwych wobec tych, których Kościół katolicki uważał za heretyków, a samo miasto było rajem i schronieniem dla ludzi o radykalnych poglądach. Wiele alternatywnych filozofii mogło rozkwitać w Wenecji i tamtejsi wydawcy poszerzali granice wolności w zdominowanej przez katolickie dogmaty Europie.

### Kosma i Medyceusze

Opisałem charakter i biografię Kosmy Medyceusza w *Tajemnicy Medyceuszy* tak dokładnie, jak to tylko było możliwe. Kosma urodził się we Florencji w 1389 roku. Jego rodzina faktycznie mieszkała w domu przy Piazza del Duomo, ojciec nazywał się Giovanni di Bicci de' Medici i założył bank, który w 1410 roku faktycznie był potężną instytucją.

W rzeczywistości Kosma miał dwóch braci, Lorenza i Pierfrancesca. W 1410 roku Lorenzo miał szesnaście lat, a przyrodni brat Kosmy, Pierfrancesco, urodził się dopiero w 1431 roku, dwadzieścia jeden lat po opisanych w tej powieści wydarzeniach. Jednakże zasadniczo odróżnia fikcyjnego Kosmę od prawdziwego fakt, że nigdy nie wybrał się na żadną odkrywczą wyprawę – ani do Macedonii, ani nigdzie indziej. Niemniej jednak, co bardzo intrygujące, był u jej progu. Jego bliski przyjaciel, Niccolò Niccoli, namawiał go, by przyłączył się do niego i razem wyruszyli na Wschód, ale ojciec Kosmy nie wydał na to zgody i syn zastosował się do woli rodzica.

Kosma był humanistą. Niezwykle interesował się kulturą oraz nauką i w dużej mierze zawdzięczamy mu zainicjowanie renesansu. Chociaż sam nie podróżował, płacił innym, aby odzyskiwali z dalekich miejsc, także z Macedonii, wszystko, co się dało znaleźć.

Ale, oczywiście, Medyceusze mieli wrogów – nie chodzi tu o rodzinę Tommasinich – i między nimi a innymi wielkimi rodami Italii trwała rywalizacja. Rodzina Albizzich usiłowała zamordować Kosmę, a gdy to się nie udało, zdołała w 1433 roku doprowadzić do jego uwięzienia. Ale w ciągu roku Kosma powrócił do Florencji i zdobył wielką władzę oraz wpływy. Przez kolejne trzydzieści lat był faktycznym, chociaż nie tytularnym przywódcą Florencji.

W 1416 roku ożenił się z Contessiną de' Bardi i mieli dwoje dzieci, Piera i Giovanniego. Po śmierci w 1464 roku Kosma rzeczywiście otrzymał tytuł *Pater Patriae,* ojciec ojczyzny. Jego najstarszy syn, Piero, przejął rządy we Florencji. Znany jako Piero Il Gottoso, Piotr Podagryk, cierpiał na zdrowiu i umarł w 1469, zaledwie pięć lat po sławnym ojcu. Jego syn, Lorenzo, po Kosmie był najbardziej szanowany i odnosił największe sukcesy z całego rodu Medyceuszy. Znany jako Wawrzyniec Wspaniały, podobnie jak dziad i ojciec był pierwszym obywatelem Florencji i przez dwadzieścia pięć lat faktycznie przewodził miastu-państwu, wiodąc Florencję ku epoce niespotykanej do tej pory stabilizacji i rozwoju.

Postać Contessiny sportretowana w powieści nie ma prawie żadnych związków z faktyczną żoną Kosmy Medyceusza. Wedle oficjalnych zapisków nie posiadła żadnych wyjątkowych fizycznych umiejętności i nie była uczennicą maga pokroju Valianiego, lecz z pewnością była bardzo inteligentną i lojalną kobietą, oddaną Kosmie i wspierającą męża w jego przedsięwzięciach.

Do dalszej lektury: Christopher Hibbert, *The Rise and Fall of the House the Medic*i, Allen Lane, Londyn 1974.

### *Mappamundi* **Fra Mauro**

Fra Mauro był kartografem; mieszkał i pracował przy cmentarzu miasta, w klasztorze San Michele, na wysepce w Lagunie Weneckiej. W *Tajemnicy Medyceuszy* dotyczące go szczegóły zmieniono, ale podstawa tej części powieści jest prawdziwa. W latach 1457–1459 Fra Mauro z pomocą swego ucznia, Andrei Bianco, żeglarza-kartografa, wykonał na zlecenie dla króla Portugalii, Alfonsa V, przepiękną mapę świata, *mappamundi*, kończąc ją na kilka tygodni przed śmiercią, w kwietniu. Mapa pojechała do Portugalii, ale nie przetrwała do czasów obecnych. Jej kopia jest wystawiona w Biblioteca Nazionale Marciana w Wenecji.

### Niccolò Niccoli

Opis Niccola Niccolego w *Tajemnicy Medyceuszy* pokrywa się z tym, co wiemy o tym człowieku. W roku, w którym osadzona jest akcja powieści, 1410, miał czterdzieści cztery lata i był florenckim szlachcicem, który za młodych lat cieszył się sławą wybitnego *condotierre*, wojskowego dowódcy. Był twardy, dobry w boju i znał się na wojaczce. Miał również pewną obsesję na punkcie ubioru: lubił nosić togę jak rzymscy senatorowie. Ale Niccolò Niccoli miał znacznie bogatszą osobowość. W Italii otaczała go sława człowieka niezwykle wykształconego, który wiele uczynił dla świata nauki i odkryć. Był wielkim podróżnikiem i miał największą, a przy tym najlepszą bibliotekę we Florencji. Największe zasługi położył dla odrodzenia wiedzy o literaturze klasycznej, zarówno jako kopista, jak i zbieracz starożytnych manuskryptów, w tym dzieł takich luminarzy jak Lukrecjusz i Plaut. Jest również twórcą kursywy. Zmieniłem jednakże kilka szczegółów. Niccolò zmarł w roku 1437, w rzeczywistości więc nie mógł korespondować z Contessiną w latach sześćdziesiątych XV wieku.

## Paleopatologia

Paleopatologia wykorzystuje szczątki ludzkie do badania chorób i urazów i zyskuje coraz większe uznanie w oczach kryminalistyków.

W trakcie obdukcji najbardziej rzucają się w oczy przeważnie różnego rodzaju uszkodzenia ciała, zmiażdżenie czaszki czy utrata kończyn, ale subtelniejsze deformacje mogą świadczyć o takich schorzeniach jak osteoporoza i skaza moczanowa. Używając stosunkowo prostych metod analizy chemicznej, można także wykryć pewne choroby (np. gruźlicę i syfilis), mając do dyspozycji jedynie kostne szczątki.

Chcąc się więcej dowiedzieć, jak żył i umarł dany osobnik, paleopatolodzy sięgają do genetyki. Można ustalić DNA ciał niemal w całkowitym rozkładzie, a dzięki nowoczesnym technikom analitycznym do badań wystarcza doprawdy niezwykle skromny materiał. W miarę rozwoju genetyki paleopatolodzy uzyskują coraz bardziej wysublimowane narzędzia do badania ciał sprzed setek, a nawet tysięcy lat.

Medici Project naprawdę istnieje i w jego ramach działa zespół paleopatologów, którzy obecnie badają ciała rodziny pochowanej w kaplicy Medyceuszy w centrum Florencji. Tak naprawdę inspiracją do napisania *Tajemnicy Medyceuszy* był artykuł na stronie internetowej BBC News, opisujący pracę ekipy badawczej.

## Da Ponte

Antonio da Ponte był projektantem weneckiego mostu Rialto, który skończono budować w 1591 roku. Opowieść o diable oraz żonie i dziecku da Ponte została przejęta ze starej weneckiej historii, w której nadzorcę budowy mostu, Sebastiana Bortoloniego, nawiedza diabeł.

**Powódź we Florencji**

Nocą 3 listopada 1966 roku Florencja przeżyła najgorszą naturalną katastrofę w swojej historii. Około czwartej nad ranem ogromne zasoby wodne zbiornika Valdarno spłynęły do Arno i rzeka gwałtownie wystąpiła z brzegów. Woda porywała samochody i drzewa, wdzierała się do kościołów, starych pałaców i stalowych skarbców. Dopływ gazu, prądu i wody został odcięty i elektryczne zegary miasta stanęły na godzinie 7.26. Woda w najwyższym punkcie, w okolicy Santa Croce, osiągnęła wysokość sześciu i pół metra.

Zginęło przynajmniej trzydzieścioro ludzi, 50 tysięcy rodzin straciło dach nad głową. 15 tysięcy zniszczonych aut spłynęło ulicami, 6 tysięcy sklepów i zakładów zostało wyłączonych z użytkowania. Według najdokładniejszych obliczeń w ciągu kilku godzin zniszczeniu uległo około 14 tysięcy dzieł sztuki i trzy do czterech milionów książek i manuskryptów.

**Starożytne manuskrypty**

Grecy i Rzymianie byli wielkimi kronikarzami. Niestety dla cywilizacji wiele z tego, co napisano w starożytności, zaginęło. Zniszczenie ogromnego zasobu naszej wiedzy, gdy biblioteka aleksandryjska zamieniła się w popiół, to jedna z niepowetowanych strat. Lecz wiele tekstów zniknęło w mniej dramatycznych okolicznościach.

Część bogatej literatury cywilizacji greckiej i rzymskiej przechowywana w klasztorach, monastyrach i królewskich bibliotekach Europy i Azji Mniejszej oraz wiele dokumentów przetrwało pierwsze wieki po upadku cesarstwa rzymskiego. To właśnie dzięki mieszkańcom Florencji Europejczykom udało się odzyskać i wykorzystać tamtą wiedzę, tak że stała się podstawą niebywałego rozkwitu cywilizacyjnego w epoce oświecenia.

Wielki czternastowieczny włoski filozof, Petrarka, zgromadził wokół siebie grono podobnie myślących uczniów, których łączyła fascynacja tradycją klasyczną. Byli przekonani, że w prywatnych zbiorach i wzniesionych w dzikiej głuszy klasztorach i monastyrach można natrafić na tysiące manuskryptów i dokumentów w oryginalnej łacinie i grece. Wielu z nich poświęciło życie na odzyskanie tych cennych pism.

Pokolenie po Petrarce doszło do najbardziej znaczących odkryć w obrębie ówczesnych „naukowych" badań. Jedną z najważniejszych postaci w tych poszukiwaniach był Niccolò Niccoli. W latach dwudziestych piętnastego wieku Niccoli odkrył *Astronomica* rzymskiego pisarza Maniliusza, *De rerum natura* Lukrecjusza, a także kilka książek o górnictwie i rolnictwie, w tym *Silvae* Stacjusza i *De re rustica* Kolumelli. Kilka lat potem Bracciolini znalazł *De aquis urbis Romae* Sekstusa Juliusza Frontynusa, kamień węgielny wiedzy rzymskich budowniczych akweduktów, i *Brutusa* Cycerona, dialog, który niebawem wzbudził liczne kontrowersje, gdyż przedstawia zalety monarchicznej formy rządów.

Istotne w wypadku tych znalezisk jest to, że zachowały się w oryginalnej, łacińskiej postaci. To znaczy, że po raz pierwszy florencka elita przełomu czternastego i piętnastego wieku mogła czytać słowa wielkich myślicieli ery klasycznej w takiej formie, w jakiej zostały zapisane.

Był to niebywały postęp. Ale może jeszcze ważniejszy był fakt, że gdy dzieła te zostały przetłumaczone i zbadane, uświadomiono sobie, ile rzymska tradycja intelektualna zawdzięcza wcześniejszemu źródłu – myśli greckiej, a szczególnie takim postaciom, jak Archimedes, Arystoteles, Pitagoras i Platon, żyjącym w złotym wieku greckiej nauki między 500 a 250 rokiem p.n.e.

Nieuniknionym rezultatem tego odkrycia były nowe, zintensyfikowane poszukiwania greckich źródeł naukowej wiedzy. Zainspirowani tym, co już zostało znalezione, najbogatsi Florentczycy zaczęli wysyłać za granicę emisariuszy, nakazując im odnalezienie i zakup wszelkich oryginalnych greckich dzieł.

Do tamtej pory jedynymi oryginalnymi greckimi manuskryptami znanymi ludziom Zachodu były nieliczne fragmenty Arystotelesa, ustępy pism Platona i pewne traktaty Euklidesa, wszystkie zazdrośnie strzeżone przez mnichów lub przechowywane przez garstkę miłośników dawnej literatury. Jak chce tradycja, Petrarka miał posiadać oryginał Homera, ale nie potrafił zeń przeczytać ani słowa. Przyjmując na wiarę opinie rzymskich pisarzy, do których się odwoływał, szanował wielkość Greka i każdego wieczoru przed udaniem się na spoczynek całował jego pisma.

Podczas pierwszych dziesięcioleci piętnastego wieku kilkaset oryginalnych manuskryptów dotarło do Florencji, głównie ze Wschodu; tam gdzie niegdyś krzyżowcy walczyli w obronie wiary chrześcijańskiej, teraz zachodni emisariusze prowadzili z Turkami handel, którego przedmiotem był kapitał intelektualny. Pewien florencki agent, Giovanni Aurispa, powrócił z pewnej szczególnie owocnej wyprawy w 1423 roku z 238 kompletnymi manuskryptami.

W ten sposób intelektualna społeczność Florencji pozyskała pełne wersje *Polityki* Arystotelesa, *Dzieje* Herodota, dialogi Platona, *Iliadę*, *Odyseję* oraz sztuki Sofoklesa, nie licząc pism ojców medycyny, Hipokratesa i Galena.

Wraz z rosnącym zbiorem wiernych tłumaczeń greckich tekstów Florentczycy uświadomili sobie ze zdumieniem, że cały ich dorobek kulturalny do pięt nie dorasta temu, co niemal dwa tysiące lat temu osiągnęli Grecy. Ale to odkrycie nie miało siły niszczącej. Przeciwnie, zainspirowało ich nie tylko to przetwarzania dawnej wiedzy, ale też do dalszego jej rozwijania.

W roku 1428 powołano komitet, który miał przeprowadzić serię zmian w szkolnictwie miasta. Jednym z kuratorów uniwersytetu florenckiego (Studium Generale) był Kosma Medyceusz, wtedy mieszkający w Rzymie młody bankier. Przekonał florenckie instytucje kościelne, by rocznie wyasygnowały na oświatę 1500 florenów, co pozwoliło stworzyć dwie nowe katedry. Dotychczasowe wydziały: medycyny, astrologii, logiki, gramatyki i prawa, wzbogaciły się o filozofię moralną i retorykę z poezją. To zapewniło każdemu studentowi we Florencji nowy program nauczania i stworzyło podstawy systemu przyjętego w całej Europie, który do osiemnastego wieku przetrwał na uniwersytetach ówczesnej Anglii, Francji i Italii.

## Vivaldi

Urodzony w Wenecji w 1678 roku Antonio Lucio Vivaldi jest dzisiaj jednym z najpopularniejszych kompozytorów baroku. Jest również jednym z najbardziej płodnych twórców muzyki: przypisuje mu się autorstwo ponad czterystu pięćdziesięciu dzieł. Najsławniejsze z nich są oczywiście *Quattro Stagioni, Cztery pory roku*. Napisane w Wenecji koncerty skrzypcowe za pomocą muzyki opisują zmieniające się w ciągu roku sielskie widoki.

Nie ma żadnych dowodów świadczących, że Vivaldi czy ktokolwiek inny umieścił w Gritti Badoer opisane przeze mnie wskazówki dotyczące lokalizacji tajemnicy Medyceuszy, kompozytor jednak urodził się nieopodal. Pochodził ze skromnego domu, był wychowywany na duchownego i nawet ze względu na płomienny kolor włosów nazwano go „rudym księdzem". Naprawdę nauczał muzyki w Ospedale della Pietà i przygotowywał wiele kompozycji dla tamtejszych młodych wykonawczyń – amatorek. Z niewiadomego powodu decyzją władz kościelnych został na rok zwolniony z sierocińca.

Większość życia spędził w Wenecji, ale w ostatnich latach podróżował po Europie; zmarł wkrótce po przybyciu do Wiednia, gdzie miał objąć stanowisko na dworze. Ale nie przebywał u rodziny Niccolich i nie napisał dokładnego, przepełnionego bojaźnią bożą testamentu, takiego, jaki odkryli Jeff i Edie.

### Wenecja i dżuma

Jak większość starych europejskich miast Wenecja wielokrotnie była pustoszona przez dżumę. Dodatkowo miasto to było gniazdem wielu innych chorób, gdyż leży na skrzyżowaniu między Wschodem i Zachodem i od najdawniejszych czasów służyło jako ośrodek handlowy.

Najgorszy atak dżumy, potworność nazwana wtedy „czarną śmiercią", przyszedł w latach 1347–1348. Jak się ocenia, epidemia zmiotła ponad jedną trzecią europejskiej populacji. Wspomina o niej doża Steno, gdy spotyka się z Kosmą i jego towarzyszami podróży.

Medycy morowi faktycznie istnieli. Większość z nich pod groźbą śmierci zmuszano do pozostania w mieście podczas zarazy. Nosili takie stroje, jaki opisałem – charakterystyczną maskę z dziobem – gdyż wierzyli, że chroni ich przed zarażeniem. Współcześnie wzorowane jest na niej wiele masek.

Ludzie w czternastym i piętnastym wieku próbowali chronić się przed dżumą za pomocą środków, które my uznalibyśmy za irracjonalne. Między innymi strzelano z dział, bito w dzwony, zlewano się perfumami i naparami z ziół, palono w metalowych koszach pachnące rośliny.

## Weneckie domy

Wiele miejsc opisanych w *Tajemnicy Medyceuszy*, takich jak Harry's Bar, Gritti Badoer i Ospedale Civile, jest oczywiście prawdziwych i ma identyczną lokalizację, jaką podano w książce. Dotyczące ich historyczne szczegóły również są maksymalnie dokładne. Czasem jednak pozwoliłem sobie zmienić rozkład budynku, a w wypadku La Pietà – wystrój. O ile wiem, tak naprawdę Gabriel Fabacci nie istniał, ale kościół zdobi fresk namalowany przez Giovanniego Battistę Tiepola.

La Pietà powstała w XV wieku. To, co tam obecnie oglądamy, zaprojektował w 1755 roku Giorgio Massari, ale fasadę ukończono dopiero w XX wieku. Vivaldi faktycznie wykonywał w La Pietà wiele swych sławnych utworów i przez lata był tam kierownikiem chóru.

Do dalszej lektury: najpiękniejsza książka o Wenecji, jaką kiedykolwiek napisano (i na dodatek jedna z najlepszych i najzabawniejszych, jakie czytałem), to *History of Venice* Johna Juliusa Norwicha, Penguin, Londyn 1982.

Druk i oprawa
AIDCAS, 31-036 Kraków, ul. Halicka 9, tel. 0-12-426-18-50